Psychoanalyse

AUGUST AICHHORN

Erziehungsberatung und Erziehungshilfe

Zwölf Vorträge über psychoanalytische Pädagogik

Aus dem Nachlaß herausgegeben
von Heinrich Meng

rororo

ROWOHLT

Herausgeberassistent: Eginhard Hora
Redaktion: Ursula Einbeck
Ragni M. Gschwend / Frank Schwerin
München

Inhaltsverzeichnis siehe Seite 191

*Veröffentlicht im Rowohlt Taschenbuch Verlag GmbH,
Reinbek bei Hamburg, Juli 1972*

*Umschlagentwurf Werner Rebhuhn
Gesamtherstellung Clausen & Bosse, Leck/Schleswig
Printed in Germany
ISBN 3 499 21013 4*

VORWORT

Als August Aichhorn im Jahre 1925 sein Buch „Verwahrloste Jugend" zuerst veröffentlichte, handelte es sich um die Betrachtung eines alten Problems von einer ganz neuen Seite her, und insofern kann das Buch wirklich als ein entscheidender Schritt vorwärts in der Psychologie und Psychopathologie gefährdeter und verwahrloster Jugendlicher betrachtet werden. Aichhorn kam aus der Praxis und hatte hier das Ungenügen der bisherigen Auffassungen nicht nur von der verwahrlosten Jugend, sondern von den Erziehungsschwierigkeiten überhaupt und die unzureichenden Methoden ihrer Bekämpfung und Behandlung gesehen. Sein Bemühen um eine Erneuerung der veralteten Behandlung schwieriger Jugendlicher — Bemühungen, die nur zu geringen Erfolgen führten —, hatte ihn in Berührung mit der Psychoanalyse gebracht, die nach dem ersten Weltkrieg in Wien einen so großen Aufschwung genommen hatte. Hier fand er eine Lehre, die nicht nur ein neues Licht auf die Entstehung der Verwahrlosungserscheinungen zu werfen vermochte, sondern die auch unmittelbar in die Praxis übertragen werden konnte und damit ganz neue Voraussetzungen für die Behandlung und Vorbeugung schuf. Daraus erklärt sich der große Eindruck, den Aichhorns Buch damals gemacht hat und auch der große Erfolg, der ihm beschieden war; sein Buch liegt heute in der vierten Auflage vor.

Als Aichhorn nach dem zweiten Weltkrieg starb, hatte er die Genugtuung, die Früchte seiner jahrelangen Tätigkeit noch erlebt zu haben. Seine Arbeit war längst über die Leitung der Fürsorge-Erziehungsanstalt hinausgewachsen, er hat in der Erziehungsberatung und Erziehungshilfe bahnbrechend gewirkt. Daneben hat er aber auch eine sehr umfangreiche literarische Tätigkeit entfaltet und durch zahllose Vorträge und Vorlesungen in Wien, in Österreich, in Ungarn, in Deutschland und in der Schweiz seine Ideen verbreitet, ihnen Anhänger gewonnen und vor allen Dingen auch zur Ausbildung von Erziehungsberatern, Fürsorgern, Heimlehrern usw. beigetragen.

Die Familie hat uns seinen gesamten literarischen Nachlaß übergeben. Aus demselben haben wir versucht, die für Aichhorns Ideen und Er-

ziehungsmethoden typischen und wichtigen Arbeiten herauszusuchen, um sie einem weiteren Kreise psychologisch und heilpädagogisch Interessierter zugänglich zu machen. Es handelt sich zum größten Teil um die Niederschrift von Vorträgen, zum anderen Teil um kürzere oder längere Arbeiten, die bereits früher in Zeitschriften veröffentlicht worden sind. Hier sind sie indessen gerade den Kreisen, die auch heute noch ein Interesse an ihnen haben müssen, kaum mehr zugänglich. Wie immer, wo es sich um Arbeiten handelt, die um ein gleiches Problemgebiet kreisen, sind gewisse Überschneidungen und einzelne Wiederholungen nicht ganz zu vermeiden gewesen; sie auf ein Minimum zu reduzieren, war ebenfalls für die Auswahl mitbestimmend. Wir haben ferner versucht, besonders solche Arbeiten in den vorliegenden Band aufzunehmen, die die Grundanschauungen Aichhorns an der Analyse konkreter Fälle aus der Praxis illustrieren.

Die Psychoanalyse Freuds hat, wie auf so manchen Gebieten, auch in der Pädagogik und besonders in der Heilpädagogik, nicht nur anregend, sondern geradezu revolutionierend gewirkt. Aichhorn fällt das Verdienst zu, hier einer der ersten gewesen zu sein, der ihre Bedeutung klar erkannte und die Folgerungen daraus zog. Heute sind die anfänglich nicht unerheblichen Widerstände gegen die Psychoanalyse, wenn auch nicht ganz geschwunden, so doch so erheblich zurückgegangen, so daß man die Psychoanalyse als notwendige Grundlage der Erziehung und Heilerziehung in weiten Kreisen der Pädagogen anerkennt. Der vorliegende Band soll das Buch Aichhorns „Verwahrloste Jugend" ergänzen, die Aichhornschen Anschauungen insbesondere auch in ihrer Bedeutung und Fruchtbarkeit für Erziehungsberatung und Erziehungshilfe zeigen. Wir hoffen so, daß es den Gedanken Aichhorns neue Freunde gewinnen wird. Nicht nur den Gedanken, auch dem Vorbild. Er hat so Vielen Liebe, Wohlwollen und Güte geschenkt. Er mußte — nicht nur während seiner schweren Krankheit im Alter — viel leiden. Er ist am Leiden, am Tun und an dem Humor, der ihn nie verließ, gereift.

Heinrich Meng

Der die Originalausgabe abschließende Aufsatz ‹August Aichhorns Weg. Vergangenes, Gegenwärtiges, Zukünftiges› von Professor HEINRICH MENG mußte aus Raumgründen im vorliegenden Band leider entfallen.

PSYCHOLOGISCHE PROBLEME IN DER ERZIEHUNGSBERATUNG

Allgemeine Orientierung

Meine Damen und Herren!

Wenn wir das Wort Erziehungsberatung hören, verbindet sich damit zumeist das Bild einer Organisation, die sich zur Aufgabe gestellt hat, Erziehungsnotstände durch Beratung der Eltern zu beheben. In der Regel sind die Eltern, wenn sie uns aufsuchen, schon so verärgert, wütend oder verzweifelt, daß sie einem Rate unzugänglich geworden sind. Die Zeit, in der durch Rat die Erziehungsschwierigkeiten zu verhindern gewesen wären, ist längst vorbei. Eltern und Kinder stehen miteinander in heftigem Kampf und das Benehmen der Eltern verrät deutlich, daß sie in die Defensive gedrängt sind. Uneingestandenermaßen verlangen sie von uns nicht mehr und nicht weniger, als mitzuhelfen, das Kind wieder gefügig zu machen: es soll nicht mehr schlimm, aggressiv sein, die Schule nicht mehr schwänzen, nicht mehr stehlen usw. Wie wir das erreichen, ob mit Gewalt, durch Drohung, durch Einjagen von Angst oder mit Hilfe höchst raffinierter psychologischer Methoden, ist ihnen völlig gleichgültig. Nur *sie* soll der Erziehungsberater nicht verantwortlich machen. Ruhe und Ordnung muß zu Hause wieder einkehren, und dabei dürfen an sie selbst keine besonderen Anforderungen gestellt werden.

Ich habe selbst wiederholt beglückt Mütter aus einer Erziehungsberatung weggehen sehen, weil ihnen der dort als Erziehungsberater tätige Arzt ein Rezept verschrieb. Er hoffte, mit einem Beruhigungsmittel für das Kind den Erziehungsnotstand zu beheben. Die Mutter war begeistert: niemand ist „schuldig", nicht sie, nicht das Kind. Der Erziehungsnotstand war eben gekommen, wie eine Krankheit kommt, der man mit einem Medikament zu Leibe rückt. Für diese Mutter war das Beruhigungsmittel die sie mehr als zufriedenstellende Hilfe.

Immer wieder wird *Hilfe* verlangt und nicht *Rat*.

Manchmal ist zur Behebung des Erziehungsnotstandes die Entfernung des

Kindes von der Familie und anderweitige Unterbringung notwendig. Ein andermal genügen ein Hort oder eine Tagesheimstätte.

Auch in diesen Fällen ist ebenso Erziehungshilfe und nicht Rat erforderlich, wie bei Erziehungsnotständen, die durch wirtschaftliche oder soziale Notstände bedingt sind.

Die Anzahl der Erziehungsnotstände, deren Lösung durch *Beratung* der Eltern erreicht wird, steht in keinem Verhältnis zu jener, die unsere *Hilfe* beansprucht.

Das Wort *„Erziehungsberatung“* deckt den Aufgabenkreis nicht und wäre besser durch das Wort *„Erziehungshilfe“* zu ersetzen.

Aus der zu bewältigenden Arbeit ist auch klar zu ersehen, daß die Erziehungsberatung für sich allein nicht bestehen kann, sondern Teil einer Organisation werden muß.

Sie bleibt, ohne Anschluß, nur auf sich selbst gestellt, ein Torso und ist unfähig, voll zur Wirkung zu kommen. Wie eine Berufsberatung, die nicht gleichzeitig dem Jugendlichen die Berufsausbildung vermittelt, löst auch sie nur einen Teil der Aufgaben. Die ihr unerläßliche Unterstützung findet die Erziehungsberatung nicht durch die Schule, sondern durch die Jugendfürsorge: die öffentliche und die private. Diese haben die nötigen Einrichtungen und sind in der Lage, die materielle Hilfe für die Eltern zur Verfügung zu stellen. Die Erziehungsberatung ist daher nicht als eine *Erziehungseinrichtung* der Schule, sondern als eine der Jugendfürsorge aufzufassen.

Daraus ist zu ersehen, daß in der Erziehungsberatung nicht nur psychologische Probleme, sondern vielfach auch Probleme anderer Art zu lösen sind. Vom Erziehungsberater muß gefordert werden: psychologisches Wissen, dazu gründlichste Ausbildung in der Jugendfürsorge und im Wohlfahrtswesen. Psychologische und pädagogische Schulung allein reichen nicht aus. Wer die Jugendfürsorgearbeit nicht auch gründlich kennt, steht einer Reihe von Erziehungsnotständen hilflos gegenüber. In diesem Belange können wir Erziehungsberater von tüchtigen Fürsorgerinnen recht viel lernen. Es genügt nicht, Kinder und Eltern nur in der Erziehungsberatung kennenzulernen; wir müssen sie auch in ihrer häuslichen Umgebung sehen.

Von allen Erziehungsarbeiten ist die Erziehungsberatung die schwierigste. Ihre Eigenart erfordert rasches Erfassen und zutreffendes Beurteilen von Menschen und Situationen. Unerläßlich ist die Fähigkeit, sichere Entscheidungen treffen zu können. Zum erlernten Wissen muß noch ein Können kommen, das nur durch Mitarbeit in der Jugendfürsorge, in der Wohlfahrtspflege und im Leben, nicht in der Studierstube zu erwerben ist.

Und nun in die Erziehungsberatung!

Am zweckmäßigsten ist es, nicht in jedem vorgestellten Kind oder Jugendlichen sofort den interessanten „psychologischen oder psychoanalytischen Fall“ zu sehen.

Die Erziehungshilfe beginnt viel einfacher. Uns Erziehungsberatern stehen unschätzbare Mittel und Imponderabilien zur Verfügung, die sich aus rein menschlichen Beziehungen zu Kindern im allgemeinen und zu den vom Leben so schwer Mitgenommenen, wie es die Verwahrlosten sind, im besonderen ergeben.

Ich konnte in Hunderten von Fällen ohne Anwendung irgendwelcher psychologischer Kunststücke ausreichend Hilfe geben, indem ich das Vertrauen von Kindern, Vätern und Müttern gewann. Wie oft behebt sich ein Erziehungsnotstand, wenn der Erziehungsberater die Beschwerden und Kümmernisse, unter denen die Kinder und Erwachsenen leiden, versteht, wenn er den Kindern die Möglichkeit gibt, ihr unbefriedigtes Zärtlichkeitsbedürfnis bei ihm unterzubringen, Interesse für ihre Schulaufgaben zeigt, um die sich zu Hause niemand kümmert, ihre kleinen Leiden und Schmerzen würdigt usw.

Wenn menschliches Eingehen auf die Bedürfnisse des Kindes den Erziehungsnotstand nicht behebt, greifen wir zu Hilfen, die uns die Bewußtseins-Psychologie zur Verfügung stellt. Unser psychoanalytisches Wissen setzen wir erst ein, wenn die anderen Mittel nicht den erwarteten Erfolg bringen.

Also nicht *wir* bestimmen den Weg: der nicht schwindende Erziehungsnotstand weist uns die Richtung. Er kann uns zwingen, bis zu tief unbewußten Determinanten vordringen zu müssen. Diese aufzuhellen, bleibt dann psychoanalytischer Einsicht vorbehalten.

Die Arbeit des Erziehungsberaters

Es erscheint eine Mutter mit ihrem achtjährigen Jungen, völlig ratlos, was zu machen sei. Aus ihren Schilderungen teile ich Ihnen als wesentlich mit:

Ihr Kind war bis vor ungefähr vier Monaten zu Hause und in der Schule sehr brav, verständig und gab zu keinerlei Klagen Anlaß. Plötzlich änderte sich sein Benehmen. Zuerst wurde es unfolgsam, dann zu Hause und in der Schule immer unverträglicher. Die Hausaufgaben, die bis dahin sehr sauber und nett gemacht worden waren, wurden vernachlässigt, ungenau und lückenhaft; später machte der Junge sie überhaupt nicht mehr. Als er auch die Schule zu schwänzen begann, wurde die Mutter sehr unruhig und recht besorgt. Sie ging in die Schule, um sich beim Lehrer Rat zu holen. Diesem, einem modern denkenden Pädagogen, war das veränderte Verhalten des Kindes auch schon aufgefallen; er meinte aber, das sei ein vorübergehender Zustand, der sich rasch wieder zum Besseren ändern werde, wenn man ihn nicht besonders beachte. Er beruhigte die Mutter und empfahl ihr, den Jungen nicht zu tadeln, sondern eher liebevoll zu behandeln. Die Mutter war froh, einen so verständigen Lehrer gefunden zu haben und die Verantwortung auf ihn abwälzen zu können. Da sie ihr Kind sehr liebte, fiel es ihr nicht schwer, den Rat des Lehrers zu befolgen. Der Vater schüttelte den Kopf. Er war mehr dafür, den Buben etwas schärfer anzufassen, fügte sich aber dem Verlangen des Lehrers und der Mutter. Das Benehmen des Kindes änderte sich daraufhin nicht zum Besseren; im Gegenteil, es wurde ärger. Nach ungefähr drei Wochen ging die Mutter über Drängen des Vaters wieder in die Schule. Der Lehrer, der das Kind aufmerksam beobachtete, hatte die Verschlechterung natürlich auch bemerkt, wollte aber noch nicht von der eingeschlagenen Linie in der Behandlung des Jungen abweichen und vereinbarte mit der Mutter, daß sie und der Vater dem Jungen während der nächsten vierzehn Tage noch liebevoller entgegenkommen werden. Der Vater hatte es anders erwartet; aber nochmals fügte er sich dem Rate des Lehrers, wenn auch nicht mehr von der Richtigkeit überzeugt. Die Mutter, die befürchtet hatte, der Vater werde aus seinem inneren Widerstreben die Linie nicht halten können, war sehr erfreut, daß der Vater trotzdem dem Jungen wirklich liebevoll entgegenkam. Es vergingen wieder acht Tage; der Junge wurde noch ärger und dem Vater riß die Geduld. Er nahm sich das Kind vor und züchtigte es. Das Ergebnis: Toni, so hieß der Bub, war wie ausgewechselt; wie früher: brav, ordentlich und fleißig. Der Vater triumphierte. Er sagte zur Mutter: „Ihr mit eurer modernen Pädagogik! Viel früher hätte ich meinem Empfinden nachgeben sollen, wir hätten uns unangenehme Wochen erspart.“ Auch dem Lehrer war aufgefallen, daß Toni nun wieder zu seinen braven Schülern gehörte, ohne sich erklären zu können, warum. Er war mit der Züchtigung des Kindes durch den Vater nicht einverstanden, konnte aber den Erfolg nicht ableugnen. Eine Woche war Toni der tadellose Schüler und das einwandfreie Kind zu Hause. Allmählich fing das Schlimmsein wieder an. Der Vater sah jetzt nicht mehr lange zu. Schon nach einer Woche züchtigte er den Jungen, und wieder war Toni das brave Kind. Diesmal währte die Pause des Bravseins aber nicht mal eine Woche, sondern nur mehr einige Tage. Der Vater schlug wieder zu; die Phase des Bravseins verkürzte sich weiter. Und so ging es fort. Bravsein und Züchtigung folgten immer rascher aufeinander. Zur Zeit des Erscheinens der Mutter in der Erziehungsberatung wurde Toni schon jeden Tag geschlagen. Die Mutter sagte verzweifelt zu mir: „Ich weiß zwar nicht, was zu machen ist, aber so wie jetzt kann es nicht weitergehen; mein Mann erschlägt den Buben noch; es gibt keinen Tag, an dem er ihn nicht prügelt. Was sollen wir machen?"

Fragen wir uns nun: was sollen die Eltern und was soll der Lehrer mit dem Kind *wirklich* tun?

Die Mittel, die normalerweise der Erziehung zur Verfügung stehen, sind verbraucht. Es wurde mit der Liebesprämie, mit Milde und Güte, es wurde mit Strafe versucht, alles blieb vergeblich.

Was soll nun geschehen? —

Ich will Ihnen nun kurz und übersichtlich schildern, wie ich mich verhielt und werde Ihnen das „Warum" hinterher mitteilen.

Die Mutter machte einen äußerst günstigen Eindruck. Aus ihren Mitteilungen ergab sich, daß auch der Vater ein tadellos einwandfreies Leben führte und daß das Familienleben sehr gut verlief. Das Kind wurde von den Eltern sehr geliebt, und auch der Bub hing mit großer Liebe an Vater und Mutter, ohne daß man hätte sagen können, Toni sei das typische verwöhnte einzige Kind. Die Eltern waren sehr einsichtsvoll, verzärtelten den Jungen in keiner Weise und behandelten ihn mit liebevoller Strenge; er war das *gut* erzogene Kind.

Nach Beendigung des Gespräches mit der Mutter ersuchte ich sie im Nebenraum zu warten und mir das Kind hereinzuschicken.

Ich ließ Toni von zu Hause und von der Schule erzählen und brachte, dem Kinde unmerklich, das Gespräch auf die Zeit vor ungefähr einem halben Jahr. Er erzählte recht viel und kam dann, mit einigem Zögern, auf eine Szene in der Schule zu sprechen. Ein Sitznachbar hatte zum Geburtstag ein Taschenmesser bekommen, das er mit in die Schule brachte und Toni vor Beginn des Unterrichtes zeigte. Dem gefiel das Taschenmesser außerordentlich gut (nach seinen Schilderungen war es ein gewöhnliches Taschenmesser, das bei jedem Messerschmied zu haben ist). Er wollte erleben, einmal ein Messer in der Tasche zu haben, und steckte es ein. Der Unterricht begann, und weder er noch sein Sitznachbar dachten weiter an das Taschenmesser. In der zweiten Unterrichtsstunde mußte Toni das Klosett aufsuchen. Kaum war er aus der Klasse, fehlte dem Freund das Taschenmesser; er erinnerte sich nicht, daß er es Toni gegeben hatte, sondern meldete dem Lehrer: „Mir ist mein Taschenmesser gestohlen worden!" Da er angab, das Taschenmesser mit zur Schule gebracht zu haben, war der Lehrer überzeugt, es müsse sich finden lassen, und er begann zu untersuchen, wo das Messer sein könnte. Als Toni vom Klosett zurückkam, war die Untersuchung im Gange. Er erschrak heftig: „Wenn man das Messer jetzt bei mir findet, bin ich der Dieb." (Warum er so erschrak, warum er nicht sagen konnte, daß der Freund ihm das Taschenmesser gezeigt und er es eingesteckt habe, ohne es behalten zu wollen, gehört nicht hierher, bedarf einer anderen Untersuchung. *Wichtig ist die Tatsache seines Erschreckens.)* Er setzte sich auf seinen Platz, immer in der Angst, er könnte als Dieb entdeckt werden. Nach kurzer Zeit zwang ihn ein Stuhldrang wieder hinaus. Nun warf er das Taschenmesser in die Klosettmuschel und war befreit; denn jetzt kann man das Messer bei ihm nicht mehr finden. Die Untersuchung blieb natürlich ergebnislos. Der Verdacht, das Messer genommen zu haben, fiel auf einen Jungen, der zu den nicht einwandfreien Schülern zählte, den Toni aber gerne mochte. Es störte ihn sehr, daß dieser Schulkamerad ohne eigenes Verschulden belastet wurde. Er erinnerte sich recht genau, daß er von diesem Tage an dem Verdächtigten auswich. Aber nach einiger Zeit hatte er den Vorfall gänzlich vergessen, und zum erstenmal fiel er ihm wieder bei mir in der Erziehungsberatung ein.

Zwischen Toni und mir spielte sich nun im wesentlichen folgender Dialog ab:

„Kannst du die Geschichte dem Herrn Lehrer erzählen?"

„Nein."

„Der Mutter?"

„Das ist ausgeschlossen."

„Kannst du mit deinem Freunde, dem das Taschenmesser gehört, darüber reden?"

Nach einigem Zögern: „Ja, das kann ich."

Ich bin nicht sicher, daß er wirklich den Mut aufbringen wird, mit seinem Freunde darüber zu sprechen, will Gewißheit haben und schalte mich deswegen ein.

„Wann habt ihr morgen vormittags Schulschluß?"

„Um 12 Uhr."

Gegenüber der Schule ist ein Park, den ich kenne, und ich schlage vor, nach Schulschluß mit dem Freunde in den Park zu kommen; ich werde dort sein und wir werden gemeinsam dem Freunde mitteilen, was mit dem Messer geschehen ist. Er stimmte sehr gerne zu.

Wir treffen uns tatsächlich am nächsten Tag. Kaum hatte Toni begonnen, von dem Messer zu sprechen, erinnerte der Freund, daß er es ihm zum Anschauen gegeben hatte, unterbricht ihn und fragt: „Wo ist das Messer?"

Toni erzählte den Sachverhalt recht ausführlich und ist dabei sehr bewegt. Der Freund hört sehr interessiert zu, man merkt aber, daß er das Taschenmesser gerne wieder hätte. Daraufhin gehe ich mit den beiden ein Taschenmesser kaufen. Der Freund findet ein seinem ähnliches. Beide Buben sind voll befriedigt.

In der nächsten Erziehungsberatung erscheint die Mutter und dankt in überschwänglichen Worten: Toni ist seit der Erziehungsberatung ein völlig anderer. „Was haben Sie gemacht?" will sie von mir wissen.

Der Erziehungsnotstand ist, für Eltern und Lehrer sehr überraschend, beseitigt.

Ich kann das Vertrauen des Kindes nicht mißbrauchen, darf daher nichts mitteilen. Andererseits will ich verhindern, daß die Mutter das Kind zu Hause mit Fragen quält; ich entlasse sie mit einem Scherzwort: „Ich habe eine Telephonverbindung mit dem lieben Gott. Wenn ich mich nicht auskenne, dann frage ich ihn. Er hat mir gesagt, was ich mit Toni machen soll. Er hat mir aber auch den strengen Auftrag gegeben, niemandem darüber etwas zu sagen und der Mutter einzuschärfen, daß sie den Toni ja nicht mit Fragen quält, was in der Erziehungsberatung los war."

Ich fordere die Mutter noch auf, in vier Wochen wiederzukommen, wenn der Bub brav bleibt; mich aber sofort aufzusuchen, wenn sich sein Benehmen verschlechtert. Nach vier Wochen hält die Besserung an, Toni bleibt in Ordnung.

Die Mutter kann sich die Änderung nicht erklären. „Es ist wie ein Wunder, monatelang haben wir mit dem Buben alles Mögliche versucht, ihn liebevoll behandelt und geschlagen, aber nichts hat genützt. Sie haben ein einziges Mal mit ihm gesprochen, und er ist völlig verändert", sagt sie bei der Verabschiedung.

Erläuterung des Vorganges

Ich verhielt mich in der Erziehungsberatung nicht zufällig gerade so. Um Ihnen aber mein Vorgehen zu begründen, bedarf es einiger Ausführungen.

Aus dem Verhalten der Mutter und ihren Schilderungen ist unzweifelhaft zu erkennen, daß dieser Erziehungsnotstand weder durch gefühlsmäßige menschliche Anteilnahme, durch verständnisvolles Eingehen auf ihre Sorgen, noch durch Hilfen, die uns die Bewußtseinspsychologie zur Verfügung stellt, behoben werden kann.

Dieser Erziehungsnotstand ist aber tiefenpsychologisch relativ leicht verständlich, und zu seiner Lösung ist ein Verhalten erforderlich, das psychoanalytisches Denken voraussetzt.

Ich stütze mich in meiner Arbeit in der Erziehungsberatung und auch in meinen heutigen Ausführungen auf die Forschungsergebnisse FREUDS, werde ihn daher im einzelnen nicht immer wieder zitieren. Das bitte ich zur Kenntnis zu nehmen.

Um ein auf Triebeinschränkung hinzielendes Verbot wirksam zu machen, verwendet die Erziehung in der Regel zwei Mittel: Liebesprämie oder Strafandrohung.

„Wenn du aufhörst zu spielen und schlafen gehst, bis du ein braves Kind und ich habe dich lieb.“ Oder:

„Wenn du nicht aufhörst zu spielen und nicht schlafen gehst, bekommst du Strafe.“

Vom Spielen aufzuhören, bedeutet einen Verlust an Lust. Milde, Güte, Lob, Liebesprämien schaffen dem Kinde für den Verzicht an Lust (Spiel abbrechen und schlafen gehen) ein Erleben mit einem Lustgewinn anderer Art.

Dem Verlust an Lust wird daher ein Lustgewinn anderer Art in Aussicht gestellt. Es entsteht ein Spannungszustand: die Befürchtung, im Falle des Nichtfolgens nicht nur der Liebesprämie verlustig zu werden, sondern auch noch die schon vorhandene Liebe des Erziehers zu verlieren.

Strenge und Strafandrohung lassen das Kind wissen, daß Unlust folgt, wenn Verbot oder Gebot nicht eingehalten werden.

Dem Verlust an Lust (Spiel abbrechen und Schlafengehen) wird mit Strafandrohung erhöhte Unlust in Aussicht gestellt. Hier entsteht der Spannungszustand aus der Differenz zweier Unlustquantitäten.

Bei Anwendung der Liebesprämie ist der Abfall an Unlustspannung weitaus größer als bei der Strafandrohung; denn im ersteren Falle treten Lust und Unlust in Konkurrenz. Im zweiten Falle hat das Kind von zwei Übeln das kleinere zu wählen.

Normalerweise wird daher die Liebesprämie durch einen lustvollen, als Erleichterung empfundenen Spannungsabfall, die Strafandrohung durch einen unangenehmen Spannungszustand, der sich in Angst umsetzen kann, wirksam.

Manchmal verhält sich ein *gut erzogenes* Kind — der Nachdruck liegt auf „gut erzogenes“ — auf Liebesprämien völlig anders, als zu erwarten gewesen wäre: das Verbot wird trotz Liebesprämie nicht eingehalten, und das Kind wird in der Folge unfolgsamer; öfter steigert sich das früher einwandfreie Verhalten bis zur Verwahrlosung.

Nahe liegt die Vermutung, daß in solchen Fällen dem Kinde die in Aussicht gestellte Liebesprämie für die Einhaltung des Verbotes zu gering erschienen ist. Dies kommt vor, aber dann ist dieses Motiv der Unfolgsamkeit ohne Schwierigkeiten zu erkennen. Jede Mutter weiß das ohne Belehrung.

Wenn das Kind durch mildes und gütiges Verhalten oder durch die Liebesprämie sich so, wie oben angedeutet, verhält, ohne daß die Liebesprämie als zu gering angenommen werden kann, dann muß sich das Kind in einer anderen als der normalen psychischen Situation befinden. Kennt der Erzieher diese nicht, so benimmt er sich in der folgenden Zeit nicht mehr richtig.

Die Erfahrung und psychoanalytische Einsicht haben uns gelehrt, daß in solchen Fällen Liebesprämien die durch Gebot oder Verbot ausgelöste unlustvolle Spannung *nicht herabmindern,* sondern erhöhen.

Das Kind reagiert auf die Liebesprämie paradox.

Warum?

Ehe wir diese Frage beantworten, sehen wir uns das Verhalten des „gut erzogenen" Kindes in einer anderen Situation an.

Ein „gut erzogenes" Kind stellt etwas an, das heißt, es übertritt ein Verbot oder hält ein Gebot nicht ein, ohne daß die Erwachsenen davon wissen.

Was kann eintreten?

1. Der entstandene Gewissensdruck kann das Kind zu einem Geständnis veranlassen, und damit ist die Angelegenheit erledigt, oder

2. es steht dem Gewissensdruck Angst vor Eltern oder Erziehern gegenüber. Dann kommt es erst zum Geständnis, wenn die Angst überwunden wird.

3. Das Geständnis unterbleibt, wenn die Angst den Gewissensdruck überwiegt.

4. Wird ein Geständnis nicht abgelegt, der Konflikt bleibt aber weiter bestehen, so vermindert er sich, wenn es dem Kinde gelingt, das Gewissen zu beschwichtigen.

5. Mißlingt dieser Versuch, bleiben Gewissensdruck und Angst gegeneinander wirksam, so entsteht ein sehr unlustvoll als Zwang (Geständniszwang) empfundener Zustand: Drängen zu gestehen, dem aber die Angst vor dem Geständnis ständig gegenübersteht.

6. Wird der Druck unerträglich, so kann es zu einem Geständnis kommen, das aber eigenartige Formen annimmt.

Zur Illustration ein Beispiel aus der Erziehungsberatung:

In einer Familie wird jeden Mittwoch ein Apfelstrudel aus Germteig gemacht und für das Sonntagessen aufgehoben.

An einem Mittwoch ist die achtjährige Tochter in der Küche, sieht der Mutter bei der Zubereitung zu und freut sich recht sehr auf den kommenden Sonntag.

Am Donnerstag bringt das Kind der Mutter gegenüber das Gespräch auf den Apfelstrudel und zeigt wieder große Erwartung.

Am Freitag wiederholt sich dasselbe im Laufe des Tages mehrere Male affektiver.

Am Samstag läuft das Mädchen der Mutter sogar einige Male nach und erklärt, es könne den Sonntag kaum noch erwarten.

Am Sonntag spricht die Kleine nichts mehr vom Apfelstrudel. Als die Mutter zum Mittagessen das Gefäß mit dem Apfelstrudel vom Kasten herunternehmen will, ist das Gefäß leer. — Die Familie ist sprachlos.

Als das Kind, das sehr bald verdächtigt wurde, gesteht, daß es vom Mittwoch an täglich vom Apfelstrudel gegessen habe, bis Samstag die Schüssel leer war, ist die Mutter entsetzt. Der Vater erklärt seine Tochter als pathologische Lügnerin.

So darf das Kind nicht beurteilt werden. Es konnte sein Verlangen nach dem Apfelstrudel nicht bis Sonntag unterdrücken und fing schon Mittwoch nachmittag sehr zaghaft davon zu essen an.

Das Gewissen stellt sich ein, aber die Angst zu gestehen ist größer. Der Geständniszwang *bleibt* und *erzwingt* am Donnerstag ein eigenartiges Verhalten: das Gespräch mit der Mutter. Mit dem Sprechen über den Apfelstrudel will das Mädchen die Mutter veranlassen, ihrerseits zu fragen; denn dann könnte es gestehen. Die Mutter fragt aber nicht; das Geständnis unterbleibt.

Das Verlangen nach dem Apfelstrudel besteht weiter. Nach dem Gespräch mit der Mutter und am Freitag früh wird wieder davon gegessen und jedesmal etwas mehr. Der Gewissensdruck erhöht sich, aber auch die Angst zu gestehen. Denn die Untat ist größer geworden. Dadurch steigt auch der Geständniszwang an und das Bemühen des Kindes, die Mutter zu Fragen zu bringen, vermehrt sich. Das Gespräch wird im Laufe des Tages *wiederholt* und *affektiver* auf den Apfelstrudel gebracht.

Am Samstag wird das Gefäß leer gegessen. Der Gewissensdruck, die Angst und auch der Geständniszwang haben ein Maximum erreicht. Die Kleine versucht die Mutter unbedingt zum Fragen zu bringen; sie läuft ihr einige Male nach und kann nicht genug betonen, daß der Sonntag kaum noch zu erwarten sei. Wieder fällt der Mutter nichts auf, das Bemühen des Kindes bleibt abermals erfolglos.

Am Sonntag spricht die Kleine nicht mehr davon. Von dem Kasten ist nichts mehr zu holen, der Gewissensangst steht nicht mehr die Lust beim Essen des Strudels gegenüber, sie wächst daher noch mehr an. Außerdem steht die Untat unmittelbar vor der Aufdeckung. Das tagelange *aktive* Bemühen war vergeblich. Nun wird das Unheil *passiv* erwartet.

Aus der Unterhaltung mit dem Kinde hat sich ergeben, daß es sein Tun als Vergehen erkannte und sich seiner psychischen Situation entsprechend völlig rational benahm. Nur war dem Geständnis der normale Weg versperrt, weil die Angst zu groß war. Es wurde der schon angegebene Umweg gewählt, den die Mutter aber nicht verstand.

Festhalten müssen wir aber, daß dem Kinde sein Vergehen *voll bewußt* war.

In ähnlich liegenden Fällen ergibt sich immer ein eigenartiges Benehmen des Kindes, das nur äußerst selten von Eltern und Lehrern richtig gewertet wird.

Noch schwieriger ist das Benehmen des Kindes zu durchschauen, wenn nach der Übertretung eines Verbotes oder nach Nichteinhaltung eines Gebotes der *Widerstreit zwischen Gewissensdruck und Angst* vor den Erwachsenen weder auf normalem, noch auf dem uns jetzt bekannten besonderen Wege zum Geständnis führt.

In solchen Fällen kann der Konflikt so unerträglich werden, daß er aus dem Bewußtsein weggeschoben werden muß. Die Untat ist dann zwar vergessen, aber der Konflikt damit keineswegs beendet. Nur der Schauplatz des Konfliktes ist verlegt: vom Bewußtsein ins Unbewußte. Was früher bewußt war und manchmal zu recht raffiniertem Tun führte, ist nun unbewußt und zum *Gefühl geworden.* Ein Empfinden von einem Schlechtergewordensein als früher erfüllt das Kind, ohne daß es weiß, woher dieses kommt und warum es da ist.

Von da an sprechen wir vom unbewußten Schuldgefühl, unbewußtem Geständniszwang und unbewußtem Strafbedürfnis; und das Geständnis ist als solches noch schwieriger zu erkennen.

Es tritt eine Verschlechterung im Benehmen des Kindes ein; es wird unfolgsamer, unverträglicher und stellt Verschiedenes an. Mildes und gütiges Verhalten, Liebesprämien werden abgewehrt und das Benehmen verschlechtert sich *immer* mehr. Es hat den Anschein, als ob das Kind damit ausdrücken wollte: ich verdiene die gute Behandlung nicht. Dieses Verhalten wäre dann das Geständnis einer Schuld, zwar in eigenartiger Form, und gleichzeitig die Aufforderung, gestraft zu werden.

Das Kind weiß auch in diesem Falle von seinem Vergehen. Nur ist das Wissen von der „Untat" nicht mehr dort aufbewahrt, wo gewöhnlich das Material für Erinnerungen deponiert ist: im Bewußtsein; logischem Denken ist es unzugänglich geworden, liegt als Empfinden im Ich, als Gefühl im Unbewußten. Was von dieser Zeit an als Tun oder Unterlassen daraus entspringt, ist nicht mehr rational. Es wird weder vom Kinde selbst, noch vom Erwachsenen verstanden.

Aus diesen kurzen Andeutungen wissen wir nun, wann und warum die Liebesprämie paradox wirkt: wenn ein „gut erzogenes" Kind sich mit Schuld belädt, von der die Erwachsenen nichts wissen, der daraus entstandene Konflikt verdrängt wird, im unbewußten Schuldgefühl und Geständniszwang weiter bestehen bleibt und ein Strafbedürfnis entsteht.

Die Erfahrung hat gezeigt, daß Kinder, in solchen Situationen bestraft, sich augenblicklich bessern, nach einiger Zeit aber rückfällig werden. Erfolgt daraufhin wieder Strafe, so ist sofort wieder eine Wendung da. Die Besserung hält aber nur kürzere Zeit an. Die Phasen von Bravsein und Rückfälligwerden verkürzen sich bei dazwischenliegender Strafe immer mehr. Endgültige Besserung ist durch Strafen nicht zu erreichen.

Die Strafe wirkt deswegen sofort, weil sie der augenblicklich gegebenen psychischen Situation des Kindes entspricht; das Strafbedürfnis wird befriedigt, die durch Liebesprämien noch gesteigerte Unlustspannung herabgemindert und der Spannungsabfall lustvoll empfunden.

In allen diesen Fällen wirkt die Strafe ebenso paradox wie die Liebesprämie.

Wir fassen zusammen:

Beim Vorhandensein eines Schuldgefühls, Strafbedürfnisses und Geständniszwanges wirken sowohl Liebesprämien als auch Strafen paradox. Die Liebesprämien rufen statt einer Herabminderung unlustvoller Spannungen deren Steigerung und die Strafe statt Angst lustvolle Herabminderung von Unlustquantitäten hervor.

Warum aber wird das Kind schon nach kurzer Zeit wieder rückfällig, wenn es nach der Strafe innere Erleichterung statt Angst erlebt?

Wir verstehen aus den bisherigen Ausführungen schon, daß das Wissen von strafbarem Verhalten nur als ein unangenehmes Empfinden bewußt wird, ohne daß bewußte Einsicht über Zusammenhänge besteht. Das Kind weiß daher nicht, warum es bestraft wird, die Erleichterung erlebt, und es kann auch zu keinem Ausgleich durch eine der „Schuld" entsprechende Sühne kommen. Es läuft lediglich ein Prozeß in der Lust—Unlustreihe ohne Beteiligung logisch denkender Instanzen ab. Die Schuld als solche bleibt bestehen, denn durch die Strafe wird nicht sie, sondern nur einer ihrer Ableger, ein Spannungszustand, das unlustvolle Empfinden, das sich herabmindert, getroffen.

Erinnern wir noch, daß lustvoll nur die Zeit eines Spannungsabfalles erlebt wird und diese Wirkung aufhört, wenn ein Dauerzustand erreicht ist, so wird verständlich, daß unbewußte Schuldgefühle, Strafbedürfnis und Geständniszwang nach kurzer Zeit wieder einsetzen können, womit das Gefühl der Erleichterung schwindet. Damit ist aber der Rückfall schon eingeleitet. Erfolgen nun Liebesprämien, so beginnt die unlustvolle Spannung und auch der Rückfall setzt ein. Er wird mit fortgesetzten Liebesprämien immer deutlicher in Erscheinung treten. Kommt dann neuerlich Strafe, so wiederholt sich zwangsläufig der konstituierte psychische Mechanismus.

Zu beheben ist ein so gewordener Erziehungsnotstand nur, wenn man an das vom Kind als strafbar empfundene Verhalten, an die „Schuld" wirklich herankommt. Dies ist aber nur möglich, wenn sie dem Kinde bewußt gemacht wird. Mit dem Bewußtwerden ist aber der Erziehungsnotstand noch nicht behoben; es ist erst die Vorbedingung zu seiner Lösung geschaffen. Unerläßlich ist:

1. dem Kind es unmöglich zu machen, die „Schuld" wieder zu verdrängen;
2. es zu veranlassen, sich mit der Schuld auseinanderzusetzen, ein Geständnis in Worten abzulegen, und
3. wenn notwendig und möglich, den Schaden gutzumachen. Erst dann ist der Konflikt beseitigt und dadurch auch der Erziehungsnotstand endgültig behoben. Ein Rückfall aus derselben Ursache ist daher ausgeschlossen.

Vergessen wir nicht, daß es sich um einen Erziehungsnotstand bei einem „gut erzogenen" Kind handelt, dessen Gewissensansprüche der Erziehungsberater nicht übersehen darf.

Gehen wir jetzt in die Erziehungsberatung zu Toni zurück. — Wir wissen nun, wie einfach durch FREUDS Forschungsarbeit die Bearbeitung dieses Erziehungsnotstandes ist. Ich brauche Ihnen nicht mehr viel zu sagen.

Vier Anhaltspunkte zur Lösung des Erziehungsnotstandes gab mir die Mutter bei ihrer Darstellung:

1. Toni ist das gut erzogene Kind.
2. Er war bis vor 4 Monaten tadellos.
3. Die Erziehungsmittel Liebesprämie und Strafe haben paradox gewirkt.
4. Das Kind wurde nach der Bestrafung immer wieder rückfällig.
5. Wenn Sie zu dem, was ich Ihnen bisher sagte, noch erfahren, daß der Junge erst vier bis sechs Wochen nach dem Vorfall in der Schule sein Benehmen änderte und man weiß, daß zur Konstituierung der geschilderten psychischen Mechanismen diese Zeit notwendig ist, so werden Sie verstehen, daß ich den Erziehungsnotstand seiner Entstehung nach erkannte.

Die von Mutter, Vater und Lehrer als unverständliches Wunder erlebte Lösung dieses Erziehungsnotstandes ist selbstverständliches Ergebnis bewußter, zielgerichteter Arbeit. Es liegt gar keine besondere Leistung eines begabten Erziehungsberaters vor.

Bei ähnlich gearteten Erziehungsnotständen liegen die Umstände nicht immer so günstig wie im Falle Toni. Für die rasche Behebung ist ausschlaggebend, daß von der Begehung der als strafbar empfundenen Handlung bis zum Aufsuchen der Erziehungsberatung relativ wenig Zeit verstreicht. Je weiter die „Schuld" zurückliegt, desto mehr wird sie verdrängt und durch andere Erlebnisse überlagert; desto länger dauert es dann auch, bis die Zusammenhänge dem Kinde bewußt gemacht werden können. Dann reichen Besprechungen in der Erziehungsberatung nicht mehr aus, sondern es wird eine psychoanalytische Behandlung notwendig. Denken wir noch daran, daß die Zeit, in der im Kinde schwerste Schuldgefühle entstehen, ungefähr das vierte Lebensjahr ist, so können wir ermessen, was alles abgetragen werden muß, wie viel Zeit verstreichen wird, ehe die Analyse an diese Quellen irrationalen Verhaltens herankommen kann, wenn erst der jugendliche Verwahrloste zu uns gebracht wird.

Ist aus dem bisher Gesagten verständlich, daß aus den angeführten Ursachen Konstellationen zum Verbrechen führen können und daß FREUD vom „Verbrecher aus Moral" spricht?

Es könnte Ihnen aufgefallen sein, daß ich die Mutter aufforderte, nach vier Wochen wiederzukommen und, wenn der Junge rückfällig wird, sich sofort einzufinden. Das steht doch im Widerspruch zu meiner Behauptung: wenn der Konflikt gelöst ist, gibt es aus derselben Ursache keinen Konflikt mehr.

Schlußbemerkungen

Möglicherweise hat Sie beim aufmerksamen Zuhören auch noch etwas unbefriedigt gelassen: aus Tonis Mitteilungen ging hervor, daß der Konflikt nicht entstand, weil er das Taschenmesser auf Nimmerwiedersehn hat verschwinden lassen, sondern, weil ein Freund des Diebstahls verdächtigt worden ist.

Oder Ihr Gerechtigkeitsgefühl verlangt, daß in der Schule hätte bekannt werden müssen, daß der verdächtigte Junge nicht der Dieb sei.

Und, wenn Sie schon zu einer Konzession bereit sind, wäre zumindest dem Verdächtigten zu sagen gewesen, wer das Taschenmesser an sich genommen hatte.

Oder Ihr pädagogisches Gewissen findet es notwendig, daß das Geständnis auch den Eltern und dem Lehrer zu machen sei.

Von all dem kommt in meinem Bericht nichts vor. Der Verdächtigte verschwindet sang- und klanglos in der Versenkung; von einem Geständnis anderen als dem Besitzer des Taschenmessers gegenüber ist nichts zu hören.

Sie dürfen die Erziehungberatung nicht falsch auffassen. Nicht der Erziehungsberater bestimmt, wie die Lösung eines Erziehungsnotstandes zu verlaufen hat; er hat sich von dem leiten zu lassen, was das Kind bringt. In diesem Sinne verläuft die Erziehungsberatung einer Psychoanalyse ähnlich, der Erziehungsberater bleibt zuwartend.

Obwohl Toni anfangs mitteilte, daß ihn die Verdächtigung des Freundes sehr störte, kam er im weiteren Zusammensein mit mir auf diesen Jungen nur mehr mit der Bemerkung zurück, daß dieser vor zwei Monaten in eine andere Schule übersiedelt sei, sprach aber auffallend viel von dem Besitzer des Taschenmessers.

Ich versuchte daher die Lösung des Erziehungsnotstandes in der Richtung dieses Freundes. Allerdings wußte ich nicht, ob dann nicht noch Schuldgefühle aus den anderen, Ihnen mitgeteilten Quellen zurückbleiben. In der Erziehungsberatung tauchte nichts auf, was darauf hindeutete.

Bleibt aus dem Konflikt, der den Erziehungsnotstand brachte, verdrängtes Material zurück, dann — das weiß ich — wird Toni wieder rückfällig, und deshalb meine Aufforderung an die Mutter, achtzugeben und bei den ersten Anzeichen einer Verschlechterung sofort zu kommen. Erst wenn Schuldgefühle gegen den Verdächtigten wirksam werden, muß alles unternommen werden, diese zu lösen. Solange keine Anzeichen dafür vorhanden sind, darf der Erziehungsberater sich nicht für den zweiten Jungen einsetzen. Er ist nur der Anwalt des zu ihm gebrachten Kindes und darf nicht auch für andere Kinder, Eltern, Lehrer usw. eintreten. Er kommt sonst leicht dem Kinde gegenüber, für das er verantwortlich ist, in eine unmögliche Situation.

Aus demselben Grunde darf auch des Erziehungsberaters eigenes soziales Gewissen den Verlauf der Erziehungsberatung nicht beeinflussen. Rückt er von sich aus, ohne daß innere Notwendigkeiten Tonis das erfordern, den verdächtigten Jungen in den Vordergrund, so kann der Erziehungsberater Toni in neuerliche Konflikte stürzen.

Wer sich nicht objektivieren kann, taugt nicht zum Erziehungsberater.

Aus meinen Mitteilungen ist noch etwas zu entnehmen: Toni ist wirklich ein Fall der Erziehungsberatung und nicht ein für die Zwecke dieses Vortrages konstruiertes Modell.

Wäre der geschilderte Erziehungsnotstand ein Modell, so müßten wir den Psychoanalytiker, der es gebaut hat, als schlechten Konstrukteur kritisieren, denn im Mittelpunkt dieses Falles dürfte dann nicht der Besitzer des Taschenmessers, sondern müßte der verdächtigte Freund stehen. Von diesem Zentrum aus wäre die Aufrollung des Erziehungsnotstandes und dessen Lösung noch viel klarer und überzeugender zu zeigen.

Mit einigen Korrekturen der Wirklichkeit wäre es leicht gewesen, ein solches einwandfreies Modell zu bauen, wie es manchmal für Unterrichtszwecke unerläßlich ist.

Hier wurde darauf verzichtet, um lebenswahr zu bleiben. Ich wollte Ihnen nicht „einen Fall nach dem Buche“, sondern einen Ausschnitt aus der Wirklichkeit des Erziehungsberaters zeigen.

Das Leben stellt sich uns nur sehr selten so zur Verfügung, daß wir psychisches Geschehen lückenlos darstellen können. Es schafft die Erziehungsnotstände nach seinen Gegebenheiten und nicht nach den Notwendigkeiten eines Vortrages.

FORDERUNGEN AN DEN ERZIEHUNGSBERATER

Meine Damen und Herren!

Wir Erziehungsberater wissen, daß in den weitaus meisten Fällen die Erziehungsberatung zu spät aufgesucht wird; die Zeit, in der durch Rat das Entstehen eines Erziehungsnotstandes hätte verhindert werden können, ist längst vorbei, und wir stellen uns darauf ein.

In der Regel kommen die Eltern erst, wenn sie nicht mehr *Rat*, sondern *Hilfe* erwarten: sie sind verärgert oder verzweifelt, wollen zu Hause endlich wieder Ruhe und Ordnung haben und sind nicht dagegen, wenn wir das Kind einschüchtern oder ihm mit der Androhung der Anstaltsunterbringung Angst einjagen. Je weniger dabei von ihnen selbst verlangt wird, desto zufriedener sind sie mit uns.

Wir geben ihnen auch so weit als möglich *Hilfe:* manchmal genügt zur Behebung eines Erziehungsnotstandes die Unterbringung des Kindes in Hort oder Tagesheimstätte, ein andermal muß mehr geschehen: die Entfernung des Kindes aus der eigenen Familie und anderweitige Familienunterbringung.

Nur wenn alle andere Hilfe versagt, wird die Einweisung in eine geeignete Anstalt veranlaßt. Das bedeutet dann nicht selten einen tiefen Eingriff in das Schicksal eines Kindes.

In diesem Belange wird die Erziehungsberatung *zu allerletzt* eine *Sichtungsstelle.* Niemals aber kann das ihre *Hauptaufgabe* sein.

Die Anzahl der Erziehungsnotstände, deren Lösung durch *Beratung* der Eltern erreicht wird, steht in keinem Verhältnis zu jener, die unsere Hilfe beansprucht. Stehen wir den Eltern als Ratgeber zur Seite, so wird der Rat nur dann angenommen, wenn er so gegeben ist, daß ihn die Eltern als Hilfe empfinden.

Die Erziehungsberatung ist daher Erziehungshilfe, und ihr Aufgabenkreis wäre mit dem Wort „Erziehungshilfe" besser als mit dem Wort „Erziehungsberatung" umschrieben.

Wir helfen in der Erziehungsberatung nicht nur sehr vielseitig, sondern auch unter ganz besonders schwierigen Verhältnissen; denn Eltern und Kinder sind bei der ersten Begegnung mit dem Erziehungberater zumeist nicht in normaler psychischer Verfassung. Sie stehen unter dem Druck von Affekten, über die sie die Herrschaft verloren haben; die Eltern sind — wie schon erwähnt — verärgert, wütend, verzweifelt; die Kinder verängstigt, trotzig, aggressiv.

Die psychische Situation von Eltern und Kindern schreibt dem Erziehungsberater die Art vor, in der er sich ihnen nähert.

Dazu zunächst eine einleitende, allgemein orientierende Bemerkung:

Gewöhnlich wird der *Außenwelt* ein *Ich* gegenübergestellt. Damit ist aber die gegebene Situation nicht richtig umschrieben. In Wirklichkeit steht der *Außenwelt* eine *Gesamtpersönlichkeit* gegenüber. Allerdings ist das „Ich“ ein wesentlicher Bestandteil dieser Gesamtpersönlichkeit, aber es ist nicht alles; denn innerhalb der Gesamtpersönlichkeit sind noch zwei weitere Instanzen wirksam, die das Ich, schon ehe es zur Außenwelt Stellung nimmt, bedrängen.

Die eine Instanz ist von Natur aus gegeben; sie ist in jedem Menschen vorhanden und entsteht aus Spannungen, die aus den tiefen Schichten des Unbewußten aufsteigen. In der Sprache der Psychoanalyse heißt sie das ES.

Die zweite Instanz wird durch die Erziehung geschaffen. Sie ist jene innere Autorität, die sich dem ICH kritisch beurteilend gegenüberstellt, mit ihm zufrieden oder unzufrieden ist, es lobt oder tadelt. Weil diese Instanz über dem ICH steht, nennt die Psychoanalyse diese „Innere Autorität“ das ÜBER-ICH.

Zur Behebung eines Erziehungsnotstandes stehen dem Erziehungsberater daher *drei Zugangswege* zur Verfügung:

1. der über das bewußte ICH
2. der über das bewußte ICH zum ES
3. der über das bewußte ICH zum ÜBER-ICH.

Für den Erziehungsberater, der nur von den Erkenntnissen bewußtseinspsychologischer Forschung weiß, gibt es nur *einen* Weg, den über das bewußte ICH. Damit begibt er sich, ohne es zu wissen, recht beträchtlicher Vorteile.

Der tiefenpsychologisch ausgebildete Erziehungsberater wird natürlich nicht sofort die schwersten Geschütze in Stellung bringen, er verfügt aber über ein weit größeres Arsenal als der andere.

Ohne Voreingenommenheit läßt der Erziehungsberater Eltern und Kinder auf sich wirken und wird schon aus dem ersten Eindruck erkennen, zu welchen Hilfsmitteln er greifen muß, ob er sich nur an das bewußte ICH oder über dieses an das ES oder ÜBER-ICH wenden wird.

Nicht jedes Kind oder jeder Jugendliche ist von vornherein der interessante psychologische oder gar psychoanalytische „Fall," und nicht für jede Mutter ist gründliche tiefenpsychologische Schulung notwendig.

Recht oft hat der Erziehungsberater bei den Eltern, die die Erziehungsberatung freiwillig aufsuchen, nur seinen gesunden Menschenverstand, seine Erfahrung und das Bedürfnis, helfen zu wollen, einzusetzen.

Er spricht von *Mensch zu Mensch* und wendet sich, wenn immer nur möglich, an das bewußte ICH.

A. WIE DER ERZIEHUNGSBERATER SICH DEN ELTERN NÄHERT

1. Der Zugangsweg über das bewußte ICH

Wie wir uns dem bewußten ICH annähern, ist Ihnen allen bekannt, und ich mache nur einige Bemerkungen dazu:

Wir begnügen uns, die Eltern in ein für unsere Zwecke ausreichendes Vertrauensverhältnis zu bringen; während der Erledigung des Erziehungsnotstandes halten wir recht lose Beziehungen aufrecht, und die Eltern stellen wir gleichberechtigt neben uns. Mit Vorschlägen, wie die Eltern sich zu Hause verhalten sollen und wie die Kinder zu behandeln sind, ist häufig unsere Arbeit beendet.

Die Beziehungen von Vater und Mutter zu uns lösen wir nicht, wenn wir über den Erfolg unsicher sind. Die Eltern suchen uns gerne wieder auf, wenn sich neuerlich Schwierigkeiten ergeben, und gemeinsam arbeiten wir bis zur Erreichung des erwarteten Zieles.

Affekte der Eltern sind in der Regel leicht aufzufangen. Wohlwollendes Entgegenkommen oder wohlwollende Zurückhaltung ist der günstigste Beginn; der Erziehungsberater muß nur erkennen, ob der ihm Entgegenkommende aufgetan oder mißtrauisch ist.

Recht vorsichtig werden wir sein, wenn Eltern in die Erziehungsberatung *zitiert* werden: vom Jugendamt, durch das Jugendgericht oder durch die Schule. Sie sind mißtrauisch und wehren ab.

Eine besondere Art der Annäherung bedürfen Eltern, die, ehe sie zu uns kommen, schon ergebnislos andere Erziehungsberatungen aufgesucht haben, anderer psychologischer Meinung oder gegen die Psychoanalyse eingestellt sind.

Diesen gegenüber bleiben wir kühl, abwartend und geben eine reserviertsachliche Haltung nur langsam auf: wir werben nicht um sie; auf eine Diskussion verschiedener psychologischer Meinungen lassen wir uns ebensowenig ein wie auf jede abfällige Kritik der psychologischen Auffassung anderer über den vorliegenden Erziehungsnotstand. Unsere Methode loben wir nicht, selbst wenn wir dazu provoziert werden, weil wir wissen, daß sich gerade darin der Widerstand äußert.

Sehr achtsam werden wir, wenn Eltern in ihren Mitteilungen über das Kind übertreiben, Sachverhalte absichtlich entstellen, Vorwürfe abschwächen, Umstände verschleiern, strafbare Delikte überhaupt nicht erwähnen und uns irreführen wollen.

Es ist völlig unwesentlich, wie viel wir in der ersten Besprechung von der Vorgeschichte erfahren.

Von ausschlaggebender Bedeutung für den weiteren Verlauf unserer Arbeit werden die Beziehungen, die Vater und Mutter zu uns bekommen. Daher warten wir zu, drängen nicht, werden nicht ungeduldig, lassen die Eltern reden wie es kommt; Fragen werfen wir nur dazwischen, wenn der Redefluß stockt oder zu merken ist, daß sie sich überhaupt nicht ausdrücken können. Wir versuchen nicht die Mitteilungen nach einem bestimmten Schema, Fragebogen oder auf Grund einer auszufüllenden Drucksorte zu lenken. Die Leitlinie für die Mitteilungen von Eltern und Kindern bestimmen nicht *wir*, sie ergibt sich aus der Affektsituation der uns Gegenübersitzenden.

Eine kleine Einschaltung:

Wir bilden uns recht oft nicht wenig darauf ein, gut sprechen zu können; *gut zuhören können* ist eine viel größere Kunst. Gut zuhören heißt aber nicht nur hören, was der andere sagt, sondern, ohne zu sprechen, sich so zu benehmen, daß Eltern und Kinder merken, wir sind jetzt nur für sie da, und dadurch den Anreiz bekommen, immer mehr aus sich herauszugehen.

Begleiten wir die Rede des uns Gegenübersitzenden mit unseren eigenen Assoziationen, so fragen wir uns während seines Redeflusses ununterbrochen: Warum dieser Einfall gerade jetzt? Warum in diesem Zusammenhang? Warum wird jetzt langsamer, jetzt schneller gesprochen? Warum gerade jetzt eine Bewegung, die völlig aus den anderen Bewegungen herausfällt? Warum ein sich uns Zuwenden, warum ein Abwenden? Warum äußert sich in diesem Moment ein aus dem Mitgeteilten nicht erklärbarer Affekt? Warum gerade *diese* auffällige Miene, ein Aufblitzen im Augenhintergrund, das sofort wieder verschwindet? ..... und noch viele andere „Warum“. Wir bekommen daraus eine Reihe von Anhaltspunkten, die uns ermöglicht, den im Reden sich äußernden assoziativen Ablauf stets im Fluß zu halten und dadurch auch im richtigen Moment das richtige Wort zu finden, das in den Eltern das Gefühl hervorruft, einen so verständnisvollen Zuhörer gefunden zu haben, wie er ihnen bisher noch nie begegnete.

Nicht unerwähnt will ich lassen, daß wir wichtigen Einblick in das Werden eines Erziehungsnotstandes bekommen, wenn es uns gelingt, die Eltern zu Mitteilungen über ihre eigene Kinderstube zu veranlassen. Vieles klärt sich im Verhalten der Eltern zu den Kindern, wenn wir wissen, wie das Erleben der Eltern in der Kinderstube verlief.

Natürlich wird jeder Erziehungsberater die Situation nach seiner eigenen Persönlichkeit gestalten, und ich betone nachdrücklich, daß meine Bemerkungen keineswegs Rezepte, sondern nur Anregungen sein sollen.

2. Der Zugangsweg über das bewußte ICH zum ES

Kommt der Erziehungsberater den bewußten Bedürfnissen von Eltern und Kind entgegen, so werden sich Beziehungen anderer Art herstellen, als wenn er sich an deren ES wendet.

Dem tiefenpsychologisch nicht geschulten Erziehungsberater wird diese Behauptung nicht viel sagen. Wahrscheinlich wird sie verständlich, wenn ich aufmerksam mache, daß Beziehungen von Menschen zu uns nicht nur entstehen, wenn wir auf den gedanklichen Inhalt ihrer Rede, sondern auf die dieser zugrunde liegende Gefühlssituation eingehen.

Im ersten Fall wenden wir uns an ihr bewußtes ICH, im zweiten Fall sehen wir durch ihr bewußtes ICH das ES wirken. (Das ES hat keinen direkten Zugangsweg zur Außenwelt.)

Aus den Äußerungen des ICH die Sprache des ES zu verstehen, ist nicht leicht.

Warum begnügen wir uns dann nicht mit dem Zugangsweg über das bewußte ICH?

Weil es eine Reihe von Erziehungsnotständen gibt, die nur zu beheben sind, wenn wir den Konflikt zwischen ES *und* ICH verstehen.

Unter den so entstandenen Erziehungsnotständen sind jene typisch, denen neurotische Tendenzen oder Neurosen der Eltern zugrunde liegen; nicht selten kommt es vor, daß eine Mutter versucht, ihre eigene Neurose dadurch symptomlos zu halten, daß sie das Kind gefühlsmäßig (libidinös) für sich übermäßig in Anspruch nimmt.

Die Notwendigkeit, sich über das bewußte ICH an das ES zu wenden, ist seit Jahrzehnten sowohl in Amerika als auch in England erkannt. „Case work" und die „child guidance clinic" machen ausgiebigen Gebrauch davon. Unsere Erziehungsberatungen sind in diesem Belange noch sehr rückständig.

Aus der Fülle derartiger Erziehungsnotstände führe ich Ihnen, wegen der Kürze der uns zur Verfügung stehenden Zeit, nur ein einziges Beispiel an.

Ein Frauentypus begegnet uns häufig: Mütter, die in der Regel aktiv maskulin sind und den passiv femininen Mann zum Lebensgefährten haben.

Das Autoritätsverhältnis innerhalb der Familie ist umgekehrt. (Der weitaus größte Prozentsatz der neurotisch Verwahrlosten kommt aus solchen Familien.)

Die Mutter beherrscht die Familie — wenn sich in ihr noch hysterische Tendenzen dazu gesellen um so lärmender —; der Vater rationalisiert sich seine Schwäche der Frau gegenüber: „Um des lieben Friedens Willen gebe ich nach."

Je neurotischer eine solche Frau ist, desto weniger ist sie einem Rate zugänglich. Zur Behebung des Erziehungsnotstandes muß sie zum Erziehungsberater in ein Abhängigkeitsverhältnis kommen, aus dem sie seinen *Auftrag* willig befolgt.

Diese Art Mutter wird bekannten Boden finden, wenn wir uns *zuerst* so verhalten, wie sie es zu Hause von ihrem passiv-femininen Manne gewohnt ist. Sie nimmt uns dann für den Schwächling-Mann, legt wie zu Hause los und ereifert sich immer mehr; Erregung und Heftigkeit wachsen um so höher an, je passiver und scheinbar überwältigt wir zuhören.

Ist ein Maximum an Affekt erreicht, so bedarf es einer *einzigen* Geste des Erziehungsberaters, um die Situation grundlegend zu ändern: sich wortlos aufzusetzen, die Mutter so anzusehen, daß sie empfindet, vor einer undurchdringlichen Mauer zu stehen, einen unbeugsamen Willen vor sich zu haben, der dem ihren weit überlegen ist.

In diesem Augenblick kommt die Frau zu einem Erleben, das sie zum Erziehungsberater in ein zur Behebung so vieler Erziehungsnotstände unerläßliches Abhängigkeitsverhältnis bringt. Sie ist zur verlängerten Hand des Erziehungsberaters geworden. Es bedarf keines Rates, sie ist willig, Anweisungen zu befolgen.

Der Erziehungsberater hat aus den Äußerungen des bewußten ICH dieser Mutter ihr unbewußtes Bedürfnis (das ES) richtig erkannt.

Ob die Deutung und sein darauf gegründetes Verhalten zutreffend waren, kann er beim nächsten Vorsprechen dieser Mütter in der Erziehungsberatung feststellen: Ob sie mit einem neuen Kopftuch, einer frisch gewaschenen Schürze oder statt mit einem Silberfuchs mit drei Silberfüchsen in der Erziehungsberatung erscheint, hängt von der Gesellschaftsschicht ab, der sie angehört.

Der Erziehungsberater hat durch sein Verhalten die Frau gezwungen, in ihm eine Vaterfigur zu erleben und dadurch in eine infantile Phase zurückzugehen — zu *regredieren.* Wenn sie dann seine Anweisungen befolgt, geschieht dies im Kind-Vater-Verhältnis: er hat sie zum *Agieren* gebracht.

Genau zu erklären, was wir unter „agieren“ verstehen, würde den mir heute gestellten Rahmen sprengen.

Ich kann nur andeutungsweise sagen: der Psychoanalytiker weiß, daß Kindheitserlebnisse auf zweifache Art reproduziert werden können: durch Erinnern und durch Wiederholen. Der Therapeut braucht das *Erinnern*, der Erziehungsberater die *Wiederholung* oder das *Agieren*.

In diesem Kind-Vater-Verhältnis leben in der Frau, ohne daß sie sich darüber bewußt Rechenschaft gibt, Gefühle auf, wie sie seinerzeit zum Vater bestanden. Sie überträgt diese auf den Erziehungsberater: wir sagen, die *„Übertragung“* ist hergestellt.

Anschließend an dieses Beispiel noch einige Bemerkungen allgemeiner Natur zum Verständnis einzelner Situationen.

Recht wenige Erziehungsberater wissen richtig einzuschätzen, welche Rolle „Übertragung“ und „Agieren“ spielen, wenn sie sich über das ICH an das ES der Eltern wenden. Einzelne verdanken einen Teil ihres Erfolges dem Umstand, daß sie aus eigenem Erleben heraus, ohne nachdenken zu müssen, die Übertragung herstellen können. Sie wissen gar nicht, worauf ihre Wirkung zurückgeht, und auch nicht, daß wir diese Situation bewußt schaffen können.

Der Erziehungsberater wird nicht immer nur an die Stelle des Vaters gesetzt. Durch die Art seines Verhaltens kann er auch als Mutterersatz genommen werden; natürlich sind da engere Schranken gezogen. Aber in der Regel sind für den Erziehungsberater beide Situationen möglich. Daraus ergibt sich, daß das eben Gesagte nicht nur für den männlichen, sondern auch für den weiblichen Erziehungsberater gilt.

Die „Übertragung“ der Eltern auf den Erziehungsberater wird in einer *vorbereitenden Phase* geschaffen. Diese ist aus zweifachem Grunde unerläßlich.

1. Die Erfahrung bestätigt immer wieder, daß ein Erziehungsnotstand leichter zu beheben ist, wenn in einer ersten vorbereitenden Phase die Eltern wichtiger genommen werden als das Kind. Diese fühlen sich bevorzugt und kommen relativ leicht in die „Übertragung“. Damit ist aber der Erziehungsberater zum „Libido-Objekt“ geworden.

Was das heißt, und warum der Erziehungsberater als „Libido-Objekt“ wichtig ist, kann auch dem psychoanalytisch nicht geschulten Erziehungsberater verständlich gemacht werden.

Vorerst aber noch eine Einschaltung: Es könnte eingewendet werden, daß die Dringlichkeit eines Erziehungsnotstandes diese vorbereitende Phase unmöglich machen kann. Dazu ist zu bemerken: Es gibt keine Operation, die so dringlich ist, daß der Chirurg nicht zuvor seine Instrumente auskocht; es kann auch kein Erziehungsnotstand so dringlich sein, daß die den Eltern zu widmende vorbereitende Phase nicht vorgeschaltet werden könnte.

Und nun einige erläuternde Bemerkungen zum Erziehungsberater als „Libido-Objekt".

Durch die besondere Art der Gefühle, die in der „Übertragung" aufleben, wird der Erziehungsberater unbewußt in die Familie eingereiht; er ist kein Fremder mehr, wird geachtet, geschätzt, anerkannt: ist zum „Libido-Objekt" geworden.

In der Regel wird er zur Vater-Imago und damit auch zur autoritativen Instanz.

Nun kann er die Führung im Abbau des Erziehungsnotstandes übernehmen, die ihm nicht nur der Gefühlsbeziehungen wegen gerne überlassen wird, sondern auch, weil die Eltern dadurch eines Teiles ihrer Verantwortung ledig werden. Mit Erreichung dieses Zustandes ist auch die vorbereitende Phase abgeschlossen.

2. Ebenso zeigt die Erfahrung, daß auf *neurotischer* Basis erwachsene Erziehungsnotstände nur vom Erziehungsberater behandelt werden können, der durch die „Übertragung" zum Libido-Objekt geworden ist.

Wir müssen uns darüber klar sein, daß bei jeder neurotischen Verwahrlosung, welche Ursachen ihr auch zugrunde liegen, immer eine libidinöse Überbelastung des Verwahrlosten durch einen Elternteil mitspielt.

Wie ist das zu verstehen? — Ehe eine neurotische Verwahrlosung beginnt, ist das intrafamiliäre libidinöse Gleichgewicht gestört. In der Regel ist es die Mutter, die, aus unbefriedigten Beziehungen zum Vater, sich den Sohn als Objekt zum Ausleben ihrer zärtlichen Strebungen holt. Der Knabe spürt genau, daß die ihm zugewendete Zärtlichkeit nicht wirklich ihm gilt, daß die Mutter nicht für ihn da ist, sondern er für sie. Auf diese Überbelastung reagiert das Kind schon frühzeitig vergeblich mit Abwehr; denn die Mutter antwortet darauf mit erhöhter Inanspruchnahme.

Die Entscheidung, ob die konstituierten Abwehrmechanismen in die Neurose oder neurotische Verwahrlosung führen, fällt schon in einem Zeitpunkt, in dem die gesteigerte Abwehr des Kindes von der Umgebung völlig mißverstanden wird. Die Mutter läßt ihr Opfer aber nicht los, bemüht sich immer mehr um das Kind, wenn sie auch die Methode wechselt und damit zu noch untauglicheren Mitteln greift.

Besonders arg wird die Situation für das Kind, wenn eine libidniöse Überbelastung eintritt, weil eine Mutter bestrebt ist, ihre eigene Neurose symptomlos zu halten. Jeder Erziehungsberater kennt solche Mütter. Sie kommen händeringend in die Erziehungsberatung, eindringlichst bittend, den Jungen in eine Anstalt zu geben, weil es zu Hause nicht mehr auszuhalten sei. Kaum ist er untergebracht, laufen sie zu allen möglichen Stellen, um das Kind zurückzubekommen; die mit der Entfernung des Kindes nun manifest werdende Neurose ist noch viel unlustvoller als das Zusammenleben mit dem Kinde. Solche Mütter schrecken auch nicht vor Entführungen des Kindes aus der Anstalt zurück. Sie benehmen sich wie Geisteskranke und sind doch nur schwer neurotisch.

Ist das Kind zu Hause, so beginnt in einigen Wochen der Kreislauf von neuem mit dem Erscheinen der Mutter in der Erziehungsberatung, nun mit dem Versprechen, das Kind in der Anstalt zu lassen. Und doch treibt das Unbewußte diese Mutter wieder zum selben Tun.

Es bedarf nicht vieler Überlegung, um zu erkennen, daß die Behebung eines Erziehungsnotstandes, dem eine libidinöse Überbelastung durch Mutter oder Vater zugrunde liegt, damit beginnen muß, daß sich der Erziehungsberater diesem Elternteil als „Libido-Objekt“ zur Verfügung stellt.

Ist die Übertragung gelungen, so wird dem Elternteil das Kind, ohne daß er es merkt, weniger wichtig: der Überschuß an Gefühl ist beim Erziehungsberater untergebracht.

Das Kind fühlt die Entlastung sofort und wehrt natürlich nicht mehr so heftig ab, benimmt sich daher anders als vorher. Die Änderung im Verhalten wird von dem an den Erziehungsberater gebundenen Elternteil als Besserung überschätzt und als Erfolg des Erziehungsberaters gewertet. Die aus dem Abhängigkeitsverhältnis ohnehin vorhandene Geneigtheit, Weisungen des Erziehungsberaters nachzukommen, steigert sich und in der Familie entsteht eine bisher nicht gekannte freundliche Atmosphäre, die jedem Familienmitglied zugute kommt. Ohne daß viel nachgedacht oder darüber gesprochen wird, weiß jeder, daß mit dem Auftreten des Erziehungsberaters diese Änderung kam. So spielt sich in diesen Fällen die *vorbereitende Phase* ab.

3. Der Zugangsweg über das bewußte ICH zum ÜBER-ICH

Wendet sich der Erziehungsberater an das ÜBER-ICH der Eltern, so ist sein Verhalten wesentlich anders als bei jenen Erziehungsnotständen, die ihn veranlassen, sich dem bewußten ICH oder dem ES anzunähern.

Im ersten Fall (Annäherung an das bewußte ICH):

Eltern und Erziehungsberater stehen gleichberechtigt *nebeneinander;* die Gefühlsbeziehungen bleiben dauernd lose.

Im zweiten Fall (Annäherung an das ES):

Der Erziehungsberater steht *über* den Eltern; durch die Übertragung werden diese in dem erforderlichen Abhängigkeitsverhältnis gehalten.

Im dritten Fall (Annäherung an das ÜBER-ICH):

Die Eigenpersönlichkeit des Erziehungsberaters *verschwindet scheinbar* dadurch, daß er das ÜBER-ICH der Eltern anerkennt und vorübergehend zu seinem eigenen macht; die Eltern erleben sich selbst im Erziehungsberater wieder.

Eine Ausnahme ergibt sich nur, wenn der Erziehungsnotstand durch ein defektes ÜBER-ICH der Eltern bedingt wird. Da müßte sich der Erziehungsberater völlig anders verhalten. Diese Erziehungsnotstände sind in der Regel in der Erziehungsberatung nicht mehr zu beheben, sondern Kinder und Jugendliche werden der Einzelbehandlung zugeführt.

Wir wissen vom ÜBER-ICH schon, daß es jene „Innere Autorität" ist, die das ICH kritisch beurteilt und im ICH Schuldgefühle hervorruft, wenn es seine Forderungen nicht erfüllt (Gewissen). Damit gewinnt es die Macht, das ICH zu führen. Wenn wir uns mit dem ÜBER-ICH der Eltern in Verbindung setzen wollen, müssen wir aber mehr als diese Tatsache wissen.

Wie entsteht das ÜBER-ICH? — Das Kind liebt die Eltern und will werden wie die Eltern sind: es identifiziert sich mit ihnen. Durch die Identifizierung rücken wesentliche Züge der Eltern in das ICH des Kindes, auch deren Gebote und Verbote. *Was* sie verbieten und erlauben wird zum *Inhalt* der „Inneren Autorität". *Wie* sie verbieten und erlauben, die Art,in der sie sich erzieherisch äußern, ob kategorisch, streng, mild fordernd oder geduldig abwartend, wird zur *Form* des ÜBER-ICH.

Nicht nur die Eltern sind für das Kind Objekte zur Identifizierung, sondern auch alle anderen Erziehungspersonen und soziale und literarische Vorbilder.

Durch die Identifizierung werden in das kindliche ICH nicht nur die Gebote, Verbote und die Art, in der sie gegeben werden, sondern auch die Einstellung der Identifizierungsobjekte zum Leben aufgenommen. Dadurch entwickeln sich im ÜBER-ICH des Kindes auch jene Inhalte, die als Forderungen von Religion, Moral und Ethik wichtig werden: der Wertmaßstab, der später an die ideellen und materiellen Güter des Lebens angelegt wird.

Der Erziehungsberater wird die *Inhalte* des elterlichen ÜBER-ICH um so genauer kennenlernen, je mehr ihm Vater und Mutter von ihrer eigenen Kindheit erzählen.

Die *Form* des elterlichen ÜBER-ICH erkennt ein geschultes Auge und Ohr aus dem äußeren Verhalten der Eltern und dem Affekt, der bei den Mitteilungen mitklingt.

Zu Fehlentwicklungen kommt es nicht selten, wenn Eltern Forderungen ihres eigenen ÜBER-ICH im Kinde realisieren wollen und dem Kinde die Fähigkeit und Neigung dazu fehlt.

Darauf zurückgehende Erziehungsnotstände kann der Erziehungsberater nur erkennen und beheben, wenn er schon bei der ersten Besprechung aus den Mitteilungen der Eltern den Konflikt mit dem Kinde erfaßt und richtige Schlüsse zieht. Diese ermöglichen die Eltern aus den Mitteilungen, die sie über ihre eigene Kinderstube machen.

In der Regel kommt es zu schweren Konflikten zwischen Söhnen und Vätern, weil diese mit den Schulleistungen nicht zufrieden sind und vom Kinde ihm Unmögliches verlangen, oder wenn Mütter an die Töchter moralische Ansprüche stellen, die diese als übertrieben empfinden und ablehnen. In der Folge ergeben sich Fehlentwicklungen.

Aus der Fülle der Erziehungsnotstände zum Verständnis des eben Gesagten ein Beispiel:

Ein Kindesvater ist als ältestes Kind herangewachsen. Sein Vater war Hilfsarbeiter, die Mutter hat als Wäscherin zur Erhaltung der Familie beigetragen. Die Beziehungen zwischen Vater und Mutter und zu den Kindern waren sehr gute, das Familienleben einwandfrei. Der Kindesvater fiel den Lehrern durch seine Schulleistungen auf. In der vierten Klasse riet der Klassenvorstand den Eltern, den Jungen nach Abschluß der Hauptschule ins Gymnasium zu schicken. Sie waren damit sehr einverstanden, und Monate hindurch berieten Vater und Mutter, wie die Mittel für das Studium des Sohnes aufgebracht werden könnten. Der Entschluß, daß der Junge das Gymnasium besuchen müßte, stand so fest, daß die Zuversicht: „Es wird schon gehen!“ keine Unsicherheit mehr aufkommen ließ.

Plötzlich starb der Vater. Die Mutter konnte die Kinder nicht erhalten, der Vierzehnjährige muß sofort als Hilfsarbeiter mitverdienen. Nicht nur mit dem Studium ist es aus, er kann nicht einmal ein Gewerbe erlernen oder Fabrikarbeiter werden, die Not zwingt ihn zum Hilfsarbeiter.

Sein ungestilltes Verlangen verankerte in ihm den Gedanken: „Wenn ich einmal heirate und einen Sohn habe, der muß studieren. Er soll es einmal besser haben als ich.“ — Er heiratete, die Frau gebar ihm einen Sohn. Jetzt erst hatte sein Leben wirklich einen Zweck. Von ganz klein auf bemühte er sich um das Kind, und als es begann, die Schule zu besuchen, war er ständig um die Schulleistungen besorgt; er versagte sich jedes Vergnügen, er rauchte nicht, trank nicht, sparte das Geld für das spätere Studium. Wahrscheinlich wäre die Entwicklung des Kindes normal verlaufen, wenn seine Intelligenz zum Studium ausgereicht hätte, so aber kam es zur Katastrophe.

Der Vater kann sich nicht zugeben, daß das Kind zur Erreichung der „Matura“ ungeeignet ist, er hält den Jungen für faul und unwillig. Wird er wortkarg und verschlossen oder lehnt er sich auf, wird er frech, renitent und schließlich verwahrlost, so ist der Vater maßlos enttäuscht und verbittert, daß das Kind die gebrachten Opfer nicht begreift, sich nicht nur von ihm zurückzieht, sondern, wie er genau fühlt, ihn geradezu haßt.

Dem Vater in der Erziehungsberatung begreiflich zu machen, daß sein Sohn zum Studium nicht taugt, gelingt erst, wenn er seine so affektiv besetzte Absicht aufgegeben hat. Erst dann kann er seinen Sohn als selbständiges Lebewesen, das seine eigenen Wege gehen muß, sein eigenes Schicksal hat, neben sich leben lassen.

Das zu erreichen, ist das erste Ziel unserer Arbeit. Es ist nicht leicht zu erreichen, erfordert viel Verständnis und auch Geduld. Wir bleiben ganz auf den Vater eingestellt, bringen ihn dazu, von *seiner* Kindheit, von *seinen* Wünschen und vom Nicht-Erreichten zu erzählen, irritieren ihn nicht durch Abwehr oder Widerspruch, stellen aber auch keine stürmische Übertragung her, sondern lassen sie nur langsam wachsen und vermeiden unbedingt die Entstehung eines Vater—Sohn- oder Lehrer—Schülerverhältnisses. Er soll sich neben uns vollwertig und gleichberechtigt fühlen. Dadurch schaffen wir ihm Erlebnisse, die er immer gesucht, aber nie gefunden hat.

Erst wenn er sich gerne bei uns ausspricht, ändern wir unser Verhalten und bringen ihn jetzt unter geringen Schwierigkeiten dazu, die Berechtigung des Kindes, sein Leben so ermöglicht zu bekommen, wie es seinen Bedürfnissen entspricht, zu verstehen und danach zu handeln. Am besten gelingt dies im steten Vergleichen mit seiner eigenen Kindheit.

Bei den meisten Fällen dieser Art kommt es zu Haßäußerungen gegen das Kind. Diese Reaktion ist ganz normal, muß provoziert werden, wenn sie sich nicht von selbst einstellt, damit es zu einer wirklichen Versöhnung des Vaters mit seinem Kinde kommen kann.

Wir entlassen Vater und Sohn endgültig erst, wenn der Junge aus der Schule herausgenommen ist, einen ihm zusagenden Beruf gefunden hat und der Vater seine frei gewordene Libido, wieder durch uns gelenkt, für eigene Interessensgebiete verwendet.

Mit dem Kinde haben wir uns kaum zu beschäftigen. Es fühlt vom ersten Tage unserer Begegnung mit dem Vater eine ständige Verminderung des auf ihm lastenden Druckes, bis es schließlich die völlige Befreiung dadurch erlebt, daß es aus der ihm so verhaßten Schule herausgenommen und dem Berufe, den es gerne mag, zugeführt wird.

Es gibt auch begabte Väter, die, in einen ihnen nicht zusagenden Beruf gedrängt, ihr Interesse nicht auf das Kind, sondern auf andere, außerhalb der Familie liegende Gebiete konzentrieren. Dort, wo sie sich betätigen, sind sie geschätzt, beliebt; innerhalb der Familie sind sie unbrauchbar; — hier ist der Mutter die Last der Familienführung aufgebürdet, sie muß alles mit sich allein abmachen, hat keine Stütze an dem Gatten. Und doch kann sie ihn innerlich nicht zur Verantwortung dafür ziehen. Die Familie zerfällt, die Kinder verwahrlosen.

Die Behebung eines solchen Erziehungsnotstandes gelingt nur, wenn wir den Vater zur Umstellung seiner Interessen bringen können. Die große Schwierigkeit liegt darin, daß der Vater verstandesmäßig allem beipflichtet, was wir ihm sagen, und auch bereit ist, zu tun, was wir von ihm verlangen, aber das affektive Interesse für das Kind fehlt. Fordern wir von ihm notwendige Unterlassungen, so ist er imstande, seine Ansprüche herabzusetzen, aber zu aktiven Erziehungshandlungen ist er nicht fähig.

B. WIE DER ERZIEHUNGSBERATER SICH DEN KINDERN UND JUGENDLICHEN NÄHERT

Den Kindern und Jugendlichen nähert sich der Erziehungsberater wesentlich anders als den Eltern; denn diese sind in einer völlig anderen Anfangssituation: sie kommen nicht freiwillig, sondern werden gebracht; sie *müssen*, sind von den Eltern verängstigt, eingeschüchtert und gegen den Erziehungsberater eingestellt. Sie sehen recht oft in ihm das Werkzeug der Eltern und wehren ab. Manchmal ist die Abwehr kaum merkbar, manchmal ganz offensichtlich unliebenswürdig, trotzig, mit leichtem Ansatz von Aggression.

Manchmal interessieren wir sie überhaupt nicht; sie sind gelangweilt, schwierig zum Sprechen zu bringen. Nicht zu übersehen ist, daß sie nicht so redegewandt sind wie die Erwachsenen. Manchmal lassen sie erkennen, daß sie lieber schon wieder fort wären. Nicht sehr selten kommen sie als die „Gescheiten", die vornehm Überlegenen, immer bereit, uns zu imponieren. Jugendliche Mädchen leisten sich da manchmal Unglaubliches.

Es ist für den Erfolg unserer Arbeit in der Erziehungsberatung ausschlaggebend, daß wir das jeweils gezeigte Benehmen des Kindes sofort richtig deuten, weil davon unser Verhalten abhängt (das eventuell die Übertragung möglichst rasch herzustellen hat). Fehlt uns die Erfahrung, so ist es sehr schwierig, das Kind richtig einzuschätzen, wenn es uns durch unaufrichtiges, verstelltes Benehmen irrezuführen versucht.

Bei Kindern und Jugendlichen ist es noch wichtiger als bei den Eltern, rasch zu erkennen, welcher von den drei Zugangswegen zu wählen ist.

In der Regel begrüßen wir Kinder und Jugendliche — ohne ein Wort zu sprechen — nur mit einem Blick und einem Händedruck, der unsere freundliche Gesinnung ahnen läßt oder auch deutlich zeigt. Mit dem Sprechen warten wir zu, weil eine wortlose Begegnung den Spannungszustand erhöht. Wir können *dann* mit einem Wort Zweifel zerstören, Angst vermindern, durch wortloses Interesse uns vom „Gescheiten" imponieren lassen. Dem trotzigen, verschüchterten Kinde helfen wir mit einem abwartenden freundlichen Blick außerordentlich viel. Dem Phantasten, der übertreibt oder die Unwahrheit sagt, folgen wir in seine Welt, machen ihn nicht auf Widersprüche aufmerksam; den Schlauen, der uns täuschen will, lassen wir anfangs merken, daß ihm die Irreführung gelungen sei, wenn wir wollen, daß er sich sicher fühle, oder geben ihm — ohne zu reden — zu erkennen, daß wir ihn durchschauen, wenn er unsicher werden soll, usw. Durch solches Verhalten schaffen wir eine Atmosphäre, in der die Übertragung vom Kinde zu uns zwangsläufig zustande kommt.

Wie immer sich unsere Unterredung auch entwickelt, nie lassen wir die Kinder oder Jugendlichen uns gegenüberstehen, sondern fordern sie auf, sich niederzusetzen.

Schulmäßiges Antworten und Benehmen sowie auch die Rolle des sich verteidigenden Angeklagten sind während des Gespräches zu verhindern. Fällt das hochdeutsch Sprechen schwer oder wird das Gespräch gespreizt, unnatürlich, so drängen wir auf das Sprechen im Dialekt; Affektäußerungen gegen Gleichaltrige, Eltern oder Lehrer unterdrücken wir nicht, enthalten uns aber jeder Äußerung.

Der sachliche Inhalt unserer Fragen und Bemerkungen richtet sich natürlich immer nach der Besonderheit des vorliegenden Erziehungsnotstandes, der Individualität des Kindes und seiner augenblicklich gegebenen psychischen Situation. Wir bewegen uns ausschließlich innerhalb seines Interessenkreises und kommen nur ganz ausnahmsweise bei der ersten Besprechung auf das „Delikt", das die Veranlassung zur Vorsprache in der Erziehungsberatung gab, zu sprechen.

Es ist nicht immer leicht, kleine Kinder zum Reden zu bringen und sie zu gewinnen. Wir knüpfen an das kindliche Spiel, an Märchen- und Kindergeschichten an, freuen uns über auffälligen Hals- oder Kopfschmuck, ein hübsches Jäckchen, eine bunte Schürze, phantasieren ein Puppenspiel mit verteilten Rollen und bekommen damit auch einige Einblicke in die guten und schlechten Beziehungen des Kindes zu Personen seiner Umgebung.

Bei Schulkindern ist bei der ersten Begegnung gewöhnlich die Schule ein für unser Gespräch verbotenes Gebiet. Nur manchmal, wenn das Zu-Hause-Sein sehr unlustvoll betont und die Schule zur geliebten Stätte geworden ist, wird sie auch für uns frei. Sonst gibt es noch sehr viele Gebiete, in die wir dem Kinde nur willig folgen müssen. Der dann für längere Zeit ausreichende Gesprächsstoff gibt uns, geschickt gelenkt, viele Möglichkeiten, im Kinde den Anreiz hervorzurufen, sich mit positiven Gefühlen zu uns zu bekennen.

Es gibt recht viele Kinder, bei denen das rein menschliche Eingehen auf ihre Bedürfnisse, ohne Anwendung jedweder psychologischer Kunststücke, zur Behebung des Erziehungsnotstandes führt.

Viele Kinder bleiben von der Schule weg, machen ihre Aufgaben nicht, arbeiten in der Schule nicht mit und stören den Unterricht, weil niemand da ist, der sich für ihre Leistungen und das Benehmen in der Schule interessiert. Oft läßt sich ausreichende Hilfe dadurch geben, daß der Erziehungsberater das Vertrauen der Minderjährigen gewinnt, ihre Beschwernisse und Kümmernisse versteht und unbefriedigtes Zärtlichkeitsbedürfnis bei sich ebenso ausleben läßt wie die zu Hause unterdrückten Aggressionen.

Solche Erziehungsnotstände beheben sich wie von selbst. Von Schuleschwänzen ist sehr bald keine Rede mehr, sehr in Ordnung gebrachte Schulbücher und -hefte werden uns stolz gezeigt, Schulaufgaben werden gelernt und geschrieben. Wiederholt sind so behandelte Kinder uns Gehilfen geworden, wenn ein zweites Kind aus derselben Klasse mit ähnlichen Schwierigkeiten geschickt wurde.

2. Der Zugangsweg über das bewußte ICH zum ES

Versagt die Art, dem Kinde über das bewußte ICH nahezukommen, dann versuchen wir es auf die andere Art. Nicht *wir* bestimmen den Weg, sondern der nicht schwindende Erziehungsnotstand schreibt die Tiefe vor, in die einzudringen ist.

Ist das *unbewußte Bedürfnis des Kindes nach Anlehnung und Zärtlichkeit* nicht befriedigt worden, so ergibt sich ein recht einfach zu behebender Erziehungsnotstand.

Alle diese Kinder haben eines gemeinsam: weil niemand da ist, der sich für sie genügend interessiert, ziehen sie sich zurück, sind auf dem Wege, sich eine sie befriedigende Phantasiewelt aufzubauen. Die Herstellung der Beziehung zu sich und die Behebung dieses Erziehungsnotstandes gelingen dem Erziehungsberater leicht.

Viel schwieriger gestaltet sich die Situation, wenn wir es mit Jugendlichen zu tun haben, die aus einem *unbewußten Bedürfnis mit ihrer Umgebung im ständigen offenen Konflikt leben.* Hierher gehören mannigfaltige Formen aggressiven Verhaltens der Jugendlichen in der Vorpubertäts- und Pubertätszeit.

Bei vielen dieser Gruppe ist dieses Benehmen eine gegen den Vater gerichtete, mit unzulänglichen Mitteln geführte Revolution.

Ein bestimmter Erziehungsnotstand entsteht, wenn der Knabe im Heranwachsen den Vater als brutalen Schwächling erlebt. Aus der frühzeitig gewordenen Identifizierung mit ihm übernahm er auch dessen Brutalität und ist dadurch ständig im Affekt, wenn er auch oft bemüht ist, ihn nicht zu zeigen.

Er ist bei uns nicht immer sofort aggressiv, aber auf jeden Fall ist die Bereitschaft da, seinen unbewußten Haß vom Vater auf uns zu verschieben. Wir müssen daher sehr vorsichtig sein, wenn er den Beratungsraum betritt und verhalten uns schon bei der ersten Begrüßung so, daß seinerseits ein Angriff nicht erfolgen kann. Die zu ihm gesprochenen Worte sind freundlicher im Inhalt als unser sonstiges Auftreten. Wir sind aber auch nicht zu entgegenkommend, zu freundlich, zu liebenswürdig; denn dann sieht er in uns den Schwachen und versucht sofort brutal zu werden. Er kommt durch sein Verhalten in einen unsicheren labilen Zustand und findet sich mit uns nicht zurecht. Er weiß nicht, daß wir absichtlich durch den Inhalt unserer Rede und die Form unseres Benehmens entgegengesetzten Tendenzen Rechnung tragen: durch unser kraftvolles Auftreten der einen, durch den Wortinhalt unserer Bemerkungen der anderen. In dieser Unsicherheit belassen wir ihn einige Zeit. Wir erreichen dies auch durch ein indifferentes Gespräch, dessen Inhalt völlig abseits vom Konflikt liegt, der ihn in die Erziehungsberatung gebracht hat, das aber auf seine Interessenkreise nur oberflächlich eingeht. Später, wenn wir ihn für uns gewinnen wollen, stimmen wir ihm zu, sind mit ihm einverstanden und verbünden uns schließlich mit ihm gegen die anderen —, das aber alles mehr durch unser Verhalten als durch Worte. Durch Worte legen wir uns endgültig fest, unser Verhalten können wir ändern, und er weiß nicht, ob er sich nicht doch geirrt hat. Wir stellen uns dabei weder auf die Basis des gleichaltrigen Freundes noch auf die des verwahrlosten Erwachsenen.

Eine nicht leicht erkennbare Abart innerhalb dieser Gruppe sind die Jugendlichen, die den Kampf gegen den Vater in anderer Form führen: sie sind nicht offensichtlich aggressiv und brutal; ihr Benehmen ist vorsichtiger, hinterhältiger, heimtückischer; sie sind rachsüchtig und feige, greifen versteckt nur an, wenn sie selbst sich nicht gefährdet fühlen; einen Teil ihres Hasses gegen den Vater leben sie in der Phantasie aus. Sie nähern sich in ihrer psychischen Struktur schon sehr dem neurotisch Verwahrlosten.

Diese Art entsteht im wesentlichen aus der Identifizierung mit einem ähnlich struktuierten Vater.

Ein Übertragungserfolg ist viel schwieriger zu erreichen. Wir müssen uns bei der ersten Begegnung noch rascher orientieren. Das bei diesem Verwahrlosten ganz besonders notwendige Eingehen auf seine Defekte verlangt viel exakteres Erfassen seiner Persönlichkeit und absolute Objektivität, da er leicht äußerst unangenehm wirkt. Die Übertragungsbeziehungen lassen noch länger auf sich warten und sind schwierig zu einem größeren Ausmaß zu steigern.

Und nun noch einiges über *die neurotisch schwer Verwahrlosten:*

Die Formen der neurotischen Verwahrlosung sind so mannigfaltig, daß es heute noch unmöglich ist, endgültige Angaben über ein planmäßiges Verhalten für den Erziehungsberater zu machen. Die Zustandsbilder dieser Verwahrlosungen zeigen einmal die neurotischen Symptome mehr im Vordergrund, ein andermal die Verwahrlosungserscheinungen. Dominieren im Erscheinungsbild die neurotischen Symptome, so wird der Erziehungsberater diese Kinder einer *Kinderanalyse* zuführen, sind die Verwahrlosungserscheinungen die wichtigeren, so wird eine *Verwahrlostenanalyse* zur erforderlichen Technik. In beiden Fällen wird aber die Erziehungsberatung mit der Zuweisung der Kinder in die geeignete Behandlung abschließen. Der Erziehungsberater hat nur zu überlegen, auf welche von diesen beiden Grundlagen der Erziehungsnotstand vorwiegend zurückzuführen ist, weil sein Benehmen in der Erziehungsberatung wesentlich davon abhängt. Je neurotischer der Verwahrloste ist, desto passiver, zurückhaltender wird er sein, um die späteren Beziehungen des Kindes zu dem es Behandelnden nicht zu erschweren. Aber auch in den Fällen, in denen voraussichtlich eine Verwahrlostenanalyse notwendig werden wird, begnügt er sich mit einem Minimum an Übertragung. Nur wenn leichte Verwahrlosungserscheinungen auf neurotischer Basis vorliegen, die er selbst noch im Rahmen der Erziehungsberatung beheben kann, steigert er die Übertragung erheblich.

Wird der Erziehungsberater sich über die Ursachen des Erziehungsnotstandes nicht klar, dann veranlaßt er die Überweisung des Kindes in eine Beobachtungsstelle.

3. Der Zugangsweg über das bewußte ICH zum ÜBER-ICH

Der Erziehungsberater wird den richtigen Zugangsweg zum ÜBER-ICH des Kindes und Jugendlichen erst finden, wenn er ein Zweifaches beachtet:

1. daß sowohl beim Kind als auch beim Jugendlichen das ÜBER-ICH erst in Bildung ist, er sich daher in seiner Arbeit nicht auf eine bereits fertige Instanz innerhalb der Gesamtpersönlichkeit stützen kann;
2. daß das ÜBER-ICH Entwicklungsschädigungen aufweisen kann, die zu Defekten im kindlichen ÜBER-ICH führen.

Diese Schädigungen entstehen auf mannigfache Art, zum Beispiel:

Vater oder Mutter oder beide sind verwahrlost, lehnen die soziale Gemeinschaft ab oder sind gegen sie eingestellt;

die Eltern vernachlässigen das Kind oder behandeln es lieblos;

der Vater ist ein ungeeignetes Identifizierungsobjekt, weil die Mutter die Stärkere ist;

die Eltern sind zu schwach, ihren triebeinschränkenden Verboten Geltung zu verschaffen, oder verlangen deren Erfüllung zu brutal.

Allen so gewordenen Defekten im ÜBER-ICH wird der Erziehungsberater durch sein Verhalten Rechnung tragen müssen: wenn der Kern des ÜBER-ICH fehlt, wird er das labile Verhalten des Kindes und Jugendlichen verstehen, die fehlende oder brutale Vaterautorität durch sein Verhalten ersetzen oder durch angstlösende Haltung zum Verschwinden bringen. Ganz ähnlich wird er sich benehmen, wenn die Eltern zu schwach oder zu brutal die Erfüllung ihrer Gebote verlangen usw.

Aus dem Gesagten ist ohne weiteres zu erkennen, daß der Erziehungsberater, ohne viel zu sprechen, sich so geben muß, daß er auf das Kind oder den Jugendlichen die erforderliche Wirkung ausübt. Daß er durch Worte sich nicht endgültig festlegt und Kind und Jugendlicher dadurch ihre Einstellung ihm gegenüber besiegeln, haben Sie schon gehört, als ich über die wortlose Begrüßung des aggressiven Verwahrlosten sprach.

Die Erziehungsnotstände, die aus einem defekten ÜBER-ICH entstehen, können in der Regel in der Erziehungsberatung nicht behoben werden. Die Aufgabe des Erziehungsberaters wird sich in den weitaus meisten Fällen mit der Zuweisung der Kinder in andere Familienpflege oder in die Anstaltserziehung abschließen.

4. Der jugendliche Hochstapler

Der jugendliche Hochstapler in der Erziehungsberatung ist das interessanteste, aber auch schwierigste Problem, auf das wir in diesem Zusammenhang nicht eingehen können.

Erziehungsnotstände bei intellektuell defekten Kindern und Jugendlichen bedürfen besonderer Maßnahmen. Anscheinend psychisch gestörte Kinder werden, ehe auf die Behebung des Erziehungsnotstandes eingegangen wird, einer neurologisch-psychiatrischen Untersuchung zugeführt.

C. DER ERZIEHUNGSBERATER

Ehe ich an das tiefenpsychologische Wissen des Erziehungberaters appelliere, lassen Sie mich zum Übergang noch einige Bemerkungen zum *Erfahrungswissen* des Erziehungsberaters machen.

Er weiß, daß der Verwahrloste recht oft von den Eltern eingeschüchtert kommt und zumeist unter dem Druck der Drohung steht: „Der Erziehungsberater wird dich in die Anstalt stecken!“ Der Erziehungsberater ist daher sein Feind.

Was macht nun der Verwahrloste, wenn er zur Türe hereintritt? Was jeder Verwahrloste in jeder Situation zuerst tut und worin seine Stärke besteht: er versucht sich raschest zu vergewissern, wen er vor sich hat: er tastet den Erziehungsberater mit seinem Blick ab. Dasselbe macht der Erziehungsberater mit ihm. Wer von beiden um den Bruchteil einer Sekunde früher fertig ist, hat Oberwasser. Je gescheiter der Verwahrloste ist, desto schneller kennt er sich aus; manchmal geht das blitzschnell. Der Erziehungsberater muß sich sehr beeilen, um nicht ins Hintertreffen zu kommen. Wer mehr im Affekt ist, wird der Schwächere. — Viele bewußte und unbewußte Abläufe sind am Kampf beteiligt. Man fühlt mehr, was vorgeht, als man darüber weiß.

Das Wichtigste ist vorbei, bevor Erziehungsberater und Verwahrloster miteinander zu sprechen beginnen.

Der Erziehungsberater begibt sich mancher Vorteile, wenn er den Verwahrlosten nicht unbeeinflußt auf sich wirken läßt, wenn er aus der Aktenlage, Mitteilungen der Fürsorgerin, Anklagen der Eltern sich schon, ehe er den Verwahrlosten zu Gesicht bekommt, für oder gegen ihn entscheidet.

Zum Sprechen und Verhalten des Erziehungsberaters ließe sich manches sagen; zum gedanklichen Inhalt und zum Klang der Worte. Der gedankliche Inhalt eines Satzes kann durch die Art, in der er gesprochen wird, verstärkt, unterstrichen, aber auch völlig ins Gegenteil verkehrt werden. Ein Satz „Einen solchen Gauner wie dich habe ich noch nie gesehen!“ kann durch die Art, wie er gesprochen wird, die größte Beleidigung sein, den Verwahrlosten renitent machen und zum Weggehen veranlassen, er kann aber auch zum Ausdruck höchster Anerkennung werden und automatisch stärkste Bindung hervorrufen. Denken wir nach, wie oft es gar nicht darauf ankommt, *was* wir sagen, sondern *wie* wir es sagen.

Aus dem bisher Angeführten läßt sich ersehen, daß das Gelingen der Erziehungsberatung vor allem von der *Person des Erziehungsberaters* abhängt: eine menschenfreundliche, hilfsbereite, entschlußfähige Persönlichkeit, die imstande ist, sich mit richtiger Intuition in fremde Affekte und Verhältnisse einzufügen, kann auf Eltern und Kinder den stärksten Eindruck machen, der in der Erziehungsberatung unerläßlich ist. Wer in seine eigenen Gedanken, Gefühle und Absichten eingesponnen ist, wenig Beziehungen zu seinen Nebenmenschen und kein Verständnis für die Not des anderen hat, wer aus Übergewissenhaftigkeit bei Entschlüssen zögert und aus übermäßigem Schonungsgefühl für den anderen nicht imstande ist, sich in fremde Verhältnisse einzudrängen, ist als Erziehungsberater ungeeignet. Er erreicht auch mit dem besten Willen nichts. Die Überzeugung der Hilfesuchenden strömt ihm nicht zu.

Außer dem Bedürfnis, helfen zu wollen, muß zur richtigen Hilfeleistung dem Erziehungsberater ein gewisses Ausmaß an *Einfühlungsfähigkeit* zur Verfügung stehen. Aus dieser Fähigkeit identifiziert er sich mit den vor ihm Sitzenden und erkennt deren Not. Die unmittelbar darauffolgende *Objektivierung* läßt ihn die richtige Verhaltungsweise finden.

Ist das Ausmaß der Einfühlung zu weitgehend, dann erfolgt eine zu starke Identifizierung, die nachher einsetzende Objektivierung gelingt nur zum Teil oder überhaupt nicht. Der Erziehungsberater wird dann, wie es so vielen Frauen ergeht, im eigenen Erleben unfähig zu helfen.

Aus diesen Forderungen an die Persönlichkeit des Erziehungsberaters müßte man nun den Schluß ziehen, daß bei Heranziehung von Erziehungsberatern ein Moment vor allen anderen zu berücksichtigen sei: die Auswahl der *von Natur aus besonders begabten Menschen.*

Diese Überlegungen treffen auch wirklich dort zu, wo der Erziehungsberater ohne psychoanalytische Schulung auf die seiner persönlichen Wirkung entspringenden Zufallserfolge angewiesen ist.

Die Arbeit in der Erziehungsberatung, wie ich sie heute hier — allerdings nur sehr flüchtig — geschildert habe, ruht auf anderen Grundlagen. Wenn dem Erziehungsberater auch niemals Intuition fehlen darf, so wird er durch eine *eigene Analyse* sein Affektleben geordnet haben und die Brille kennen, durch die er das Leben sieht, wird den Kräften und Mächten, die aus dem Unbewußten über das ICH von Kindern und Eltern zu ihm sprechen, nicht hilflos gegenüberstehen und recht viele vor ihm aufgerollte Erziehungsnotstände in ihrem Gewordensein verstehen und auch beheben können.

Weder die eigene Analyse noch das *Wissen um die Untersuchungsergebnisse der Psychoanalyse* reichen für den Erziehungsberater aus; dazu muß noch eine gründliche *Schulung* kommen, *Erfahrung in der praktischen Erziehungsarbeit* mit Verwahrlosten. Ehe der Erziehungsberater seines Amtes zu walten beginnt, soll eine Lehrzeit als Anstaltserzieher schon hinter ihm liegen.

Damit ist aber seine Lehrzeit nicht beendet. Wer die *Jugendfürsorgearbeit* nicht auch aus eigener Erfahrung gründlich kennt, nicht aus eigener Anschauung weiß, wie die Familien der verschiedenen Bevölkerungsschichten, die in die Erziehungsberatung kommen, wohnen und miteinander leben, wie sich deren Affekte, Zu- und Abneigungen — positive und negative Gefühlsbindungen — gegeneinander auswirken, steht einer Reihe von Erziehungsnotständen hilflos gegenüber. In diesem Belange haben wir Erziehungsberater von tüchtigen Fürsorgerinnen recht viel zu lernen.

Je näheren Einblick der Erziehungsberater in die häuslichen Verhältnisse, in denen Erziehungsnotstände erwachsen, gewinnt, desto überzeugter wird er, daß das „Kind mit seinen Defekten“ für sich allein, isoliert gesehen und behandelt, zu Hilfeleistungen führt, die oft das Gegenteil vom Beabsichtigten hervorrufen. Das Kind mit seinen Bindungen an die Familienmitglieder und deren Bindungen an das Kind ergeben eine Einheit, die wir nicht übersehen dürfen. Erst die volle Erfassung der Wirkungen dieser wechselseitigen Beziehungen läßt auf die unterirdischen Wege schließen, die in die Verwahrlosung führen.

Noch eine kurze Bemerkung zur *Arbeit des psychoanalytisch ausgebildeten Erziehungsberaters:*

Er macht Unbewußtes nicht bewußt, deutet auch nicht; er benützt nur sein Wissen über die Vorgänge im Unbewußten und ÜBER-ICH, über die durch ES und ÜBER-ICH bedingte Verhaltensweise des ICH, deren Einwirkungen auf das ICH und die dadurch bedingte Verhaltensweise der Gesamtpersönlichkeit. Sein tiefenpsychologisches Wissen gibt ihm die Möglichkeit, die Gesamtpersönlichkeit von Eltern und Kindern richtig zu erfassen und durch geeignetes Verhalten den Erziehungsnotstand zu beheben.

Von allen Betätigungen in der Jugendfürsorge ist die Erziehungsberatung eine der schwierigsten. *Erfolgreiche Arbeit ist daher nicht von Anfängern, sondern von bewährten Erziehern des Verwahrlosten und von erprobten Jugendfürsorgerinnen zu erwarten.*

Vielleicht wird in ganz vereinzelten Ausnahmefällen tiefgründiges Wissen durch feinstes Fingerspitzengefühl ersetzt, aber dann bleibt der Erfolg ein Zufallstreffer, und der so Begabte wird sich nie Rechenschaft über sein eigenes Tun geben können und wird auch nie in der Lage sein, Dritten gegenüber sein Tun zu beweisen.

WIE DER ERZIEHER ABWEGIGE SEELISCHE ERSCHEINUNGEN SIEHT

Meine Damen und Herren!

Wenn es sich um die Beantwortung der Frage handelt, wie seelische Erkrankungen verhindert werden können, ist der Erzieher zuständig.

Warum?

Das Gehen und Stehen, Sitzen und Liegen, Sprechen und Schweigen, Spielen und Untätigsein, das Benehmen Erwachsenen und Kindern gegenüber und manch andere kindliche Äußerungen signalisieren recht früh abwegige seelische Entwicklungen. Sie bekommt der Erzieher viel früher zu sehen als der Arzt.

Es ist selbstverständlich, daß Psychologie und Medizin erst aus einer bereits fertigen abwegigen Entwicklung, also aus etwas bereits Gewordenem, auf dessen Entwicklung schließen müssen. Sie kommen infolgedessen von einem *völlig anderen* Betrachtungsstandpunkt zum selben Problem wie der Erzieher.

Daher muß ich Sie bitten, sich für die Zeit unseres heutigen Zusammenseins auf *meinen* Standpunkt zu stellen; denn sonst spreche ich an *Ihnen* und Sie hören an *mir* vorbei.

Worüber ich kaum sprechen werde: über abwegige seelische Entwicklungen, die sich bei erbgeschädigten Kindern und solchen, die diesen gleichzusetzen sind, ergeben. Und nun ohne weitere Vorbemerkungen zur Sache.

Die Gesamtpersönlichkeit

Wir sind gewohnt, der *Außenwelt* das *Ich* gegenüberzustellen. Damit ist aber die wirklich gegebene Situation nicht richtig umschrieben. Der Außenwelt steht nicht ein *ICH*, sondern eine *Gesamtpersönlichkeit* gegenüber.

Wie ist das zu verstehen?

Die Beifügung „Gesamt" zum Worte Persönlichkeit deutet schon an, daß die menschliche Persönlichkeit von sich aus nichts Einfaches, Homogenes ist, sondern erst durch die Verknüpfung von Mannigfaltigkeiten, also durch eine Synthese, zu einem Ganzen, zu einer Einheit wird.

Welches sind diese Mannigfaltigkeiten?

Im seelischen Geschehen äußern sich Strebungen verschiedenartigen Ursprunges. Innerhalb der Gesamtpersönlichkeit kommt es daher zu einem Zusammenstoß von Gegensätzen, zu einem Widerstreit, zu Spannungen, die von der Außenwelt nicht immer wahrgenommen werden und doch immer da sind. Erst wenn dieser innere Unfriede beigelegt ist, kann die Gesamtpersönlichkeit, als eine in sich geschlossene Einheit, mit voller Kraft sich den Anforderungen der äußeren Realitiät zuwenden.

Wir können diesen Sachverhalt auch wissenschaftlich formulieren, um gelehrtes Denken nicht zu irritieren: Im seelischen Geschehen äußern sich Tendenzen mit dem Ziel, die Triebbedürfnisse zu befriedigen. Das ist aber nicht alles! — Ihnen stellen sich Tendenzen gegenüber, die genau das Gegenteil verfolgen: die Triebbedürfnisse nicht zur Befriedigung zulassen. Wenn die einen Tendenzen ihre Kraft aus der Triebenergie beziehen, so erhalten die andern ihre Macht aus einer Instanz, die sich im Verlaufe der Erziehung innerhalb der Gesamtpersönlichkeit aufgerichtet hat. Diese Instanz kennen wir alle; sie ist in jedem von uns mächtig. Es gibt in uns eine Autorität, über die wir nicht hinwegkommen. Wenn wir ihr nicht entsprechen, bestraft sie uns mit „schlechtem" Gewissen. Von dieser „Inneren Autorität" werden Sie heute noch einiges zu hören bekommen.

Was spielt sich also innerhalb der Gesamtpersönlichkeit ab?

Ein ICH wird von zwei gewaltigen Mächten bedrängt: von den aus dem tiefen unbewußten Seelischen aufsteigenden Strebungen, den Triebbedürfnissen, und gleichzeitig von der „Inneren Autorität", die sich diesen Strebungen bedingt oder unbedingt entgegenstellt.

Das ICH ist der Schauplatz, auf dem diese beiden Gewalten ihren Kampf ausfechten, und das ICH wird die Beute des Siegers, wenn nicht in ihm selbst Kräfte entstehen, die beide Gegner zu einem billigen Frieden zwingen.

Ist der Mensch seelisch gesund, so merkt die Außenwelt nichts von diesen innerpsychischen Schwierigkeiten, von Uneinigkeit, Zwist und Spannungen. In Erscheinung tritt eine Gesamtpersönlichkeit, in der das ICH die unbewußten Strebungen und die Forderungen der „Inneren Autorität" zu einem Einklang gebracht hat, und zwar so, daß die Gesamtpersönlichkeit gleichzeitig den Realitätsanforderungen und auch den Bedürfnissen des ICH gerecht wird. Kurz gesagt: der seelisch Gesunde malträtiert weder das eigene ICH, noch bedroht er die Außenwelt; er handelt *realitätsangepaßt* und *ichgerecht.*

Hierher gehört eine Bemerkung, die uns in unseren Überlegungen weiterführen soll.

Die Erziehung kümmert sich vorwiegend darum, daß das Kind sich realitätsangepaßt verhält. Die Eltern, Onkel und Tanten, auch Großmütter bewundern das *brave* Kind, wollen das *schlimme* Kind *nicht* haben. Ob sein eigenes ICH dabei zu Schaden kommt, bedenken sie nicht.

Mit diesem Hinweis habe ich Ihre Aufmerksamkeit schon auf abwegige seelische Entwicklungen gelenkt, wenn auch vorläufig nur annäherungsweise.

Bedenken Sie: Die „Innere Autorität", von der Sie später noch mehr hören werden, kann sich im „braven" Kind übermächtig entwickeln und das ICH des Kindes so knebeln, daß selbst harmlosen Strebungen der Zutritt in das ICH verwehrt ist. Was dann in Erscheinung tritt, ist nicht mehr die einheitliche, kraftvolle Persönlichkeit, sondern ein mit seinen inneren Kämpfen nie fertig werdendes, schwer leidendes ICH: *der Neurotiker.*

Im Gegensatz dazu gibt es eine andere abwegige seelische Entwicklung: Nicht die „Innere Autorität", sondern die unbewußten Strebungen reißen die Macht an sich und zwingen das ICH, ihnen, gegen die „Innere Autorität", zu folgen. Auch dann verschwindet die kraftvolle, einheitliche Persönlichkeit, und die Außenwelt bekommt *den Verwahrlosten* zu sehen.

Wie der Neurotiker sich auf Kosten seines eigenen ICH realitätsangepaßt zu verhalten versucht, versucht der Verwahrloste sich auf Kosten der Realität ichgerecht auszuleben.

Ich kann mir nun gut denken, daß Sie nach diesen allgemeinen Andeutungen mehr über normale und abwegige seelische Entwicklungen hören wollen.

Dazu eine kleine Einschaltung:

Das körperliche Geschehen, die Funktion der einzelnen Organe und deren Zusammenspiel, können wir heute schon recht genau durchschauen.

Das seelische Geschehen gibt uns aber noch recht viele Rätsel zu lösen auf. Wir sind noch lange nicht so weit, erschöpfende Mitteilungen über seelische Probleme machen zu können.

Das darf uns nicht enttäuschen. Die Medizin ist tausende Jahre alt. Wer aber ist vor SIGMUND FREUD bis in die tiefen Schichten des Unbewußten vorgestoßen? Wer vor ihm hat die seelische Dynamik gesehen und in die Untersuchung psychischer Vorgänge ökonomische und topische Gesichtspunkte eingeführt? Und seit er die ersten Ergebnisse seiner Forschung mitteilte, sind noch nicht 60 Jahre vergangen.

Es ist fraglich, ob die tiefenpsychologischen Richtungen älteren und auch neueren Datums ohne die gigantische Lebensarbeit FREUDS überhaupt möglich wären.

Sie werden daher verstehen, daß ich mich in meinen Ausführungen auf das Forschungsergebnis FREUDS stütze.

Und nun zur Gesamtpersönlichkeit zurück.

Wir wissen von ihr jetzt schon einiges:

daß das ICH nicht mit Gesamtpersönlichkeit verwechselt werden darf;

daß innerhalb der Gesamtpersönlichkeit dem ICH eine sehr entscheidende Rolle zufällt;

daß aus dem Unbewußten das ICH Bedrängendes kommt;

daß die Forderungen der „Inneren Autorität" das ICH zu folgeschweren Entscheidungen nötigen, die gefallen sein müssen, ehe eine Gesamtpersönlichkeit kraftvoll in Erscheinung treten kann.

Um Ihnen nun die innerpsychischen Vorgänge innerhalb der Gesamtpersönlichkeit darstellen zu können, müssen wir uns auf eine kurze Ausdrucksweise einigen. Ich benütze dazu die Worte, die FREUD für bestimmte Begriffe geprägt hat und die einzelnen von Ihnen gewiß schon als Termini der Psychoanalyse bekannt sind.

FREUD nennt, zum Unterschied vom bewußten *ICH*, das auf dieses aus dem Unbewußten Einstürmende das *ES;* die „Innere Autorität", die mit ihren Forderungen das ICH dirigiert — weil sie mit ihren Forderungen über dem ICH steht —, das *ÜBER-ICH.*

Wir sind nun in der Lage, einen sehr schwierigen Sachverhalt in einem einzigen Satze auszudrücken: *Innerhalb der Gesamtpersönlichkeit sind drei Instanzen wirksam: das ICH, das ES und das ÜBER-ICH.*

Was ich Ihnen bisher über die Gesamtpersönlichkeit und die in ihr wirkenden drei Instanzen: ICH, ES und ÜBER-ICH mitteilte, gilt *nur für den erwachsenen Menschen.*

Die psychisch so fein aufgebaute Persönlichkeit ist erst das Ergebnis einer langen Entwicklung, sie ist nicht vom Anfang an da.

Bei der Geburt bringt der Mensch *nur* ein übermächtiges ES mit, weder ein ICH noch ein ÜBER-ICH.

Die Entwicklung des ICH

Das psychische ICH baut sich erst allmählich aus den Bausteinen auf, die ihm das ES zur Verfügung stellt. Und das ÜBER-ICH ist ein Ergebnis der Erziehung.

Einige Schlaglichter auf die *Entwicklung des ICH,* zu mehr ist nicht Zeit.

In den ersten Lebensmonaten ist der Säugling für seine äußere Umgebung blind: er reagiert auf Reize der Außenwelt nur mit *angeborenen* Reflexen.

Was sich aus dem Körperinneren meldet, sind vage, wenig differenzierte Gefühle.

Von beiden Seiten, von innen und außen, kommen Unlust- und Lustmeldungen. Der Säugling kann zuerst nicht unterscheiden, daß die im Körperinneren entstehenden Spannungen, z. B. der Hunger, von anderswo herkommen als die unlustvollen Reize der Außenwelt, z. B. Licht, Lärm, Temperaturunterschiede.

Der befriedigte Hunger ruft, genauso wie der richtig abgewehrte Reiz der Außenwelt, Lust hervor. So erlebt der Säugling ständig den Wechsel von Unlust zur Lust und umgekehrt. Die immer wiederkehrenden Lust- und Unlustmeldungen bedingen die *Entstehung einer Sammelstelle für diese Meldungen.*

Zuerst nimmt die Zentralstelle nur Meldungen entgegen. Später werden diese als Wahrnehmungen *bewußt: der erste Schritt in der Bildung des ICH* ist geschehen. Aus dem ES hat sich ein Kern abgespalten, der eine andere Aufgabe hat als das ES, und den nennen wir ICH.

Die erste Funktion dieses noch schwachen ICH ist: Lust- und Unlustmeldungen *bewußt wahrzunehmen.* Das Wahrnehmungsbewußtsein beginnt zu funktionieren.

Das Wahrnehmungsbewußtsein unterscheidet bald, daß die stets gleichbleibenden, aus den Triebbedürfnissen entstehenden Spannungen von anderswo herkommen als die so fein differenzierten, über die Sinnesorgane von der Außenwelt einlangenden Reize. Natürlich hat der Säugling noch nicht den Begriff von innen und außen wie wir; er kann aber die Unlust-Lustquellen schon lokalisieren.

Solange das Wahrnehmungsbewußtsein die Lust-Unlustmeldungen nur entgegennimmt, den steten Wechsel von Lust und Unlust aber noch nicht registriert, dauern für den Säugling Lust und Unlust ewig. Der Augenblick ist noch gleichzeitig auch Ewigkeit. Erst, wenn im Wahrnehmungsbewußtsein, durch den ständigen Wechsel von Lust und Unlust — so wie steter Tropfen den Stein höhlt —, eine Stelle geschaffen ist, die fähig wird, Erfahrungen für zukünftige Verwertung aufzubewahren, beginnt die Zeitrechnung: *das Gedächtnis* hat sich gebildet, die Möglichkeit zu *erinnern* ist geschaffen.

Die Entwicklung schreitet weiter: das noch schwache ICH des Kindes muß unter dem Druck der erziehenden Außenwelt die Forderungen des ES (des Lustprinzips) modifizieren; denn nicht jeder vom ES verlangte Lustgewinn ist auch wirklich zu erreichen. Die erziehende Außenwelt erzwingt einmal den Verzicht auf Lust, läßt ein andermal nur verminderte Lust zu und verlangt oft das Ertragen von Unlust. Dadurch richtet sich im ICH *das Realitätsprinzip* auf: das Wissen, daß, ohne Rücksicht auf die Forderungen des ES, nur so viel Lust erreichbar ist, als die Realität zuläßt.

Die Kristallisation im ICH bedingt, daß schon im zweiten Lebensjahr ICH und ES voneinander getrennte, eigene Ziele verfolgen.

Wie die Entwicklung des ICH weiterschreitet, sich *Wortvorstellungen* bilden, die Sprache entsteht, das Kind als eine der ersten Denktätigkeiten die *Phantasie* abspaltet — wenn Stücke der Realität ihm nicht gefallen —; wie sich im ICH die Fähigkeit entwickelt, die Körperbewegungen zu beherrschen (der Zugang zur *Motilität* liegt im ICH), kann ich Ihnen, infolge Zeitmangels, nicht einmal andeutungsweise mitteilen.

Ohne nähere Erläuterung können wir vielleicht doch verstehen, daß die Triebbefriedigung ursprünglich, solange ein ICH noch nicht besteht, ein *einfacher automatischer Vorgang* ist (aus dem Bedürfnis entsteht, unlustvolle Spannung abzuführen, was Befriedigung schafft), daß aber mit der Entwicklung des ICH der Triebwunsch den längeren Weg über das ICH, über Gedächtnis, Denken, Realitätsprüfung usw. machen muß. Selbstverständlich werden den ES-Regungen dadurch immer mehr Hindernisse entgegengesetzt, und das früher so *einfache Leben* kompliziert sich immer mehr.

Außerordentlich interessant wäre auch, auf die schon im Säugling aus den Bedürfnisspannungen entstehende *Angst* und auf alle anderen Angstquellen, die im Heranwachsen aus den Forderungen der Realität und denen des ÜBER-ICH kommen, einzugehen.

Eines eigenen Kurses bedürfte es, um die Triebentwicklung des Kindes so zu verfolgen, daß Sie genau erkennen, wie falsch die Ergebnisse der psychoanalytischen Forschung über das kindliche Sexualleben aufgefaßt werden. Wenn die Menschen von Sexualität hören, sind sie überzeugt, daß es sich um Funktionen des Genitales handelt. Sie sehen nicht die sexuellen Äußerungen des Kindes in einer Zeit, in der genitale Bedürfnisse noch nicht vorhanden sind. Sie sehen daher auch nicht den Kampf des Kindes mit seinen Triebbedürfnissen und auch nicht die Abwehrmethoden, die es aufbaut, um sich ihrer zu erwehren.

Begnügen wir uns, von diesem Kampfe nur die Tatsache zur Kenntnis zu nehmen, daß bei normaler seelischer Entwicklung das ICH die aus dem ES kommenden Triebwünsche ungefähr um das sechste Lebensjahr herum so verdrängt hat, daß — von Sexualstrebungen nun nicht mehr geplagt — das ICH fähig wird, sich anderen Aufgaben zu widmen.

Diese als *Latenzzeit* bekannte, bis in die Vorpubertät reichende Entwicklungsperiode wird außerordentlich nützlich verwendet: das ICH arbeitet, mit Hilfe der erziehenden Außenwelt, an seinem eigenen Aufbau.

Es kann kein Zufall sein, daß auf der ganzen Welt die Kinder um das sechste Lebensjahr herum beginnen, die Schule zu besuchen: Wissen wird erworben, Kenntnisse werden gesammelt, Fähigkeiten und Fertigkeiten ausgebildet, neue Beziehungen und Abhängigkeiten geschaffen. Die Zeit der großen ICH-Veränderungen hat mit dem Eintritt in die Latenzzeit begonnen und setzt sich fort.

In der *Vorpubertät* nähert sich der Reifungsprozeß des ICH seinem Ende, und der Übertritt in die Erwachsenheit bereitet sich vor.

Die Bildung des ÜBER-ICH

Wir haben nun die Entwicklung des ICH flüchtigst durchlaufen und wenden uns der *Betrachtung des ÜBER-ICH* zu, da wir vom ES schon wissen, daß es mit zur Welt gebracht wird.

Vom ÜBER-ICH ist uns bekannt, daß es jene „Innere Autorität" ist, die das Tun und Unterlassen des ICH kritisch beurteilt: lobt oder tadelt, zufrieden oder unzufrieden ist und mit schlechtem Gewissen straft, wenn seine Anweisungen nicht befolgt werden.

So zwingt das ÜBER-ICH das ICH und auch das ES — über das ICH — in Schranken. *Damit wird es zum Führer der Gesamtpersönlichkeit.*

Von der *Entstehung des ÜBER-ICH* haben wir bisher aber noch nichts gehört.

Wann richtet sich dieser Führer im ICH auf? Und wer war vorher da?

In der Kindheit führt die erziehende Außenwelt das noch schwache ICH. Der erste Führer des Kindes sind die Eltern.

Wie entsteht nun das ÜBER-ICH?

Die Kinder lieben die Eltern. Diese sind ihnen Vorbilder: die Kinder wollen so werden, wie die Eltern sind. So werden wollen wie der andere heißt aber, sich mit ihm *identifizieren.*

Durch die Identifizierung rücken wesentliche psychische Anteile der Eltern in das ICH des Kindes und daher auch deren Gebote und Verbote sowie die *Art,* wie die Gebote und Verbote gegeben werden.

Je mehr die Identifizierung fortschreitet, desto mehr erwächst den Eltern ein Gehilfe, der durch die Identifizierung im Kinde selbst wirksam wird.

Auch die später auftretenden Erziehungspersonen: Lehrer, Religionslehrer und noch später Gestalten aus der Geschichte und Literatur werden zu Objekten der Identifizierung.

Zweifellos identifizieren wir uns mit dem anderen um so mehr, je mehr wir ihn lieben. Da naturgemäß die zärtlichsten Beziehungen der Kinder — in normaler Entwicklung — zu den Eltern bestehen, wird die Identifizierung mit diesen wichtiger sein als die Identifizierung mit den übrigen Erziehungspersonen. Tatsächlich bilden auch die Identifizierungen mit den Eltern den Kern des ÜBER-ICH, um den sich alle anderen Identifizierungen wie ein Mantel legen.

Je mehr die Erziehung sich ihrem Abschluß nähert, desto stärker wird das ÜBER-ICH.

Wenn ursprünglich die *erziehende Außenwelt allein* das kindliche ICH führt, später das wachsende ÜBER-ICH in Gemeinschaft mit der erziehenden Außenwelt die Führung hat, so gewinnt das ÜBER-ICH aber doch allmählich die Vorherrschaft. Mit Abschluß der Pubertät scheidet die erziehende Außenwelt völlig aus, und in der nun voll gebildeten Persönlichkeit übernimmt das ÜBER-ICH die Führung *allein* bis zum Lebensende.

Wir sehen, daß der Mensch, ohne geführt zu werden, nicht leben kann.

Das Zusammenspiel der drei psychischen Instanzen

Wir haben nunmehr zwar nur einen recht allgemeinen Überblick über ES, ICH und ÜBER-ICH erhalten, sind aber doch vorbereitet, das Ineinanderspiel dieser drei Instanzen innerhalb der Gesamtpersönlichkeit verfolgen zu können.

Welche dieser Instanzen stellt die Verbindung der Gesamtpersönlichkeit mit der Außenwelt her?

Das ICH! Das ICH unternimmt oder wartet zu, handelt oder ist müßig, schafft oder zerstört.

Für alles Tun und Unterlassen wird nur das ICH verantwortlich gemacht; weder das ES noch das ÜBER-ICH. Warum? — ES und ÜBER-ICH haben keine direkte Verbindung mit der Außenwelt, alle ihre Forderungen müssen sie beim *ICH* anmelden. Die Außenwelt bekommt sie daher nie zu sehen, und es ist verständlich, daß Gesamtpersönlichkeit und ICH verwechselt werden. Es gibt Menschen, die rein gefühlsmäßig hinter dem ICH des anderen dessen ES spüren und ohne viel nachzudenken, sich danach richten. Sie wundern sich nicht selten über ihre Wirkung. Sie werden von der Gesamtpersönlichkeit verstanden.

Eingangs meiner heutigen Ausführungen habe ich Ihnen auch mitgeteilt, daß die Gesamtpersönlichkeit ihre ganze Kraft den Forderungen der Realität erst dann entgegenstellen kann, wenn sie seelisch gesund ist.

Wann die Gesamtpersönlichkeit seelisch gesund ist, wissen Sie bereits: wenn sie sich realitätsangepaßt und ichgerecht verhält, das heißt, durch ihr Tun oder Unterlassen weder den anderen noch sich selbst schädigt.

Wann aber kann sie das? Wenn die drei psychischen Instanzen, ICH, ES und ÜBER-ICH, harmonisch ineinanderspielen, wenn Spannungen, Gegensätze, Widerstände, kurz gesagt, bestehende Differenzen so ausgeglichen sind, daß keine der drei Instanzen, *benachteiligt* durch die beiden anderen, zum Kampfe gezwungen wird.

In der seelisch gesunden Persönlichkeit wird ein *kräftiges ICH* die ungezügelten Strebungen des ES so modifizieren, daß sie einer realitätsangepaßten Befriedigung fähig werden. Und das ÜBER-ICH wird seine Forderungen nicht übersteigern können, sondern so ermäßigen müssen, daß ein Konflikt im ICH nicht zustande kommt: realitätsangepaßte Triebbefriedigungen werden zugelassen.

Abwegige seelische Entwicklungen

Wann wird der Mensch seelisch krank?

1. Wenn eine der drei Instanzen: ES, ICH oder ÜBER-ICH solche *Defekte* aufweist, daß eine einheitliche, in sich geschlossene Gesamtpersönlichkeit nicht zustande kommen kann.
2. Wenn durch den Kampf der drei Instanzen: ES, ICH und ÜBER-ICH untereinander so viel psychische Energie verbraucht wird, daß der bleibende Rest zum Aufbau einer einheitlichen, in sich geschlossenen Gesamtpersönlichkeit nicht ausreicht.

Wir können heute nicht alle seelischen Erkrankungen betrachten. Zu Ihrer Orientierung führe ich nur einige Gesichtspunkte an, von denen aus wir einen allgemeinen Einblick in das *Werden* seelischer Erkrankungen bekommen können.

Seelische Erkrankungen, die vom ES allein ausgehen, müssen durch die Erbanlage bedingt sein, da wir das ES zur Welt mitbringen.

Tatsächlich gibt es Erbschädigungen, durch die die emotionellen Tendenzen so gestört sein können, daß Gefühlsbeziehungen zum andern unmöglich sind. Solche Kinder sind weder gemeinschaftsfähig noch erziehbar und scheiden aus unseren heutigen Erörterungen aus.

Auch das *ICH* kann schwer erbgeschädigt sein. Die Defekte äußern sich dann vorwiegend im Intellekt. Über die seelische Erkrankung Debiler und Imbeziler werde ich auch nicht sprechen.

Wir beschäftigen uns nur mit seelischen Erkrankungen normal erziehbarer Kinder.

Einige Bemerkungen zu seelischen Erkrankungen normal erziehbarer Kinder, die durch ES-Regungen bedingt sind.

Werden den Triebwünschen eines triebstarken Kindes durch die erziehende

Außenwelt nicht entsprechende triebeinschränkende Verbote entgegengestellt, oder ist bei einem normal triebhaften Kinde die erziehende Außenwelt zu schwach, so fehlt dem noch schwachen ICH des Kindes die notwendige Hilfe im Kampfe gegen seine eigenen Triebwünsche. Das Kind fühlt sich verlassen, auf sich selbst angewiesen und wird seelisch krank.

Eine andere, recht häufig vorkommende seelische Erkrankung ist aus folgendem ohne weiteres zu verstehen:

Kinder können ohne Befriedigung ihres Zärtlichkeitsbedürfnisses nicht leben, um so weniger, je jünger sie sind. Werden sie vernachlässigt, zurückgesetzt, enttäuscht, dann ziehen sie sich auf sich selbst zurück und binden sich gefühlsmäßig um so weniger an die Eltern, je größer ihre ICH-Bezogenheit wird. Ohne Gefühlsbindung an die Eltern oder sonstigen Erziehungspersonen ist aber Erziehung unmöglich, denn die Kinder unterwerfen sich dem Erziehungsdruck nur aus Angst vor Liebesentzug, dem Bedürfnis, noch mehr Liebe zu gewinnen, oder dem Bestreben, den Eltern ihre Liebe zu bezeugen.

Das Ausmaß der Erziehbarkeit wird daher bestimmt durch die Stärke der Gefühlsbindungen, und die Kinder sind um so schwerer erziehbar, je mehr sie sich auf sich selbst beziehen, daher, je unabhängiger sie von Eltern und Erziehern sind.

Schon der Grad der Schwererziehbarkeit ist ein Maßstab für die Schwere der seelischen Erkrankung.

Außerordentlich gefährdet, seelisch zu erkranken, sind Kinder, die „brav" sein müssen.

Warum?

Jede Erziehungshandlung läuft letzten Endes auf ein triebeinschränkendes Verbot hinaus. Ob Eltern oder Erzieher sich liebevoll um das Kind bemühen oder es mit Strenge behandeln: dem Kinde wird etwas versagt; es leidet und wird naturgemäß abwehren. Der Ausdruck dieser natürlichen Abwehr sind die Schlimmheitsäußerungen. Durch die Steigerung seiner Schlimmheitsäußerungen macht das Kind den Erzieher auf das Größerwerden des Kampfes in seinem Seelenleben aufmerksam.

Erlauben Sie mir dazu einen Vergleich: Jeder Dampfkessel hat ein Manometer, damit der Kesselwärter die Höhe des Dampfdruckes ablesen und danach die Feuerung regulieren kann. Ist das Manometer zerbrochen und kann der Kesselwärter die Höhe des Dampfdruckes nicht mehr feststellen, so besteht eine zweifache Gefahr: es wird zu wenig oder zu viel gefeuert; der Dampfdruck unter das brauchbare Maß reduziert oder der Kessel zum Explodieren gebracht.

Die Schlimmheitsäußerung des Kindes ist für den Erzieher das Manometer. An ihr kann er die Wirkung seines Erziehungsdruckes ablesen. Bringt er durch erhöhten Erziehungsdruck, weil er das „brave" Kind haben will, die Schlimmheitsäußerung zum Verschwinden, dann hat er zwar das „brave" Kind, aber das Manometer ist zerstört: das „brave" Kind sagt nichts mehr über seine inneren Kämpfe aus, und der Erzieher muß zuwarten, bis der Kessel explodiert. Er explodiert in das eigene ICH: in die Affektivität, in die *Neurose,* oder in die Außenwelt: in die Motilität, in die *Verwahrlosung.*

Ich mache Sie besonders aufmerksam, daß gerade im „braven" Kinde unsichtbar schwere seelische Erkrankungen sich entwickeln können.

Über seelische Erkrankungen, die aus dem ICH heraus bedingt sind, gäbe es recht viel zu berichten, ich muß mich aber aus Zeitnot auf die Angabe nur *einer* seelischen Erkrankung dieser Art beschränken.

Wenn das ICH, in seinem Bestreben, sich in der Realität durchzusetzen, auf unüberwindliche Hindernisse stößt, dann entsteht eine Unökonomie im seelischen Haushalt, die sich verschiedentlich äußert; die Ihnen bekannteste ist das Entstehen von Minderwertigkeitsgefühlen. Diese seelische Erkrankung kann der geschulte Erzieher auf jeden Fall verhindern.

Sehr beachtenswert ist der *Einfluß des ÜBER-ICH* auf seelische Erkrankungen.

Der Mensch lebt nicht nur für sich allein: das Werden und Sein verläuft innerhalb einer Gemeinschaft, die nach einem bestimmten sozialen Gemeinschaftsideal ausgerichtet ist. Jede einzelne Gesamtpersönlichkeit kann sich in dieser nur wohlfühlen und wird die Gemeinschaft nicht beeinträchtigen, wenn sie bereit und fähig ist, ihr Leben nach jenen Normen zu führen, die aus dem sozialen Gemeinschaftsideal erwachsen sind.

Nun orientiert das ÜBER-ICH die Gesamtpersönlichkeit über die geltenden Normen und veranlaßt sie auch, nach diesen Normen zu handeln.

Die Inhalte des ÜBER-ICH müssen sich daher mit den geltenden Normen decken, und das ÜBER-ICH muß kräftig genug sein, das ICH zum Einhalten dieser Normen zu veranlassen, ohne es dabei selbst zu schädigen.

Das ÜBER-ICH kann die sozial geltenden Normen aber nur enthalten, wenn Eltern und Erzieher die soziale Gemeinschaft bejahen. Daraus ergibt sich schon, daß ein Kind im Heranwachsen in *seelische Schwierigkeiten* kommen muß, wenn Eltern und Erziehungspersonen die soziale Gemeinschaft ablehnen, verneinen oder bekämpfen.

Solche Eltern und Erzieher sind für die Erziehung ungeeignet. Sie stürzen das Kind in seelische Konflikte; denn in der Identifizierung übernimmt das kindliche ÜBER-ICH Forderungen, die im Heranwachsen und in der Erwachsenheit die Gesamtpersönlichkeit in Gegensatz oder zum Kampf mit der Gesellschaft führen, soweit Eltern und Erzieher selbst mehr oder weniger revolutionär der Gesellschaft gegenüberstehen.

Ebenso sind Kinder gefährdet, seelisch zu erkranken oder werden seelisch krank, wenn sie in Familien aufwachsen, in denen ein Elternteil oder Vater *und* Mutter selbst verwahrlost sind.

Das Maximum an seelischer Gefährdung wird erreicht sein, wenn das Kind in der Verbrecherfamilie heranwächst.

Es ist wohl ohne weiteres klar, daß die Gesamtpersönlichkeit des so Herangewachsenen von einem ÜBER-ICH dirigiert wird, das um so mehr unsoziale Forderungen enthält, je verwahrloster oder verbrecherischer die Eltern sind.

Sehr labil in der sozialen Einstellung, und daher seelisch gefährdet, werden Kinder sein, denen es nicht gelingt, den Kern des ÜBER-ICH zu bilden, das feste Gerüst, auf dem sich die Fähigkeit zum realitätsangepaßten Handeln in der sozialen Gemeinschaft aufbaut.

Der Kern des ÜBER-ICH wird nicht zustande kommen, wenn zärtliche Beziehungen des Kindes zu den Eltern fehlen, weil sie von diesen wenig beachtet, vernachlässigt oder mißhandelt werden. Das Kind empfindet dann keine Notwendigkeit, sich mit den Eltern zu identifizieren.

Dasselbe Schicksal erleiden Kinder, die in der frühesten Jugend häufig ihre Pflegeplätze wechseln müssen (die sogenannten magistratischen Kostkinder).

Damit das Kind sich mit der Erziehungsperson identifizieren kann, braucht es Zeit: zuerst wird die Erziehungsperson geliebt, dann entwickelt sich daraus das Bedürfnis, so zu werden wie diese. Wird die Entwicklung des Kindes dadurch gestört, daß es immer wieder anderswo untergebracht wird, so kann sich der Kern des ÜBER-ICH nicht bilden.

Aber nicht nur die *Inhalte* des ÜBER-ICH, *was* es fordert, geben Anlaß zu seelischen Erkrankungen, sondern auch seine *Form*, das heißt, die *Art*, in der es seine Forderungen durchzusetzen versucht.

Das ÜBER-ICH kann mit dem ICH *höflich* sein und in freundlichem Bemühen das ICH zum selbstverständlichen, freiwilligen Einhalten der Normen auffordern, dann verläuft das Leben seelisch normal.

Das ÜBER-ICH kann aber auch *zu höflich* sein, nicht mehr fordern, sondern geduldig zuwartend vom ICH dasselbe Verhalten voraussetzen. Wie aber, wenn das ICH die Milde des ÜBER-ICH als Schwäche deutet und sich so benimmt, als ob die innere Autorität überhaupt nicht vorhanden wäre?

Dann steht den ES-Forderungen eine zu schwache kritische Instanz gegenüber und der Weg zum unsozialen Handeln ist frei.

Das ÜBER-ICH kann aber auch so *brutal* fordern, daß das ICH geknebelt, widerstandslos ihm ausgeliefert ist und sich nicht einmal ES-Forderungen gestattet, die die soziale Gemeinschaft billigt.

Weder das zu höfliche ÜBER-ICH noch das ÜBER-ICH, das das ICH knebelt, ist zur Führung der Gesamtpersönlichkeit geeignet.

Das zu höfliche ÜBER-ICH läßt das ICH unorientiert und liefert es den ES-Forderungen aus, denen es soundsooft unterliegen wird.

Das brutale ÜBER-ICH läßt das ICH nicht atmen und versetzt es in die schwersten Konflikte. Die ES-Regungen, die sich nicht vernichten lassen, werden gezwungen, sich zu maskieren, um — dem ÜBER-ICH nicht erkennbar — in die Außenwelt durchdringen zu können. Dieser Kampf ist uns als Neurose bekannt.

Das zu höfliche ÜBER-ICH, das zögernd zuwartet, ob das ICH mit seinen ES-Regungen realitätsangepaßt fertig wird, entsteht, wenn Eltern ihren triebeinschränkenden Verboten zu schwach Geltung verschaffen, weil sie selbst nicht stark genug oder unwissend sind oder auch, weil ihre affektive Bindung an das Kind dieses vor jeder Unlust bewahren will.

Ein das ICH knebelndes ÜBER-ICH kann nicht zustande kommen, und eine der Gefahren, daß das Kind neurotisch erkrankt, wird vermieden, wenn die Eltern jede übermäßige Strenge und Brutalität bei der Stellung der triebeinschränkenden Verbote unterlassen.

Aber nicht nur die Neurose, jene seelische Erkrankung des Kindesalters, die sich oft erst im späteren Leben verhängnisvoll auswirkt, hat eine ihrer Wurzeln in der Übersteigerung erzieherischer Gewalt, sondern auch eine Reihe anderer seelischer Erkrankungen, die aus der dadurch entstehenden *Angst* und *Aggression* erwachsen.

Die Verhinderung seelischer Erkrankungen

Meine Damen und Herren!

Ich darf Sie mit weiteren Aufzählungen nicht mehr ermüden, Sie sollen ja auch nicht einen Einblick in alle möglichen seelischen Erkrankungen bekommen, sondern nur angeregt werden, zu erkennen, daß seelische Erkrankungen vermieden werden können, wenn die Erzieher, vorwiegend die Eltern, innerhalb der sozialen Gemeinschaft ein geordnetes Leben führen und wenn sie, die Bedürfnisse des Kindes richtig verstehend, ihre Erziehungshandlungen nicht nur den Realitätsanforderungen, sondern auch der Eigenart ihres Kindes anpassen.

Daraus, meine Damen und Herren, mögen Sie ersehen, daß die *richtige* Erziehung das *wichtigste* Mittel ist, seelische Erkrankungen zu verhindern.

Wir hören in der Gegenwart so viel von psychischer Hygiene, das heißt von vorbeugenden Maßnahmen, durch die seelische Erkrankungen zu verhindern sind.

Sind Sie mit mir nicht derselben Meinung, daß die wichtigste Maßnahme der psychischen Hygiene die ist, die Kinder richtig zu erziehen?

Und wessen Aufgabe ist das? — Die Eltern sind dazu berufen. Und die psychische Hygiene wird einen Großteil ihrer Probleme lösen, wenn sie die Eltern für diese Berufung richtig heranbildet.

Also erster Programmpunkt der psychischen Hygiene: „Elternerziehung"!

AUS DER WERKSTATT DES ERZIEHERS

Meine Damen und Herren!

Der Titel des angekündigten Vortrages verpflichtet mich, Ihnen zu zeigen, wie der Erzieher der Gegenwart seiner Aufgabe gegenübersteht und wie er bestrebt ist, sie zu lösen. Es ist wohl sehr selbstverständlich, daß ich in der einem einzigen Vortrag zur Verfügung stehenden Zeit weder sehr umfangreiche Fragen behandeln kann, noch daß ich auf einzelne Fragen besonders tief eingehe. Und doch muß ich es betonen, damit Sie nicht enttäuscht sind, wenn Sie statt eines wohl abgerundeten, systematisch aufgebauten Vortrages nur Ausschnitte zu hören bekommen. Ich muß mich auf andeutungsweise Ausführungen beschränken und gebe Ihnen nur einige Aufklärungen, die als Streiflichter aufzuhellen vermögen: eine Bemerkung über die Auffassung eines Erziehungsfalles, den Anfang eines, das Ende eines anderen und wieder ein Stück Theorie, eingeflochten in die Darlegung von Erziehungsmaßnahmen. Und noch eines möchte ich gleich zu Beginn betonen: Ich bin Erzieher schwererziehbarer und verwahrloster Jugend und werde mich daher in meinen Mitteilungen auf mein eigenes Arbeitsgebiet beschränken.

Nun habe ich Sie orientiert, in welchem Sinne ich Sie bitte, meine Ausführungen zu beurteilen,und will nun, um keine Zeit mehr zu verlieren, sofort auf das eigentliche Thema eingehen.

Ich sitze mit einem zehnjährigen Jungen der vierten Klasse der Elementarschule beisammen und wir wiederholen das Einmaleins. Das Rechnen geht auffallend schlecht, am auffälligsten ist, daß in den Fehlresultaten immer wieder die Zahl „acht“ erscheint: $5 \times 7 = 38$, $9 \times 6 = 58$, $8 \times 8 = 68$, $5 \times 9 = 48$. Dazwischen werden einige Beispiele richtig gerechnet. Als ich aber frage: „Wieviel ist 3×6?“ erhalte ich keine Antwort, obwohl der Junge längere Zeit nachdenkt. Ich verbessere die Fehlresultate nicht, sage dem Jungen auch nicht, daß 3×6 achtzehn ist, höre aber zu rechnen auf und frage das Kind, ob es bemerkt hat, daß die meisten seiner Rechnungen falsch waren. Ich erhalte zur Antwort: „Nein!“ Nun sage ich dem Jungen: „Du hast gerechnet: $5 \times 7 = 38$ statt 35, $9 \times 6 = 58$ statt 54, $8 \times 8 = 68$ statt 64, usw.“ Schreibe 38, 58, 68, 48 usw. auf und lasse ihn die Ziffern lesen. Er merkt trotz Betonung beim Vorsagen und Lesen der Ziffern nicht die fortwährende Wiederkehr des Achters an der Einerstelle. Ich mache ihn nun aufmerksam: Du hast falsch gerechnet und immer wieder ist der Achter vorgekommen. Der Junge schüttelt ungläubig den Kopf. Ich reiche ihm den Zettel: „Sieh dir die Ziffern nochmals an!“ Er stellt nun die Richtigkeit meiner Angaben selbst fest und ist darüber sehr erstaunt.

„Woher mag der Achter kommen?“ — „Das weiß ich nicht!“ — — „Stelle dir den Achter vor!“ — „Das kann ich nicht!“ — — „Mache die Augen zu, damit du nicht abgelenkt wirst!“ — Der Junge macht die Augen zu. — „Versuche nun nochmals, dir die Acht vorzustellen! Geht es jetzt?“ — „Ja!“ — — „Welche Acht ist es?“ — „Der Achter auf der 18er Elektrischen.“ (Er meint damit die Ziffer auf der Nummerntafel des Triebwagens der Wiener Straßenbahn, die die Linie 18 anzeigt.) — — „War auf der 18er Elektrischen einmal etwas?“ — „Ja!“ — — „Was denn?“ — „Wir haben mit der Schule einen Ausflug gemacht und da hat sich ein Bub, als wir mit dem 18er Wagen gefahren sind, bei der Türe den Finger eingezwickt und hat sehr stark geblutet.“ — — „War sonst noch etwas auf der 18er Elektrischen?“ — „Nein! Aber ich habe vom Lehrer einen Plan von Wien bekommen, da ist die Eisenbahn mit einer roten Linie gezeichnet und das gefällt mir sehr gut.“ — — „Hast du die rote Farbe sehr gerne?“ — „Blau ist mir lieber.“ — — „Stelle dir die blaue Farbe vor!“ — „Das kann ich nicht. Jetzt sehe ich rot.“ — — „Wenn ich mir eine Farbe vorstelle, so sehe ich sie gleich an einem Gegenstand, an welchem siehst du die rote Farbe?“ — „Ich sehe eine Presse mit zwei Walzen und da kommt fortwährend rotes Papier heraus.“ — — „Sieh dir das rote Papier recht genau an!“ — Der Junge schweigt eine Zeitlang und trotzdem er die Augen zu hat, merkt man an seinen Gesichtszügen doch, wie intensiv er schaut. Sein Gesicht wird immer erstaunter, er macht die Augen auf und sagt: „Das ist ja gar kein rotes Papier, sondern das Blut, das aus dem Drachen herausläuft, den der Siegfried tötet.“

Diese Antwort bleibt Ihnen unverständlich, solange Sie nicht wissen, daß das Kind am Tage vorher den Nibelungenfilm gesehen hat. So aber liegt die Vermutung nahe, daß es mit einem dort erlebten Affekt nicht fertig geworden sei. Daß Siegfried den Drachen tötete, war ihm schon recht, aber das viele Blut störte das neurotische Kind, wie aus dem Gespräch mit ihm hervorging. Daß Blut eine Rolle spielt, war schon zu sehen, als zum 18er Wagen der Straßenbahn der zerquetschte, blutige Finger, nachher die rote Linie auf dem Plan und das unendlich lange aus der Presse kommende Papier einfielen. Der Affekt war noch da, dem Kinde aber nicht mehr bewußt, über den Achtzehner mit dem Achter verlötet, die Rechenhemmung verursachend. Vielleicht denken Sie, das sei eine zu gewagte Schlußfolgerung, und was ist schon damit gewonnen, wenn es wirklich so wäre? Bitte, hören Sie weiter!

Ich versuche den im Kino erlebten Affekt dadurch zu beheben, daß ich dem Jungen mitteile, wie solche Kinoaufnahmen gemacht werden, daß der Drache ja gar kein lebendiges Tier war (obwohl er längst darüber hinaus ist, an solche vorweltliche Ungetüme zu glauben, hatte er im Kino unter dem gewaltigen erlebten Eindruck doch ganz die Realitätsprüfung verloren), wahrscheinlich im Kopf und Rumpf Männer verborgen gesessen sind, die nicht nur die Bewegungen hervorgerufen haben, sondern auch nach dem Schwertstoß Siegfrieds irgendeine dickliche Flüssigkeit herausgegossen haben. Diese Aufklärungen erleichtern sichtlich das Kind. Ich unterhalte mich mit ihm weiter und sage schließlich: „Es ist doch spaßig, daß du zuerst falsch gerechnet hast, dir dann der 18er Wagen der Straßenbahn, der blutige Finger, die rote Linie auf dem Plan, das rote Papier in der Presse und das Blut des Drachens eingefallen ist. Wie mag das alles zusammenhängen?" Darauf sagt der Junge: „Ich weiß noch etwas. Als wir in den Ferien in F.... auf dem Lande waren, ist ein Radfahrer gestürzt, hat sich den Kopf blutig geschlagen, und sein Vorderrad hat einen Achter gemacht." (Man bezeichnet bei uns so die einem Achter ähnliche Deformierung eines Fahrrades nach Stürzen und Zusammenstößen.) Hier wäre schon ein ganz oberflächlicher Zusammenhang zwischen Blut und der Zahl acht gegeben, der im Zusammenhang mit der Zahl achtzehn auf der Straßenbahn wiederkehrt. Die Gleichzeitigkeit der Eindrücke beim Erleben des Affektes ermöglicht, daß der eine Eindruck für den anderen zur Reproduktion gebracht wird. Daß sich aber Angstaffekt und acht und achtzehn auch noch von anderswoher determinieren, deckt das Kind beim weiteren Zusammensein selbst auf. Er sagt: „Wenn ich in die 18er Elektrische einsteige, so habe ich immer ein so unangenehmes Gefühl." „Hast du dieses unangenehme Gefühl auch in anderen Straßenbahnwagen? Zum Beispiel im 63er Wagen?" (Diese Straßenbahnlinie fährt unmittelbar an seinem Wohnhaus vorüber.) — „Nein!" — — „Schließe nochmals die Augen und stelle dir die Ziffer achtzehn vor!" — „Jetzt sehe ich sie auf einer Tafel wie eine Hausnummer." — — „Welches Haus kann das sein?" — „Das ist unser Schulhaus." — — „Wieso euer Schulhaus?" — „Das weiß ich nicht." — — „Mache die Augen auf. Denke einmal nach, warum dir bei der Hausnummer 18 dein Schulhaus eingefallen ist." — „Vielleicht, weil unsere Schule die Hausnummer 18 hat." — — Im weiteren Gespräch kommt nun auch noch zutage, daß er sich früher sehr vor dem Schulgehen gefürchtet hat und daß es ihm auch sehr unangenehm war, wenn er in der schulfreien Zeit beim Schulgebäude vorüber kam. — — „Wie ist es aber mit der 18er Linie der Straßenbahn?" — Auf diese Frage gibt das Kind keine Antwort, bleibt kurze Zeit nachdenklich sitzen und sagt: „Jetzt weiß ich auch, warum ich mir nicht merken kann, wieviel 3 × 6 ist." — — „Warum?" — „Weil 3 × 6 achtzehn ist."

Vielleicht interessiert es Sie noch zu hören, daß wir nach dieser Unterhaltung, die, wie ich Ihnen sehr gern zugestehe, nur sehr oberflächliche Zusammenhänge aufdeckte, weiter rechneten und daß das Kind keinen Fehler mehr machte. Und weiter, daß das Kind seit dieser Zeit keinerlei Schwierigkeiten mehr mit dem Einmaleins hat.

Ich habe Ihnen diesen Fall aus meiner Erziehungserfahrung nicht mitgeteilt, weil ich der Meinung bin, daß sich immer zwischen Rechenhemmungen der Kinder und der Hausnummer ihres Schulgebäudes Zusammenhänge ergeben müssen, mit anderen Worten: ich beabsichtige durchaus nicht, aus einer einzigen Beobachtung allgemeine Schlüsse zu ziehen. Ich wollte Ihnen auch nicht bloß die gewundenen Wege zeigen, auf denen sich in einem vereinzelten Falle nicht erledigte Affekte auf einem Umweg einen Durchbruch verschafften. Worauf es mir mit dieser Darlegung lediglich ankam, ist etwas ganz anderes. Ich will Sie ganz besonders auf den Unterschied unserer und der sonst üblichen Behandlung aufmerksam machen.

Vergleichen wir!

Was geschieht gewöhnlich, wenn sich zu Hause eine der eben geschilderten Situation ähnliche ergibt? In der Regel werden zwei Verfahren eingeschlagen, die davon abhängen, ob die Person, die mit dem Kinde die Schulaufgaben lernt, geduldig oder selbst leicht reizbar ist. Ist sie der ruhige, wenig affektive Mensch, so wird gerechnet, immer wieder verbessert, unermüdlich gearbeitet, auch wenn die Erfolge ausbleiben. Weint das Kind, so wird es getröstet, kommt es in Trotzeinstellung, wird durch liebevolles Zureden versucht, es wieder gefügig zu machen. Bleibt alles sich Abplagen und Quälen des Kindes vergeblich, so tritt endlich Resignation ein und man entschließt sich zuzugeben, daß das Kind zu den weniger Begabten gehört. Und in vielen Fällen stimmt das gar nicht. Wir können in der Erziehungsberatung sehr oft feststellen, daß Äußerungen von Kindern, die man als Erscheinungen eines unternormal intelligenten Kindes zu werten gewöhnt ist, aus einer irgendwoher kommenden affektiven Hemmung sich ergeben.

Ist dieses Nichterkennen und Nichtbeheben für die weitere Entwicklung des Kindes auch eine schwere Schädigung, so wird es aber noch weit bedenklicher, wenn der Unterrichtende, sagen wir der Vater, selbst leicht reizbar ist.

Wie entwickelt sich da die Situation?

Er wird mit dem Kinde rechnen, sich über die falschen Resultate ärgern, schärfer betont fragen, merken, daß das Kind noch schlechter rechnet, aber nicht erkennen, daß er das Kind, das ja die richtige Antwort nicht finden kann, immer mehr verängstigt. Bricht er in einem solch kritischen Augenblick nicht ab, sondern arbeitet mit dem Kinde weiter, so wird er immer wütender, schreit es an, nennt es unaufmerksam und faul, wenn er es nicht gleich züchtigt. Das Kind wird verstockt oder trotzig, wenn es nicht gleich zu weinen beginnt. Kommt nun noch die Mutter dazu, die vom Nebenzimmer aus die Steigerung bis zur Katastrophe mit angehört hat, so ist der Familienkonflikt fertig. Der Vater ist wütend, daß gerade er einen so dummen Jungen hat, die Mutter, empört über diese Auffassung des Vaters, macht ihm Vorwürfe wegen seiner Unduldsamkeit und Ungeduld, das Kind hört den Auseinandersetzungen zwischen Vater und Mutter zu, nimmt innerlich Stellung gegen den Vater, weil es auch spürt, wenn es auch nichts Sicheres weiß, daß ihm Unrecht geschehen ist. Und sehr oft ergeben sich erst aus solchen Situationen schwererziehbare Kinder, die je nach ihrer charakterologischen Struktur im Heranwachsen gezwungen sind, ihre Affekte in sich zu entladen und dann einen nervösen Zusammenbruch erleben, oder sich in die Außenwelt entladen und dann verwahrlost genannt werden.

Wirklicher Erfolg ist bei Lern- und Erziehungsschwierigkeiten, die auf nervöser Basis erwachsen, weder mit Geduld, Milde und Güte, aber noch weniger mit Strenge und Strafe zu erzielen. Solange dem Kinde selbst nicht mehr bewußte Affekte unerledigt bleiben, Verankerungen im Unbewußten nicht gelöst werden, ist jedes Bemühen erfolglos.

Wir haben nun gehört, wie ein neurotisches Kind über eine ganz bestimmte Angstsituation hinwegzukommen trachtete, und ich möchte anknüpfend daran einige allgemeine Bemerkungen über die normale und abnormale Entwicklung des Kindes machen, die mehr theoretischer Natur sind.

Aus irgendeiner Ahnenreihe stammend, kommt das Kind mit einer ganz bestimmten Erbmasse oder Erbanlage zur Welt, die seine Konstitution ausmacht. Wir können das auch anders ausdrücken: Die in Erscheinung tretenden Erbfaktoren bilden in ihrer Qualität, Quantität und Kombination eine auch innerhalb dieser Familie nur einmal vorkommende Einheit. Oder noch anders: es gibt nicht zwei Kinder, die einander vollkommen gleich sind. Jedes ist in seiner Individualität gleichzeitig eine Originalität. Schon diese Tatsache wird von Eltern so oft übersehen. Wie oft bekomme ich zu hören, wenn in einer Familie mit mehreren Kindern bei einem das Erziehungswerk mißlingt: wir haben doch unsere Kinder alle gleich erzogen, wie ist nur bei dem einen dieser Mißerfolg möglich. Aber das nur nebenbei. Was haben wir gewonnen, wenn wir wissen, daß jedes Kind eine Originalität ist? Gehen wir darauf erst später ein und nehmen wir vorerst einmal an, das Kind sei bei seiner Geburt schon so selbständig, daß es weder Wartung noch Pflege, noch einer wie immer gearteten Hilfe der Erwachsenen bedürfe. Ist es nicht gezwungen, mit anderen seiner Art zusammenzuleben, so wird es sich, ganz seinen Bedürfnissen entsprechend, originell ausleben, soweit es nicht durch anders organisierte Naturwesen, Naturerscheinungen und Naturkräfte daran gehindert wird. Es wird heranwachsen und sich irgendwie mit dem Leben abfinden. Sobald aber ein Zweiter, noch mehr, wenn ein Dritter und Vierter oder noch mehrere mit ihm zusammenleben, wird dem Drange nach originellem Ausleben des einzelnen ein Widerstand durch dasselbe Bedürfnis der anderen erwachsen. Wer in dieser Gemeinschaft nicht unter dem Drucke, der von den anderen ausgeht, das dem Zusammenleben hinderliche Stück seiner Originalität aufgibt, stellt sich außerhalb der Gemeinschaft und wird zugrunde gehen, wenn er der Schwächere ist, oder der Gemeinschaft seinen Willen aufzwingen, wenn er der Stärkere ist. Auf diese Art mag sich auch die Gemeinschaft von ihren primitivsten Stufen bis zur heutigen Kulturgemeinschaft entwickelt haben, immer wieder die Individuen ausstoßend, die diesen Weg aus ihrer Organisation heraus nicht mitmachen konnten.

Sehen wir uns nun das Kind an, wie es wirklich ist. Mit den Anlagen und Fähigkeiten zu origineller Entwicklung wird es geboren, aber hilflos, pflege- und wartungsbedürftig in das Leben hineingestellt, den Einflüssen und Einwirkungen seiner Umgebung ausgesetzt. Weder Vater noch Mutter, überhaupt niemand, weiß, was gerade für diese Individualität zum originellen Ausleben notwendig wäre. Und selbst wenn man es wüßte, was nützt es? Das Problem kompliziert sich. Das Individuum darf ja zu gar keinem absoluten originellen Ausleben kommen, das ist nur soweit gestattet, als dadurch nicht das Hineinleben in die Kulturgemeinschaft gefährdet wird. Es muß von seinem Ich, von seinem höchst persönlichen Ich unbedingt so viel aufgeben, als dem Hineinwachsen in die Gemeinschaft abträglich ist. Das erscheint uns ganz selbstverständlich, und was ich Ihnen darüber gesagt habe, ist auch durchaus nicht neu. Aber gerade in der Selbstverständlichkeit liegt die große Gefahr, daß wir manches das Individuum Betreffende übersehen. Wir kennen die Forderungen, die die Sozietät an den Herangewachsenen stellt, recht genau, aber vom kleinen Kinde wissen wir nicht viel mehr, als was die Befriedigung seiner primitivsten Bedürfnisse anlangt. Wir haben uns eine Norm gebildet, wie Kinder zu führen, zu erziehen sind, damit sie später im Leben bestehen können, und sind uns eigentlich nie bewußt, daß die Einflüsse der Umgebung und der bewußten Erziehung einen Druck auf das Kind bedeuten, um es zu zwingen, einen Teil seiner originellen Entwicklung aufzugeben. Was wir in diesem Sinne tun, muß vom Kinde als Gewalt empfunden werden, auf die es selbstverständlich mit Abwehr reagiert. Für viele Eltern ist das überhaupt kein Problem. Sie leben unbekümmert um das Kind ihre eigenen Affekte aus, wundern sich zum Schlusse nur, wenn das Kind anders wird, als sie erwartet haben. Wieder andere schütteln den Kopf, wenn man sie auf diese Erscheinung im kindlichen Erleben aufmerksam macht, und wehren ab. Die Erziehungsreformer, und da die radikalsten Vertreter, verfallen in das andere Extrem. Sie haben den Satz geprägt, daß das Kind sich ausleben müsse. Behaupten, daß das Kind nur dann zu seiner richtigen Entwicklung kommen kann, wenn man es tun läßt, was es will. Diese Erziehungsreformer übersehen, daß durch diese Art von Erziehung, durch ein hemmungsloses Aufwachsenlassen der Kinder, Menschen heranwachsen müssen, die in unserer Gesellschaftsordnung unmöglich leben können. Sie übersehen auch, daß all ihre Bestrebungen Halbheiten bleiben müssen und daher auch das Ergebnis das wird, was aus Halbheiten erwächst. Bedenken wir doch, daß schon die Gewöhnung des Säuglings an regelmäßige Mahlzeiten, die Gewöhnung an all das, was mit der Körperreinigung zusammenhängt, dem sich Auslebenwollen des Kindes hinderlich im Wege steht, ganz abgesehen von dem, was sich aus unvermeidlichen Einschränkungen in der Kinderstube ergibt.

Gestatten Sie mir, daß ich Ihnen auch meine Meinung mitteile. Wir haben, um es ganz allgemein und populär zu sagen, für die Erziehung schon sehr viel gewonnen, wenn wir die Erkenntnis gewonnen haben, daß das, was wir Kinder tun sehen, Reaktionen auf das Tun ihrer Umgebung sind. Dazu sind gewiß einige Einschränkungen zu machen, aber beobachten wir unsere Kinder einmal unter diesem Gesichtswinkel, und Vieles, an dem wir bisher verständnislos vorübergegangen sind, wird uns erklärlich werden. Mit den Fortschritten der seelischen Tiefenforschung, wie die psychoanalytische Psychologie sie uns ermöglicht, und denen der Konstitutionslehre werden wir auch erzieherisch immer exaktere Arbeit leisten können.

Ich bin Ihnen, ehe ich diesen Teil meiner Ausführungen abschließe, noch einige wenige Überlegungen, die sich aus dem bisher Gesagten leicht ableiten lassen und die uns ein Verständnis des schwererziehbaren Kindes und Verwahrlosten eröffnen, schuldig.

Wir können, von der Erziehung aus gesehen, das Kind normal nennen, wenn es ohne Anwendung besonderer Erziehungsmittel in seinem Heranreifen in die Kulturgemeinschaft seiner Zeit hineinwächst.

Wann ist das der Fall?

Ich habe in meinem Buche ausgeführt, daß es ohne Triebunterdrückung, das heißt, ohne dem Kinde von außen her aufgezwungene Triebeinschränkung und dadurch bedingte Triebsublimierung keinen kulturtüchtigen Menschen gibt. Unterwirft sich das Kind dem vom Leben und von der Erziehung ausgehenden, auf seine Triebbefriedigung gerichteten Druck und formt es Ziele und Wege der Triebbefriedigung im Sinne der kulturellen Forderungen um, so entwickelt es sich normal. Setzt es diesen Bestrebungen erfolgreichen Widerstand entgegen, so muß es sich, da es keine Vernichtung von Trieben gibt, abnormal entwickeln.

Die große Masse von Kindern macht die normale Entwicklung mit. Immer wieder aber gibt es links und rechts vom breiten Strome Absplitterungen: Schwererziehbare und Verwahrloste, je nach Erbgut und in der ersten Kindheit erworbener Ich-Struktur. Wesentlich verschiedene Formen treten in Erscheinung, wenn ein gesundes und ein nervöses Kind unvernünftigen Erziehungseinwirkungen ausgesetzt werden; auf neurotischer Basis erwächst ein anderes Zustandsbild als auf psychotischer, und es ist für das Individuum und die Gesellschaft nicht gleichgültig, ob im Kinde die Tendenz zur Entladung in das eigene Ich oder in die Außenwelt vorherrscht.

Ich will Ihre Aufmerksamkeit nun nicht mehr länger für theoretische Auseinandersetzungen in Anspruch nehmen, das wirkt zu sehr ermüdend, sondern Ihnen an einem Falle der Erziehungsberatung zeigen, daß eine Mutter ihr Kind zur Verwahrlosung brachte, weil sie nicht erkannte, daß es ganz richtig auf ihr Tun reagierte. Es soll das gleichzeitig ein Beispiel für das theoretisch Ausgeführte sein.

In der Erziehungsberatung erscheint eine ungefähr 36jährige sehr nette Frau aus dem Arbeiterstande, ratlos, verzweifelt über ihren zwölfjährigen Jungen. „Der Bub muß in eine Besserungsanstalt", so beginnt sie zu sprechen. „Was hat er denn angestellt", ist meine Entgegnung auf den Verzweiflungsausbruch der Mutter. „Er ist unfolgsam, frech, renitent, hat sogar dem Vater ein Bein gestellt, daß dieser hinfiel, und vorige Woche hat er absichtlich das Pflegebuch vom zuständigen Fürsorgerat nicht unterschreiben lassen. Ich habe daher keinen Erziehungsbeitrag für diesen Termin bekommen. Er weiß, wie notwendig wir das Geld brauchen; er ist aber ein herzloser, liebloser Kerl, ich mag ihn gar nicht mehr sehen." Ich lasse das und noch viel mehr die Frau sagen, ohne sie zu unterbrechen, lasse sie sprechen was sie will, ob es mir wichtig ist oder nicht, weil vorerst sie ihren Affekt entladen soll und ich doch auch manch Brauchbares zu hören bekomme. Aus ihrer Darstellung ergibt sich ein sehr geordnetes, wenn auch ärmliches Familienleben. Der Mann, der gegenwärtig arbeitslos ist und nur die Arbeitslosenunterstützung bezieht, hat sie recht gerne, hängt auch an dem Kinde, beschäftigt sich viel mit ihm, hilft ihm bei den Schulaufgaben und spielt auch mit ihm, wie wir nicht oft Gelegenheit haben, es zu sehen. Er ist weder Spieler noch Trinker, lebt ganz der Frau und dem Kinde. Was mir die recht glaubwürdig aussehende Frau über ihre Familienverhältnisse und das Zusammenleben mitteilt, wird von der Fürsorgerin, die schon einen Hausbesuch gemacht hatte, vollinhaltlich bestätigt. Auch die Schule hat keine besondere Klage zu führen: er lernt gut, ist bei den Kameraden recht beliebt, aber doch sehr lebhaft, und fügt sich nicht leicht der Schuldisziplin. Das Verhalten des Jungen ist nach dem, was ich bisher von der Familie zu hören bekam, nicht recht verständlich. Ich beginne nun die Mutter zu fragen: „Ist der Junge schon immer so gewesen?" — „Ausgelassen war er seit jeher, aber so arg treibt er es erst seit ungefähr sechs Wochen." — — „Wissen Sie eine Ursache für die auffällige Verschlechterung in seinem Verhalten?" — „Nein!" — — „Ist nicht irgend etwas Besonderes vor sechs Wochen vorgefallen?" — „Nein!" — — „Schläft Heinrich, so heißt der Junge, mit Ihnen und Ihrem Manne im selben Raum?" — „Ja, auf dem Diwan. Früher hat er bei mir im zweiten Ehebett geschlafen." — — „Seit wann liegt er auf dem Diwan?" — „Seit eineinhalb Jahren." — — „Warum haben Sie ihn sich auf den Diwan legen lassen?" — „Weil da mein Lebensgefährte zu mir gekommen ist." — — „Sind Sie nicht verheiratet?" — „Nein! Mein Mann ist im Krieg gefallen." — — „Wann ist er eingerückt?" — „Im August 1914 und seit dieser Zeit haben wir ihn nicht mehr gesehen." — — „Sind Sie von da an allein geblieben, oder haben Sie mit jemandem anderen zusammengewohnt?" — — „Ich habe mich bis zu Ostern vorigen Jahres mit Heinrich ganz allein erhalten." — — „Hat Ihnen das Kind nicht große Schwierigkeiten gemacht?" — — „Nein, er hat mich recht gern gehabt und war brav." — — „Hat er sich geändert, als Sie den Lebensgefährten zu sich nahmen?" — „Nicht besonders, er hat ihn ja auch sehr gern." — — „Sie haben mir aber vorhin gesagt, daß der Junge immer recht ausgelassen war." — „Na ja, das sind aber alle Kinder, aber was er jetzt treibt, ist nicht mehr zum aushalten." — — „Vielleicht mag er Ihren Lebensgefährten doch nicht?" — „Aber ja, er hat ihn sehr gern." — — „Woher wissen Sie das?" — „Weil ich ihn gefragt habe." — — „Kinder geben da oft nicht die richtige Antwort." — — „Er hat ihn aber doch sehr gern. Ich muß Ihnen jetzt schon sagen, wieso ich das ganz genau weiß." — — „Darauf bin ich sehr neugierig." — „Mein Lebensgefährte und ich wollen heiraten. Ich habe mir gedacht, ich tue es nur, wenn der Bub damit einverstanden ist. Ich habe ihn dann gefragt und er hat mir gesagt: Mutter, du hast ganz recht, wenigstens haben wir jemanden, der für uns verdient. Jetzt werden Sie mir aber doch zugeben, daß er den Vater gern hat." — — Ich schüttle den Kopf und entgegne: „Wir werden Ihren Lebensgefährten fragen." — — Er wird gerufen, ist ein sehr sympathischer, gutmütig aussehender Mensch, der aber wesentlich jünger zu sein scheint als die Frau, 24 bis 26 Jahre. Auch er schildert gleich das Unhaltbare der Situation mit dem Jungen, doch so, daß man erkennt, wie leid ihm ist, als Ankläger auftreten zu müssen. Sehr nett sind seine Schilderungen über die Bemühungen um den Jungen, wie er mit ihm lernt und spielt. Er merkt dabei nicht, daß er damit gleichzeitig auch zeigt, wie sehr ihn das Kind ablehnt. Nur ein einziges Mal blitzt es durch, als er die Szene mit dem vorgestellten Bein, über das er gefallen ist, mitteilt. Er sagt: „Wissen Sie, ich habe das Gefühl, das hat der Bub absichtlich gemacht, und wenn ein Kind mit seinem Vater so etwas macht, dann kann man ihn nicht zu Hause behalten." Ich sehe daraufhin die Frau mit einem forschenden Blick an und sage: „Mir scheint, ich habe doch recht." „Was meint der Herr", sagt darauf der Mann. Die Frau setzt ihm nun sehr lebhaft auseinander, daß ich der Meinung sei, Heinrich habe ihn nicht lieb. Darauf er: „Ganz recht hat der Herr nicht, aber manchmal schaut es schon so aus." Er wendet sich nun zur Frau: „Wir haben doch schon so oft darüber gesprochen, daß der Bub sich so eigentümlich benimmt, zwischen dich und mich drängt, wenn ich dir einen Kuß gebe." Das macht die Frau stutzig und nun erinnert eins das andere an zärtliche Szenen zwischen ihnen, bei denen sich das Kind auffällig benommen hatte. Sie kommen miteinander so ins Gespräch, daß sie meine Anwesenheit gar nicht mehr merken. Es war recht interessant zuzuhören, wie beide immer mehr darauf kamen, daß Heinrich wirklich auf den Lebensgefährten eifersüchtig sei. Ich unterbreche endlich die beiden und frage den Lebensgefährten, ob nicht vielleicht er mir sagen könne, warum das Benehmen des Jungen sich gerade seit sechs Wochen so verschlechtert habe? Er weiß nichts anzugeben, obwohl auch er die Tatsache bestätigt und sie sehr merkwürdig findet. Ich hatte eine ganz bestimmte Vermutung, wollte damit aber nicht hervor, ohne noch sichereren Anhaltspunkt. Deswegen sagte ich zur Frau gewendet: „Wann haben Sie mit Heinrich gesprochen, daß Sie Ihren Lebensgefährten heiraten wollen?" Ohne nachzudenken erwidert Sie: „Vor sechs Wochen." — „Nun, merken Sie noch immer nichts?" — — „Das kann ja nicht sein", entgegnet sie sehr bestürzt, „ich habe ihn doch gefragt und er war damit einverstanden." — — „Freilich, damit jemand für Sie beide verdient, aber hergeben will er Sie nicht."

Aus dem Gespräch mit Heinrich, in Abwesenheit der Eltern, ging ganz deutlich seine Gefühlsambivalenz zum Stiefvater hervor. Uns erscheint das gar nicht verwunderlich. Bis zu seinem elften Lebensjahr war er mit der Mutter allein, der leibliche Vater kommt fast nicht in Frage. Er hat die bevorzugteste Stellung, die sich denken läßt. Plötzlich erscheint ein Mann, der ihm die Mutter streitig macht. Wie sehr diese Mutter gewöhnt war, den Jungen gelten zu lassen, geht ja daraus hervor, daß sie es von seiner Entscheidung abhängig macht, ob sie den Lebensgefährten heiratet oder nicht. Eine dauernde Verdrängung von seinem bevorzugten Platz läßt dieses Kind nicht zu. Solange der Mann als Lebensgefährte im Hause wohnt, kann er rasch wieder weg sein, er ist angenehm als Spielgefährte, unangenehm mit seinen Zärtlichkeiten zur Mutter. Heinrichs Gefühlsambivalenz, der Wechsel zwischen Zuneigung und Ablehnung des Lebensgefährten, wandelt sich in ganz deutlichen Haß, als die Entscheidung gefallen war. Sein Benehmen wird so schlecht, daß ihn die Mutter aus dem Hause geben will. Ich möchte das anders sagen: er benimmt sich so, daß man ihn fortgeben muß; denn wenn sich die Mutter einen anderen gefunden hat, dann hat er im Hause nichts mehr zu suchen. Er legt es darauf an, wegzukommen. Am deutlichsten zeigt er der Mutter seine Stellung ihr gegenüber durch sein Verhalten mit dem Pflegebuch. Den Erziehungsbeitrag zahlt die Gemeinde Wien für ihn. Dieses Geld bringt er der Mutter, es ist sein Verdienst. Hast du einen anderen lieb, so mag der für dich sorgen, von mir bekommst du nichts mehr. Daher läßt er das Pflegebuch nicht unterschreiben, die Mutter bekommt kein Geld, das sie so notwendig brauchte, weil der Lebensgefährte arbeitslos ist. Und damit zeigt er ihr, wie notwendig sie ihn braucht.

Vielleicht sind Sie nicht gewöhnt, hinter den verschiedenen Äußerungen psychische Vorgänge zu sehen, wie Sie es eben jetzt mit mir getan haben, und lehnen die gemachten Schlußfolgerungen ab, sie erscheinen Ihnen zu gewagt, zu weit hergeholt oder gar unverständlich. Dann kann ich Sie hier nicht überzeugen, weil die Zeit nicht ausreicht, Ihnen mitzuteilen, was wir bereits sicher über unbewußte Vorgänge, Affektverdrängung usw. wissen. Ich muß Sie da auf die psychoanalytische Literatur verweisen. Ich will nur, um ja kein Mißverständnis aufkommen zu lassen, bemerken, daß dem Jungen selbst die Motive seines Handelns unbewußt waren. Bewußt wurde ihm nur zeitweilig die Ablehnung des Stiefvaters und vorübergehender Groll gegen die Mutter, ohne daß er wußte warum. Er hat weder dem Stiefvater absichtlich das Bein gestellt, noch mit Vorbedacht das Buch nicht unterschreiben lassen. Er war sicherlich erschrocken, als er diesen auf dem Boden liegen sah, und das Buch hat er vergessen unterschreiben zu lassen. Es unterlief ihm das, was wir eine Fehlleistung nennen. Und doch haben Stiefvater und Mutter recht, wenn sie Absichten hinter dem Tun des Kindes vermuten, aber nicht in dem von ihnen gemeinten Sinne. Die Tendenz ist da, aber im Unbewußten, Heinrich hat davon keine Ahnung. Wer von Ihnen sich mit den Phänomenen unbewußter Vorgänge noch nicht beschäftigt hat, für den hat das eben Gesagte nicht viel Beweiskraft. Aber eine Tatsache müssen auch diese anerkennen. Nach dem Zusammensein mit Kind und Eltern in der Erziehungsberatung wehte in der Familie plötzlich eine andere Luft. Das Familienbild änderte sich mit einem Schlage. Diese zwei primitiven Menschen hatten bei mir ein gewaltiges Erlebnis. Sie fühlen nun, daß ihre bisherige Einstellung zum Kinde und dessen Behandlung falsch war. Sie sind auch verständiger geworden, vermeiden besondere Zärtlichkeitsäußerungen vor dem Kinde, die Mutter räumt Heinrich wieder eine bessere Stellung ein, der Stiefvater begnügt sich vor dem Kinde mit dem Platze des älteren Freundes, und vor allem, mit dem Jungen wird nicht mehr geschimpft, nicht mehr alles, was er tut, mißtrauisch darauf hin beobachtet, was er wieder angestellt hat. Der Vorfall in der Erziehungsberatung liegt einige Wochen zurück. Stiefvater, Mutter und Heinrich kommen weiter regelmäßig zu mir, es ist keine Rede mehr davon, daß er in eine Besserungsanstalt müsse. Heinrich habe ich bereits einige Aufklärung über die Determinanten seines Tuns gegeben, allerdings in einer seiner kindlichen Auffassungskraft entsprechenden Form. Wir werden uns noch einige Wochen regelmäßig sehen, dann in immer größeren Zeitabständen und nach einer Weile werden sie von selbst ausbleiben. Erfahrungsgemäß dann, wenn alles in Ordnung verläuft. Ich lasse mir dann noch von der Fürsorgerin berichten, um, je nach der Entwicklung, diese Sache nach einem halben oder einem Jahre ad acta zu legen.

Ich habe heute schon die Bemerkung gemacht, daß für die meisten Eltern die Erziehung ihrer Kinder das Ausleben ihrer eigenen Affekte ist. Der Vollständigkeit halber muß hinzugefügt werden, daß die Art, wie die Affekte in den Kindern ausgelebt werden, von den Reaktionsbildungen abhängt, die die Eltern aus der eigenen Kinderstube mitbringen. Die Eltern sind zumeist überzeugt, daß sie den Kindern ihr Bestes geben, und ahnen nicht, wie sehr sie beeinflußt werden von der Behandlung, die sie seinerzeit im Elternhause erfahren haben. Haben sie die strenge oder liebevolle Behandlung als berechtigt empfunden, dann werden sie es mit ihren Kindern ohne viel Überlegung ebenso machen, wie es mit ihnen gemacht worden ist. Haben sie sich dagegen aufgelehnt, sie als ein ihnen angetanenes Unrecht erlebt, so werden sie es gerade entgegengesetzt machen. Aus der Art, wie sie auf Erziehungsmaßnahmen reagierten, haben sich feste Normen gebildet, Reaktionsbildung, die dann der Erziehung der eigenen Kinder zugrunde gelegt werden. Diese dirigieren das Tun der Eltern, ihnen ganz unbewußt, oft bis in die kleinsten Kleinigkeiten. Übersehen wird dabei das Wichtigste, das, wovon wir heute schon gesprochen haben, daß jedes Kind eine Originalität ist und keinerlei

Berechtigung besteht, eigene Erfahrungen auf ein anderes Kind anzuwenden. Kein Vater und keine Mutter behaupten, daß ihr Kind alles genau so erlebe wie sie selbst, und doch handeln sehr viele so, als ob es so wäre.

Dazu wieder nur ein Beispiel aus der Erziehungsberatung. Die Fürsorgerin berichtet von einem zwölfjährigen Jungen, der bei den Großeltern aufwächst und diesen die größten Erziehungsschwierigkeiten macht. Er ist so unfolgsam, daß sich die alten Leute nicht zu helfen wissen, gibt in der Schule fortwährend Anlaß zu Klagen, bringt seine Aufgaben nur, wenn sie der Großvater mit ihm macht, ist unverträglich, stört die Ordnung, mit einem Wort, ist auch ein Schmerzenskind der Lehrer. Über die Familienverhältnisse spricht sich die Fürsorgerin sehr lobend aus. Die Großeltern leben zwar in sehr eng begrenzter materieller Situation, in einer kleinen Wohnung, diese ist aber außerordentlich rein und nett gehalten. Der Pflegezustand des Jungen ist tadellos, die Behandlung eine besonders liebevolle. Die Großeltern versuchten alles Mögliche, um das Kind gut zu erziehen, aber es schlägt fehl aus, es geht mit dem Jungen so nicht mehr weiter.

Ich ersuche, mir den Großvater mit seinem Enkelkinde zu bringen. Er kommt, und ich nehme ihn früher vor als den Jungen, um ihn nicht zu verletzen. Ich kann den Eindruck, den er bei seinem Eintritt auf mich macht, am besten mit einem Wort charakterisieren: der alte Radetzky-Veteran. Ich weiß nicht, ob Ihnen dieses Wort etwas sagt. Beschreiben läßt sich dieser Typus schwer. Eine untersetzte Gestalt, nicht zu groß, mit buschigem Schnurrbart und ausrasiertem Kinn. Dazu kamen bei diesem Großvater noch grundgütige Augen; er ist noch einer der wenigen Vertreter eines aussterbenden Typus, wie ein Stück Alt-Wien. Wir unterhalten uns über sein Enkelkind. Dabei stellt sich heraus, daß der Junge nicht sein leibliches Enkelkind, sondern das Kind seines Pflegesohnes ist, den er und seine Frau als ganz kleines Kind übernommen und seither behalten haben. Er beklagt sich, daß auch aus seinem Pflegesohn nichts Rechtes geworden sei. Wenn er auch keine Verbrechen begehe, so habe er doch schon wiederholt Anstände mit der Polizei gehabt und sei ein liederlicher Mensch, der seinen Arbeitsverdienst verspiele. Er befürchte, daß auch aus dessen Sohn, seinem jetzigen Pflegekind, nichts werde. Wie er zu dem Jungen gekommen sei, und warum das Kind nicht bei seinem Vater aufwachse? Als der Vater zur Kriegsdienstleistung einrücken mußte, habe er gebeten, das Kind zu übernehmen und dann sei es geblieben. Bei ihm sei es besser aufgehoben als bei dem ein so unstetes Leben führenden Vater.

Auffällig ist mir, daß diesem guten Menschen, der allem Anschein nach dem Leben gegenüber eine ganz richtige Einstellung hat, das Erziehungswerk bei zwei Kindern mißlingt. Wenn auch zweifellos bei beiden, bei Vater und

Sohn, konstitutionelle Vorbedingungen für eine nicht ganz normale Entwicklung gegeben sind, so müßte sich doch ein Stück Aufklärung über den zweimaligen Mißerfolg ergeben, wenn man etwas vom Erleben des alten Mannes wüßte, so denke ich, und rege daher den Großvater an, von sich selbst und seiner eigenen Jugend zu erzählen. Er tut es sehr gerne; er kramt gerne in alten Erinnerungen. Nach seiner Schilderung hat er eine sehr harte Jugend durchlebt. Als ganz kleines Kind elternlos geworden, wurde er frühzeitig ins Leben hinausgestoßen. Schon als Zehnjähriger mußte er sich durch Viehhüten seinen Lebensunterhalt verdienen. Bei einem rohen Schmiedemeister erlernte er das Handwerk, wanderte dann weit in der Welt herum, und erst in späten Jahren konnte er die mangelnde Schulbildung durch Selbstunterricht nachholen. Ich höre dem alten Mann gerne zu. Er schildert anschaulich, lebendig. Ich erlebe mit ihm, und es klingt so überzeugend, als er sagt: „Ich habe mir schon als ganz junger Mensch gedacht, wenn ich einmal heirate, dann werde ich meinen Kindern eine frohe Jugend verschaffen; denn ich weiß, was es heißt, freudlos aufzuwachsen." Er heiratet sehr spät und bekommt keine Kinder. Es währt lange, bis seine Frau und er sich damit abfinden. Und ganz ohne Kinder können sie nicht bleiben. Sie nehmen ein Pflegekind an; eben den Vater des Jungen, den er jetzt erzieht. Der alte Mann kann sich noch immer nicht erklären, wie es möglich sei, daß bei der liebevollen Sorgfalt, bei der schönen Kindheit aus dem Jungen nichts geworden sei, daß er so nahe dem Verkommen stehe. Zu den vielen Enttäuschungen seines Lebens kam auch noch diese.

Ich bin der Meinung, daß Sie nach dem heute schon Gehörten, viel deutlicher sehen als der Großvater und wissen, warum der Mißerfolg eintreten mußte. Wenn nicht, dann müssen Sie es aus einer kleinen Szene ersehen, die sich mit Enkelkind und Großvater vor mir abspielt. Ich hatte mit dem Jungen zuerst allein gesprochen und sage ihm dann vor dem Großvater: „Ich höre, daß du deine Hausaufgaben nur machst, wenn der Großvater mit dir arbeitet. Welche Rechnungen hast du bei der letzten Hausaufgabe gehabt?" Der Junge wendet sich nach dieser Frage von mir ab und sieht den Großvater an. Dieser, ohne überrascht zu sein, beginnt wie selbstverständlich zu sprechen: „Zwei Kapitalien, das eine 4000 Schilling, das andere 5000 Schilling sind, das eine zu fünf, das andere zu vier Prozent angelegt. Sie tragen gleich viel Zinsen in einer gegebenen Höhe. Wie lange war jedes Kapital angelegt?" Der Großvater sagt diese Aufgabe herunter, als ob er bei einer Prüfung stehen würde. Sehen Sie, so weit geht der Großvater in der Schonung des Jungen, daß er sich dessen Aufgaben merkt. Der Junge braucht sich nicht anzustrengen; der Großvater fühlt sich dazu verpflichtet.

Machen wir dazu eine ganz kurze theoretische Überlegung. Der Großvater kommt aus seinem eigenen Erleben zu Reaktionsbildungen, die ihn zwingen, seinen Pflegekindern eine so lustvolle Jugend zu verschaffen, daß ein späteres Bestehen im Lebenskampf für diese zur Unmöglichkeit wird. Das Lustprinzip, das in der Kindheit so vorherrscht und das auf Kosten des strenge fordernden Realitätsprinzips im Heranwachsen eingeschränkt werden muß, wird in unserem Falle nicht modifiziert. Alle Schwierigkeiten räumt der Großvater den Kindern aus dem Wege, weil er seinerzeit an einem Übermaß an solchen zu leiden hatte. Die Kinder haben es nicht notwendig, sich Triebeinschränkungen aufzuerlegen. Dann kommt aber das Leben mit seinen nicht auszuschaltenden Forderungen und trifft ganz unvorbereitete Individuen. Es ist klar, daß diese sich dann aus der Unlust des Lebens in die Lust der Dissozialität flüchten. Das Erziehungswerk ist mißlungen. Wir können wohl behaupten, daß bei diesem Großvater kein Kind lebenstüchtig heranwachsen wird, und ihm selbst begreiflich zu machen, woran sein Bemühen scheiterte, dazu ist er zu alt. Der Erziehungsberater kommt hier in eine recht schwierige Lage. Auf der einen Seite der grundgütige, brave Mensch, der sich so sehr bemüht, auf der anderen Seite ein schon mißratenes Kind, das zweite auf dem Wege dazu. Soll man dem alten Manne die schwere Kränkung antun und ihm das Kind wegnehmen, ihm die schwerste Enttäuschung bereiten, die es für ihn gibt, oder ihm das Kind lassen und zusehen, wie es auf Abwege kommt? Und doch gibt es nur eine Entscheidung: das Kind muß weg. Ich habe mir das nun so zurecht gelegt. Ich mache es nicht plötzlich, brutal, komme nicht mit einem Gerichtsbeschluß, der die Abnahme ausspricht. Ich habe mit dem Großvater schon einige Male gesprochen, er erzählt mir immer mehr von seinem eigenen Leben; seine Gefühlsbeziehungen zu mir sind schon recht starke geworden. Er wird noch öfter zu mir kommen, ich werde ihn so führen, daß er zur Einsicht kommt, für ihn und den Jungen ist es besser, wenn das Kind in einer Anstalt erzogen wird. Dabei habe ich durchaus keine „Besserungsanstalt" im Auge, sondern eine Erziehungsanstalt für schwererziehbare Kinder.

Und nun ein anderes Bild!

Eine Fürsorgerin teilt mit, daß ein vierjähriges Kind nicht in den Kindergarten zu bringen sei. Es setze dem den größten Widerstand entgegen, schreie, stampfe mit den Füßen, werfe sich auf dem Weg in den Kindergarten auf der Straße zur Erde und gebärde sich derart, daß Passanten sich des, wie sie meinen, gequälten Kindes annehmen. Wird es dann mit dem Aufgebot aller möglichen Mittel schließlich doch in den Kindergarten gebracht, so sei es dort so unbotmäßig, daß man auf seine Entfernung dringen müsse.

Ich habe Ihnen das nun nicht mitgeteilt, weil ich Ihnen zeigen will, wie das Kind doch zum Besuche des Kindergartens veranlaßt wurde. Das war viel leichter, als es nach dieser Symptomschilderung aussieht, und der Besuch des Kindergartens mußte erreicht werden, weil es sonst tagsüber ohne Aufsicht gewesen wäre. Ich habe diesen Fall für heute nur ausgewählt, weil sie wieder erkennen sollen, wie die Einstellung des Erwachsenenen zum Kinde durch dessen eigene Erlebnisse bedingt wird.

Als mir die Fürsorgerin die Schwierigkeiten berichtete, die sich aus dem Verhalten des Vierjährigen ergeben, fügte sie auch hinzu, daß das Kind bei seiner Großmutter aufgezogen werde,und fügte hinzu: „Diese Frau müssen sie sich ansehen, da werden sie etwas von Menschenliebe kennenlernen, das ans Unglaubliche grenzt." Ich glaube im allgemeinen an die große Menschenliebe nicht, sondern halte das, was man so nennt, für verschieden determiniert, war daher sehr begierig zu hören, was die Großmutter leistet, um so eingeschätzt zu werden. Hören Sie: Der Vierjährige ist das außereheliche Kind des verstorbenen Sohnes der Großmutter, also ihr Enkelkind. Daß sich die Mutter des Kindesvaters eines außerehelichen Kindes annimmt, ist bei uns sehr selten, aber noch nichts Besonderes und Auffälliges. Aber es wohnt auch die Mutter des außerehelichen Kindes bei den Eltern des Kindesvaters, das ist mir noch nie vorgekommen. Dazu kommt noch, daß diese Kindesmutter eine eigene Auffassung vom Leben hat. Sie ließ sich noch zu Lebzeiten des Kindesvaters in ein Verhältnis mit einem anderen Mann ein, dem allerdings erst nach dem Tode des Vaters unseres Vierjährigen ein Kind entsproß. Und auch dieses, ihr vollständig fremde Kind nahm die Großmutter zu sich. Nicht genug, zwei Kinder von verschiedenen Männern hat die junge Frau schon geboren und gegenwärtig ist sie von einem dritten schwanger. Und trotzdem behält die Großmutter sie bei sich. Es ist nicht verwunderlich, daß dieses Verhalten der Großmutter als unglaubliche Menschenliebe gewertet wird. Ich war anderer Meinung und sprach diese auch aus. Mir war klar, daß das Verhalten der Großmutter sich aus deren eigenem Erleben erklären lassen müsse, wie, das konnte ich allerdings noch nicht sagen. Die Großmutter kam,und es trat, wie zu erwarten war, so lange nichts Wesentliches, zur Aufklärung Dienliches zutage, als bis es mir gelang, die alte Frau zum Sprechen über sich selbst zu bringen. Sie stammt aus einem Bauerndorfe, aus einer sehr angesehenen Bauernfamilie und wuchs mit mehreren Geschwistern sehr zufrieden auf. Als Einundzwanzigjährige ließ sie sich mit einem Bauernburschen in intimere Beziehungen ein, die nicht ohne Folgen blieben. Sie hatte nun zu Hause die Hölle, die schwersten Vorwürfe von Vater und Mutter trieben sie zur Verzweiflung. Während der letzten

Schwangerschaftsmonate mußte sie aus dem Hause und auch in der Fremde entbinden, damit ihr Zustand nicht bekannt wurde. Das Kind kam gleich nach seiner Geburt weit weg in fremde Pflege. Die Mutter durfte es nicht besuchen, war auf spärlichen brieflichen Verkehr mit den Pflegeeltern angewiesen. Aus allen Nachrichten ersah sieh, daß das Kind schwach und kränklich blieb und sich nur sehr langsam entwickelte. Sie machte sich die heftigsten Vorwürfe, daß sie das Kind nicht bei sich habe, und schrieb sich die ganze Schuld für seine schlechte Entwicklung zu. Nach sieben Jahren heiratet sie nach Wien, einen anderen Mann als den Kindesvater, nur um ihren Jungen zu sich nehmen zu können. Aus der Ehe mit dem nicht sonderlich geliebten Mann entsprießt ein Kind. Ihre ganze Liebe aber gehört dem außerehelichen. Dieses erholte sich auch bei ihr nicht, kränkelte weiter und wurde tuberkulös. Auch das bucht sie wieder auf ihr Schuldkonto: hätte sie das Kind vom Anfange bei sich gehabt, so wäre es nicht soweit gekommen. Als Neunzehnjähriger verliebt sich der Sohn, und es kommt zu intimeren Beziehungen mit dem Mädchen. Der Stiefvater ist damit nicht einverstanden, will ihn zwingen, das Verhältnis aufzugeben, und weist ihn, als dies nicht geschieht, aus dem Hause. Die Mutter nimmt den beiden Leuten ein Zimmerchen, und als ein Kind geboren wird, eben unser nun Vierjähriger, holt ihn die Großmutter sofort zu sich, gegen den heftigsten Widerspruch ihres Mannes. Sie muß sich von ihm viel anhören, Vorwürfe über sich ergehen lassen. Sie, die bisher alles geduldig ertragen und sich dem unterworfen hat, was man von ihr verlangte, bleibt nun unnachgiebig. Sie gibt das Kind nicht weg! — Die Krankheit des Kindesvaters, also ihres außerehelichen Sohnes, verschlimmert sich, sein Zustand wird bedenklich, sie nimmt nun auch ihn und seine Geliebte zu sich. Ihr Mann droht, sich von ihr scheiden zu lassen, das bleibt ohne Eindruck, er soll gehen. Er geht nicht, sie bleibt Siegerin. Der Sohn stirbt ein halbes Jahr später. Was mit dem Kind und dessen Mutter weiter war, wissen wir schon. Trotz ihrer Liebesverhältnisse behält sie die Großmutter.

Betrachten wir das Verhalten der Großmutter nach dem, was wir nun gehört haben, und unter Zuhilfenahme der heute schon gewonnenen psychologischen Einsicht. Ihre äußerst affektive Anteilnahme an allem, was das Kind betrifft, zeigt mit ziemlicher Deutlichkeit das starke Schuldgefühl, das sie ihrem außerehelichen Kinde gegenüber hat. Alles was sie ihm selbst aus der Ungunst der äußeren Verhältnisse nicht sein konnte, will sie nun seinem Kinde sein. In anderer Ausdrucksweise: sie sühnt an seinem Kinde die Schuld, was sie tut, wird von einem durch Schuldgefühl fixierten Verantwortungsgefühl getragen. Ich brauche sicher nicht zu betonen, daß die Beziehungen der Großmutter zum Enkelkinde gewiß nicht nur durch das Schuldgefühl determiniert sind, aber die so stark affektive Verankerung wird von dieser Quelle her gespeist.

Wie erklären wir uns das Verhalten der Großmutter zur Mutter ihres Enkelkindes? Es erschiene uns sehr begreiflich, wenn sie sich von ihr trennen würde, jeden Verkehr mit ihr aufgäbe, da sie doch ein so unsolides Leben führt. Zweifellos fürchtet sie, daß die Mutter, wenn sie aus dem Hause gewiesen wird, ihre Ansprüche an das Kind geltend macht und auch dieses mitnimmt. Wir haben aber noch ein zweites Motiv, das uns die Beziehung der Großmutter zur Kindesmutter begreiflich macht. Als sie selbst ein außereheliches Kind hat, leidet sie vom Anfang an durch Jahre hindurch entsetzlich. Niemand versteht sie, niemand nimmt sich ihrer an, alle zwingen sie, ihre Schande zu verbergen und zu ertragen, was aus dieser Verheimlichung erwächst. Nun steht sie einer außerehelichen Mutter gegenüber, noch dazu der Frau, die ihrem Kinde so viel war. Sie ist die einzige, die weiß, was da zu tun ist: Verstehen, verzeihen und immer wieder verzeihen. Wir können das, was diese Großmutter gelitten hat, noch jetzt messen, an der Grenzenlosigkeit ihres Verzeihens. Und wenn man nicht genau hinsieht, so ist begreiflich, daß das, was in Erscheinung tritt, als potenzierte Menschenliebe gewertet wird.

Und nun eine ganz andere Situation!

In die Erziehungsberatung kommt ein Privatbeamter, dem man den früheren Soldaten noch recht deutlich ansieht, sich Rat holen, was er mit seinem fünfzehnjährigen Sohne anfangen solle. Der Junge besucht die fünfte Klasse einer Mittelschule. und plötzlich geht er sehr stark zurück. Er bringt ein Nichtgenügend nach dem anderen nach Hause. und die Professoren beschweren sich, daß er nichts mehr lernt. Frage er seinen Sohn, der stundenlang über den Büchern sitze, warum er nicht studiere, wenn er schon das Buch vor sich habe, so entgegne ihm der, er könne sich nichts mehr merken.

Ich will nicht lange zögern, Ihnen mitzuteilen, was ich alles mit dem Vater besprochen habe. Aber es ließen sich lange gar keine Anhaltspunkte für den sonderbaren, plötzlichen Rückschritt finden, auch eine beginnende Geisteskrankheit konnte nach all dem, was ich hörte, nicht in Frage kommen. Wir kamen schließlich auch auf das Sexualleben des jungen Menschen zu sprechen und da teilte mir der Vater ziemlich entrüstet mit, daß er seinen Sohn vor einiger Zeit beim Onanieren ertappte. Da er von den schweren Schädigungen, die das Onanieren nach sich ziehe, überzeugt war, machte er ihm die heftigsten Vorwürfe. Damit dieser nun nicht glaube, das sei nur eine übertriebene Meinung von ihm, gab er ihm ein Buch, in dem die Schäden der

Onanie geschildert werden. Dort stand unter anderen furchtbaren Folgen auch die, daß der Onanist verblöde. Das Buch übte, wie sich aus meinem Gespräch mit ihm herausstellte, auf ihn die verheerendste Wirkung aus. Seine triebhaften Regungen verschwanden trotz Lesen des Buches nicht, aber seine Gewissensbisse steigerten sich nach jeder Onanie bis zur Unerträglichkeit.

Ich habe Ihnen heute schon gesagt, daß Lernschwierigkeiten nicht immer durch mindere Intelligenz verursacht werden, sondern daß sie auch aus affektiven Hemmungen hervorgehen können. Für den Jungen ist das, was der für ihn so autoritative Vater sagt, richtig, und sein Ausspruch wird über jeden Zweifel erhaben, weil er dasselbe ja auch gedruckt im Buche findet. Den stärksten Eindruck macht auf ihn, daß der Onanist verblöde. Aufhören zu onanieren kann er nicht, er muß daher verblöden, das ist die nach jeder Onanie sich steigernde Angst. Mit diesem sich immer mehr verstärkenden Affekt sitzt er in der Schule und spürt ganz deutlich, wie er immer unfähiger wird, das aufzunehmen, was die Professoren sagen, sitzt stundenlang vor den Büchern und weiß nicht mehr, was er gelesen hat, wenn er mit einer Seite zu Ende gekommen ist.

Um ein wirkliches Verblöden des Jungen kann es sich nicht handeln, kein ernst denkender Mensch glaubt heute mehr an eine so schwere Schädigung durch Onanie. Es kann daher nur eine der Formen, in der sich die Selbstbestrafungstendenz des jungen Menschen für das fortgesetzte Onanieren äußert, vorliegen. Gelingt es dem Erzieher, dieses Schuldgefühl abzubauen, so muß auch das daraus entspringende Symptom verschwinden. Ich kann Ihnen jetzt nicht einen Vortrag über die Bekämpfung der Onanie bei Jugendlichen und Kindern halten, das wäre ein Thema für eine Serie von Vorträgen. Aber einige Gesichtspunkte, die ich aus einem ziemlich umfangreichen Material gewonnen habe, möchte ich Ihnen doch mitteilen. Aus dem Schrecken, der die Eltern erfaßt, wenn sie bei ihren kleinen oder größeren Kindern diesen „Unfug“ bemerken, tun sie gewöhnlich das Verkehrteste. Sie schlagen die Kinder, drohen mit Abschneiden und malen die Zukunft in den schwärzesten Farben. Das Kind erlebt dies schockartig, mit traumatischer Wirkung und trägt oft die schwersten psychischen Schädigungen davon, viel mehr, als ihm die Onanie körperlich hätte schaden können. Ich berufe mich gar nicht auf medizinische Autoritäten, die uns sagen, daß die Schädigungen durch Onanie weit überschätzt werden. Ich sage mir, daß die Onanie doch nicht eine Erfindung der Generation ist, die jetzt aufwächst, sondern daß sie schon seit urdenklichen Zeiten zu finden ist. Die Menschheit müßte viel degenerierter und verblödeter sein, wenn die Onanie wirklich ein so entsetzliches Übel wäre. Ich sehe die Schädigungen weniger im Somatischen als im Psychischen.

Das Schuldgefühl, das den Onanisten nicht losläßt, verleidet ihm den Anschluß an seine Umgebung, zwingt ihn, jenen Teil seiner psychischen Energie, den er sonst in der Außenwelt unterbringt, auf sich selbst zurückzuziehen, die Sexualphantasie, die jeden Onanieakt begleitet, zieht einen weiteren Teil an sich, läßt ihn auch phantasierte Lust erleben, die real nicht zu finden ist, und kommt der exzessive Onanist, herangewachsen zur natürlichen Erledigung seiner Arterhaltungsaufgabe, so gewinnt er dabei nicht die erwartete Lust, kehrt zur Onanie zurück, gibt damit das natürliche Verhältnis zur Frau und den Kindern auf und gibt damit Ursache zu den oft schwersten Konflikten, die wir in der Erziehungsberatung sich auswirken sehen. Wollen wir Erzieher die Onanie bekämpfen, so haben wir zuerst die traumatischen Wirkungen zu beheben, und Angriffspunkt für unser weiteres Vorgehen ist die Sexualphantasie des Onanisten. Kehre ich wieder zu dem fünfzehnjährigen Mittelschüler zurück, so habe ich nicht mehr viel zu sagen. Dem Vater zeigte ich die Ursache des Rückganges in der Schule. Er blieb ungläubig. Ich versuchte auch nicht ihn zu überzeugen, verpflichtete ihn nur, den Jungen nicht zu fragen, was ich mit ihm besprochen habe, bis ich es ihm gestatte. Den Jungen ließ ich zunächst seine ganze Angst aussprechen und dann aus dem Buche die Stellen vorlesen, die ihn so verängstigt hatten. Ich wollte schon damit das Schreckensgespenst zum Verblassen bringen. Es trat auch ganz deutlich die Angst zutage, die ihm die gedruckten Worte einflößten. Ich machte es dann mit ihm so, wie ich es Ihnen schon angedeutet habe. Das Schuldgefühl lockerte sich, als er nicht mehr das Unheil der kommenden Verblödung vor sich sah, die Einstellung zum Studium veränderte sich, und der Vater mußte schließlich unter großem Widerstreben zugeben, daß ich recht hatte, weil der Junge ohne Hemmungen seinen Schulverpflichtungen wieder nachkam, wie er es vor der Entdeckung seiner Onanie getan hatte.

Ich bin damit am Ende dessen angelangt, was ich mir für heute vorgenommen habe zu sagen. Gestatten Sie, meine Damen und Herren, mir noch, Ihnen herzlichst zu danken, daß Sie meinen Ausführungen mit so viel Aufmerksamkeit gefolgt sind.

FÜNFTER VORTRAG[1])

DIE PSYCHOANALYSE IN DER FÜRSORGE-ERZIEHUNG

Meine Damen und Herren!

Ich beginne nicht mit den üblichen Dankesworten, daß es mir gestattet ist, als Gast in der Budapester Gruppe unserer Vereinigung zu sprechen, sondern sage Ihnen nur: Ich freue mich wirklich herzlich, daß Sie sich den Fürsorgeerzieher anhören wollen.

Ich bin nicht als der ausübende Psychoanalytiker gekommen, der Ihnen ein interessantes wissenschaftliches Problem zur Diskussion zu stellen beabsichtigt, sondern als der Fürsorgeerzieher, der Ihnen ganz bescheiden einen kleinen, orientierenden Einblick in seine Arbeitsweise geben und auch versuchen will, anzudeuten, was er sich für seine Arbeit von der Psychoanalyse holt.

Der Ausdruck Fürsorgeerzieher wird Ihnen unbekannt sein. Daß er Fürsorgeerziehung betreibt, ist sicher. Was ist aber Fürsorgeerziehung? Dieses Wort taucht erst in neuerer Zeit im Sprachgebrauch auf und ist nur einem kleineren Kreise von Fachleuten geläufig, weil es in seiner Anwendung einen ganz bestimmten, willkürlich nicht mehr abzuändernden Inhalt bekommen hat. Unter Fürsorgeerziehung verstehen wir die von Amts wegen angeordnete Erziehung unter öffentlicher Aufsicht, auf öffentliche Kosten. Sie setzt immer dann ein, wenn ein Erziehungsnotstand vorliegt, Minderjährige bis zum vollendeten achtzehnten Lebensjahre zu verwahrlosen drohen oder bereits verwahrlost sind und die eigene Familie dem nicht abzuhelfen vermag. Der Anlaß zur Fürsorgeerziehung ist auch dann gegeben, wenn der Erziehungsanspruch des Kindes aus Böswilligkeit der Eltern nicht erfüllt wird.

Es ist leicht einzusehen, daß es zur Einleitung der Fürsorgeerziehung einer Reihe gesetzlicher Bestimmungen bedarf, die, soweit ich Ihnen verraten kann, in Österreich unzureichend sind; wie es damit in Ungarn beschaffen ist, weiß ich nicht.

Eine Definition des Begriffes Verwahrlosung gebe ich Ihnen nicht, weil die allgemeinen Kriterien dieses Zustandes ohnehin bekannt sind.

[1]) Gehalten in der Budapester Gruppe der internationalen psychoanalytischen Vereinigung, am 27. Dezember 1924.

Die Fürsorgeerziehung hat die Aufgabe, durch erzieherische Maßnahmen drohender Verwahrlosung vorzubeugen, bestehende Verwahrlosung zu beheben.

Unter den vielen, die in die Fürsorgeerziehung kommen, befindet sich eine ganze Anzahl neurotischer Grenzfälle mit Verwahrlosungserscheinungen und an einer Neurose Erkrankter. Diese gehören aber nicht zum Fürsorgeerzieher. Ist dieser psychoanalytisch vorgebildet, dann kennt er die Wege, auf denen affektive Erlebnisse in die Neurose führen, wird diese Zustandsbilder richtig erkennen und die Minderjährigen der psychoanalytischen Behandlung zuführen. Ob diese dann ein eigens ausgebildeter Pädagoge oder ein pädagogisch geschulter, ärztlicher Psychoanalytiker vornimmt, bedeutet für uns keinen prinzipiellen Unterschied. Dieses richtige Erfassen und das Wissen, was veranlaßt werden muß, ist schon ein Gewinn, den der Fürsorgeerzieher aus der Kenntnis der Psychoanalyse zieht. Als Heilmethode kommt sie für seine eigene Arbeit nicht in Frage; denn er schickt den der Analyse bedürftigen Verwahrlosten zum Psychoanalytiker.

Für ihn ist sie vorwiegend als Psychologie in ihrer Anwendung auf die Pädagogik von Bedeutung. Bedient er sich der psychoanalytischen Psychologie, so kommt er zu einem viel sichereren und tieferen Erfassen der einzelnen Zöglingsindividualitäten; vermag aus der Art und Stärke psychischer Reaktionen auf die psychische Situation des Beobachteten zu schließen; Erziehungsschwierigkeiten durch Eingehen auf die sie bedingende psychische Situation zu überwinden und Erziehungseinwirkungen aus der darauf erfolgten Reaktion zu kontrollieren. Wenn er außerdem die Psychoanalyse nicht vor seiner Person haltmachen, sondern auf sein Seelisches wirken läßt, weiß er die eigenen Reaktionen zu beurteilen und kann dadurch noch die Fehlerquellen in der Beurteilung seiner Zöglinge beträchtlich herabsetzen. Durch sie kommt er auch zu einer anderen Auffassung der Verwahrlosung als bisher, der dynamischen, und durch diese zu einer Diagnose, welche erst die wirklichen Ursachen der Verwahrlosung aufzudecken ermöglicht.

In unserer Begeisterung für die Psychoanalyse dürfen wir aber nicht zu weit gehen und meinen, in ihr das Allheilmittel für die Fürsorgeerziehung gefunden zu haben. Sehen wir von der Zuweisung der angegebenen Fälle an den Psychoanalytiker ab, so kann die Psychoanalyse für den ausübenden Fürsorgeerzieher höchstens soweit in Frage kommen, als die Psychologie für die Pädagogik überhaupt Bedeutung hat. Nun wissen wir, daß diese sich nicht mehr auf Ethik und Psychologie allein gründen läßt, wie dies durch Herbart geschah. Die Erziehung ist ein so weitverzweigtes Gebiet geworden, daß sie sich von einer Seite allein, auch von der psychologischen, nicht restlos erfassen läßt. Der Fürsorgeerzieher, der nicht erkennt, wie viele psychiatrische, soziologische, kulturpolitische, staatswissenschaftliche Probleme, um nur einige zu nennen, mit der Erziehung verwoben sind, und sich mit psychologischer oder psychoanalytischer Schulung allein begnügte, würde zweifellos seiner Aufgabe nicht gerecht werden können.

Der Verwahrloste ist bis nun immer noch Objekt der Erziehung, und unter diesem Gesichtspunkt haben wir Hilfe zu suchen, welche zweifellos die Psychoanalyse gibt. Ob der Fürsorgeerzieher einmal überflüssig werden wird, weil es der Gesellschaft gelungen ist, das Zustandekommen der Verwahrlosung durch radikale Änderung der sozialen Verhältnisse zu verhindern, oder weil die erzieherischen Maßnahmen regeneriert worden sind, läßt sich gegenwärtig nicht entscheiden, ebensowenig, ob diese günstigen Entwicklungsbedingungen durch eine Analyse im frühen Kindesalter geschaffen werden können. Das hat uns die Erfahrung schon gezeigt, daß das Verwahrlostenproblem durch Analyse jedes Verwahrlosten nicht zu lösen ist.

Gestatten Sie mir noch eine Bemerkung zur richtigen Einschätzung des ausübenden Fürsorgeerziehers. So wichtig für ihn die Erziehungswissenschaft ist, kann er durch deren Studium allein nicht zu dem erforderlichen Können kommen. Sein Tun ist künstlerisches Schaffen. Für ihn gilt in erhöhtem Ausmaße, was für die Erziehung überhaupt in Betracht kommt: je künstlerischer er das Individuum erfaßt und die Erziehungsmaßnahmen gestaltet, desto erfolgreicher wird seine Arbeit sein. Damit ist keineswegs bezweifelt, noch gering eingeschätzt, daß es die Erziehung mit Kräftewirkungen zu tun hat, welche von der Psychoanalyse entdeckt worden sind. Es ist wohl auch sicher, daß das künstlerische Schaffen bis zu einem gewissen Grad ersetzt werden kann durch ein Können, das aus dem Wissen um das Gesetzmäßige in den seelischen Vorgängen hervorgeht, und daß dadurch oft bewußtes, sicheres Handeln wird, was sonst Intuition bliebe.

Verzeihen Sie mir, daß ich Ihnen verhältnismäßig breit die Basis andeutete, wie ich sie mir aus einer nicht unbeträchtlichen Erfahrung zuerst in der Besserungsanstalt und dann in der Erziehungsberatung geschaffen habe. In der Erziehungsberatung handelt es sich in den weitaus meisten Fällen nicht bloß um eine Beratung, sondern auch um die Einleitung von Erziehungsmaßnahmen in und außerhalb der Familien, zuweilen auch um eine sich anschließende Erziehungsüberwachung.

Ich werde mir nun erlauben, Ihnen an einem Falle der Erziehungsberatung den von mir eingehaltenen Vorgang anzudeuten, muß dazu aber ausdrücklich bemerken, daß es sich in allen Fällen, die ohne Anstaltsunterbringung zu erledigen sind, weder um schwer verwahrloste noch verbrecherische Minderjährige handeln kann. Man darf sich weder durch die Quantität noch Qualität der Verwahrlosungsäußerungen irremachen lassen. Diese stehen nicht immer in gerader Proportion zum Verwahrlostenzustand. Es liegt oft bei leichten Verwahrlosungserscheinungen tiefgehende und bei argen Verwahrlosungserscheinungen leicht zu behebende Verwahrlosung vor. Auch bei der zu besprechenden Verwahrlosung war es zu Hause zu so argen Äußerungen gekommen, daß die Mutter in der Erziehungsberatung mit dem Ersuchen erschien, ihren Sohn in eine Besserungsanstalt zu bringen, und doch war deren Behebung eine verhältnismäßig einfache Sache, als es gelungen war, die Ursachen aufzudecken.

Es lagen arge Aggressionen zu Hause, ärgste Angriffe des Jugendlichen gegen seine älteste Schwester und Arbeitsscheu vor.

Um nicht an Pathologischem vorüberzugehen, schickte ich die Mutter mit ihrem Sohne nach einer ganz kurzen, orientierenden Unterredung auf die heilpädagogische Abteilung der Wiener Kinderklinik. Dort wurde als Ursache der Verwahrlosung Familienkonflikt konstatiert.

Sehen wir uns nun zunächst die Familienkonstellation an. Die Mutter ist Witwe, der Vater vor vier Jahren gestorben. Er war Werkmeister in einem größeren Fabrikbetrieb, sie bis dahin zu Hause. Nach seinem Tode übernahm die Frau eine Stelle als Kontoristin, die ihr und der Familie nur ein kärgliches Auskommen ermöglichte. Seit einem halben Jahre geht es besser, weil die älteste, um ein Jahr jüngere Tochter als der Sohn, ihren Arbeitsverdienst beisteuert. Diese ist ausgelernte Damenschneiderin und arbeitet gegenwärtig in einem größeren Wiener Modesalon. Außer diesen beiden Kindern besteht die Familie noch aus drei Mädchen im Alter von fünfzehn, dreizehn und zehn Jahren.

Ich nehme, als die beiden nach der ärztlichen Untersuchung wieder zu mir kommen, zuerst den Jugendlichen vor und lasse die Mutter in einem Nebenraume warten.

Er zeigt stark femininen Habitus, verlegenes, ängstliches, schüchternes Benehmen und ist anfänglich in seinen Mitteilungen recht zurückhaltend. Man würde diesem Jungen so arge Exzesse nicht zutrauen. Sie können unmöglich der Ausdruck eines brutal veranlagten Menschen sein, sondern müssen als momentane Affektäußerungen gewertet werden.

Die Unterredung mit ihm währte ziemlich lange; das für uns heute Wesentliche aus seinen Mitteilungen:

Er besuchte die Volks- und Bürgerschule in Wien und trat mit gutem Abgangszeugnis aus der dritten Bürgerschulklasse aus, mochte aber nicht weiter Schulen besuchen, weil der Vater einige Wochen nach seinem Austritt aus der Schule starb. Bis gegen Weihnachten suchte er eine geeignete Gärtnerlehre, fand nichts und trat, um zu verdienen, bei einem Drogisten als Laufbursche ein. Die Mutter wollte aber, daß er ein Gewerbe lerne; er trat daher aus dieser Stelle nach einigen Wochen aus und bald darauf in eine Tischlerei als Lehrling ein. Er fühlte sich dort recht wohl, blieb über ein Jahr, bis er erfuhr, daß sein Lehrherr nicht das Meisterrecht besaß und daher Lehrlinge nicht freisprechen konnte. Darüber verärgert, wollte er von der Tischlerei nichts mehr wissen, bis es der Mutter doch gelang, ihn zum Eintritt in eine andere Werkstätte desselben Gewerbes zu bewegen. Dreiviertel Jahre später sagte die Firma Konkurs an, der Betrieb wurde gesperrt und unser Jugendlicher war neuerlich ohne Stelle. Er hatte nun, wie er selbst sagte, von der Tischlerei endgültig genug. Als gutes Zureden der Mutter nichts vermochte, versuchte sie durch Schläge ihn zu einer Änderung seines Entschlusses zu bringen. Alles war vergeblich, der Widerstand nicht zu überwinden, er wollte nicht mehr, wollte überhaupt kein Gewerbe mehr lernen, suchte wochenlang nach einer passenden Arbeitsgelegenheit, bis er abermals als Laufbursche, diesmal in ein Papiergeschäft, eintrat. Nach sechs Wochen wurde er entlassen, weil er einen Auftrag, der seinem Empfinden zuwiderlief, nicht ausführte. Nun nahm sich ein Verwandter seiner an, denn die Mutter erklärte, sie behalte ihn nicht mehr, er möge machen was ihm beliebe. Er kam von Wien weg, in eine Drechslerlehre, war aber nach acht Wochen bei der Mutter zurück. Zwischen seinen früheren Lehr- und Dienstplätzen war er immer nur einige Wochen zu Hause gewesen, diesmal blieb er ein halbes Jahr beschäftigungslos, bis er nun zum drittenmal eine Stelle als Laufbursche in einem Wirkwarengeschäft übernahm. Auch dort hielt er es aber nur kurze Zeit aus, und als er zu mir kam, war er schon wieder einen Monat ohne Arbeit.

Er gibt zu, daß er, der gesunde, kräftige Junge, der Mutter nicht zur Last fallen könne, meint aber, daß er sich nicht zwingen lasse, als gewöhnlicher Hilfsarbeiter zu gehen, was die Mutter seit neuester Zeit von ihm verlange. Er wäre einverstanden, die Tischlerei auszulernen, wenn ihm das erste Jahr Lehrzeit eingerechnet werde, aber darum habe sich bisher niemand bekümmert.

In den beschäftigungslosen Zeiten hatte er der Mutter in den häuslichen Arbeiten geholfen, die ihm viel Vergnügen machen. Am liebsten wäscht er Geschirr ab und putzt die Wohnung aus. Die freien Stunden verbringt er mit Lesen von Büchern. In der Wahl seiner Lektüre ist er nicht sehr anspruchsvoll, liest was ihm in die Hand kommt, hat keine besondere Vorliebe für bestimmte Bücher.

Beim Besprechen seiner Beziehungen zu den Familienangehörigen wird er sehr erregt, namentlich, als die Rede auf die älteste Schwester Leopoldine kommt, die seinen ganzen Haß auf sich gezogen hat. Man erfährt von ihm, daß seine Wutausbrüche und Angriffe zumeist ihr gelten. Er empfinde es als Schmach, von den Schwestern nicht vollwertig genommen zu werden, daß man ihn immer auslache, Leopoldine dabei die Anführerin sei und die Mutter, statt für ihn einzutreten, auf Seite der Mädchen stehe. Er erklärt in ziemlichem Affekt, daß er auch wer sei und in einer Familie nicht nur die Schwestern zu reden haben. Am liebsten ist ihm die Mutter, die Schwestern folgen in der Reihenfolge ihres Alters, die jüngste zuerst, Leopoldine mag er gar nicht, weil sie immer so ekelhaft ist und meine, es müsse alles nach ihrem Kopfe gehen.

Die Schwestern sind in ihrer äußeren Erscheinung voneinander sehr verschieden; Leopoldine höher gewachsen als er, mit länglichem Gesicht, blauen Augen und lichtblondem Haar. Sie sieht der Mutter ähnlich, die anderen haben mehr Ähnlichkeit mit dem Vater.

Mutter und Schwestern sind sehr religiös, er nicht, ist sozialdemokratisch gesinnt, hat darüber aber noch nie mit seinen Familienangehörigen gesprochen. Diese verkehren nur in streng katholischen Kreisen und Vereinen, er wird immer mitgenommen, ohne daß man seinen Widerwillen ahnt. Seinen Konflikt über den Gegensatz in den Weltanschauungen wagt er der Mutter nicht mitzuteilen. In einer der mütterlichen Gesellschaften gefällt es ihm, obwohl dort auch unausstehliche Menschen sind, weil er dort ein Mädchen gefunden hat, für das er schwärmt.

Auf die Frage, ob er schon einmal ein Mädchen geliebt habe, wird er äußerst verlegen, gibt aber dann freiwillig an, daß ihm als Elfjährigen eine Schulkameradin der Leopoldine, die viel zu ihnen gekommen sei, sehr gefallen habe. Er hat sie, als der Schwester sehr ähnlich sehend, in Erinnerung, nur waren ihre Haare dunkler blond und die Augen blaugrau. Als ich wissen wollte, ob er gegenwärtig verliebt sei, errötete er sehr stark, spricht aber dann sehr begeistert von dem schon erwähnten Mädchen aus dem Gesellschaftskreise der Mutter. Ob er sie schon einmal geküßt habe? „Das tut man doch nicht!" entgegnet er unter abermaligem Erröten, sehr verlegen. Er schildert sie, ohne daß es ihm auffiel, in ihrem Wesen der Poldi ganz entgegengesetzt, in ihrer äußeren Erscheinung ebenfalls. Obwohl sie um zwei Jahre älter ist als diese, hat sie nicht seine Körpergröße erreicht, und die älteste Schwester ist noch größer als er. Außerdem sind ihre Haare schwarz und die Augenfarbe ist dunkelbraun. Über die Aufforderung, mir zu sagen, ob er sich aus seiner Kindheit an solche Haare und Augen erinnere, nennt er die jüngste Schwester.

Über Kindheitserinnerungen befragt, gibt er einige an, von denen zwei für uns heute von Interesse sind.

Einmal, zu Vaters Geburtstag, als er noch nicht in die Schule ging, sagten er und die Poldi dem Vater einen Geburtstagswunsch auf. Der Vater versprach dem von beiden, der ihn schöner sage, ein Schaukelpferd. Dem Vater gefiel der seine weniger gut und das Pferd bekam die Poldi. Das ließ er sich nicht gefallen, nahm es ihr weg und zerschlug es. Die Mitteilung dieser Erinnerung begann er mit der Erzählung der Szene, die sich an diese Untat anschloß: der Vater legte ihn über das Knie und versetzte ihm eine Tracht Prügel.

Als kleine Kinder haben er und die Poldi immer Vater und Mutter gespielt und die jüngste Schwester war ihr Kind gewesen.

Die Mutter, die ich nun vornahm, war vom langen Warten in etwas gereizter Stimmung und meinte, gleich nachdem sie Platz genommen hatte, sie könne nicht begreifen, wozu ich so lange mit dem Jungen gesprochen habe, da sie mir doch schon bei unserem ersten kurzen Zusammensein, ehe ich sie zum Arzt schickte, gesagt hatte, warum sie meine Hilfe in Anspruch nehme. Es war ganz deutlich zu erkennen, daß sie sich in ihrer mütterlichen Autorität beeinträchtigt fühlte. Sie ist eine hagere Frau; mit scharfgeschnittenem Gesicht und harten Augen. Aus ihrem Auftreten gewinnt man den Eindruck, es mit dem energischen, sicher im Leben stehenden Menschen zu tun zu haben. Das Leben spielte ihr arg mit; schon in der eigenen Kinderstube, dann später in der Ehe und nach dem Tode des Mannes. In der Ehe hatte sie ein materiell sehr gesichertes Leben, aber nicht die richtigen Beziehungen zu ihrem Manne, nachher sehr schwer zu kämpfen, um sich und die Ihren erhalten zu können, bis Poldi zum Verdienen kam, die außergewöhnlich brav ist und den ganzen Arbeitsverdienst abliefert. Jetzt ginge es soweit, aber nun wird es mit dem Jungen immer ärger.

Sie ist eine tiefere Natur, für deren Lebensbedürfnisse der Gatte nie Verständnis gehabt hatte. Er war der heitere Mensch, der das Leben von der schönen Seite nahm, sich unterhielt, wo immer es ging und dabei nicht wählerisch war, auch nicht mit Frauen. Obwohl es nie zu offenen Differenzen kam, entfremdete sie sich ihm immer mehr: „Ich mußte stets abseits vom Leben gehen", sagt die Frau, „bin sehr religiös erzogen worden, habe dann später einen Widerspruch des Lebens mit den mir anerzogenen Grundsätzen gesehen und mich jahrelang gequält, bis ich endlich innerlich mit mir ins Reine gekommen bin."

Von ihrem Sohne spricht sie sehr geringschätzig und so, als ob er ihr nichts mehr bedeutete. „Er ist kein Mann, ein eigensinniger dummer Bub, und dabei will er der Gescheite sein. Wenn er mit den Schwestern allein zu Hause ist, kehrt er den Herrn heraus; das lassen sich die Mädchen natürlich nicht gefallen. Er schimpft und redet dabei einen rechten Unsinn zusammen, diese lachen ihn aus, er wird brutal und geht namentlich auf die Poldi wie ein wildes Tier los. Ich muß ihn von zu Hause wegbringen, sonst geschieht noch ein Unglück. Mir gegenüber ist er gefügig und wagt es nicht, sich aufzubäumen, weil ich ihn sonst trotz seiner achtzehn Jahre noch züchtige. Hat er etwas angestellt, dann benimmt er sich wie ein kleines Kind, ist besonders brav und macht die Wohnung ganz außergewöhnlich nett. Ja, ein ordnungsliebender Mensch ist er, seinen Kasten hat er schöner eingeräumt als die Schwestern; es gibt viel Zank, wenn diese ihm seine Ordnung stören. Auf sich selbst hält er aber nichts. Er steht zwar eine Stunde vor dem Spiegel, kämmt und bürstet die Haare, damit der Scheitel nur schön und die Krawatte gut gebunden ist, aber ich muß nachsehen, ob er Ohren und Hals gewaschen hat. Das halten ihm natürlich seine Schwestern auch vor. Er ist ein Egoist, hat nur sich selbst gern, steht in der Frühe nicht auf und putzt sich seine Schuhe nicht. Er hat überhaupt nicht den Trieb, selbst etwas zu machen. Zu Hause in der Wirtschaft mithelfen und Bücher lesen, das möchte er; das ist aber keine Beschäftigung für einen so alten Jungen, er muß endlich in eine geordnete Beschäftigung hinein. Ich erhalte ihn nicht länger, ich habe kein Geld für ihn, er muß begreifen, daß wir uns nicht mehr für ihn plagen werden. Er ist auch nicht ehrlich. Wenn ich ihn einkaufen schicke, macht er mir kleine Veruntreuungen und vernascht das Geld wie ein Schulbub. Ich sehe dem absolut nicht mehr weiter zu, er muß weg und soll sich als Hilfsarbeiter sein Brot selbst verdienen."

Sie können sich an dieser Stelle der Erörterung gewiß nicht des Eindruckes erwehren, daß die Klagen der Mutter berechtigt sind, daß sie mit Recht Hilfe sucht, um ihren erwachsenen Sohn in geregelte Arbeitsverhältnisse, zum Verdienen und in ein mögliches Verhältnis zu Hause zu bringen.

Was haben wir zu tun?

Sehen wir einmal nach, wozu sich der Erzieher alter Schule veranlaßt sehen könnte. Vermutlich wäre er in der Aussprache mit dem Jungen nicht auf dessen Kindheitserlebnisse zu sprechen gekommen, sicher aber nicht auf die sexueller Natur. Wir können aber annehmen, daß er noch stärker als wir den Eindruck gewonnen hat, daß die Klagen der Mutter berechtigt, die Entfernung des Jungen aus dem Hause und seine Übergabe an eine Erziehungsanstalt notwendig geworden sind. Es erscheint uns auch nicht ausgeschlossen, daß dieser Erzieher vorher noch versucht, in einem gemeinsamen Vorgehen von Mutter und Sohn einen Mittelweg zur Verständigung zu finden; der einen und dem anderen zuredet, ein wenig nachzugeben, dem Jungen liebreich oder mit strenger Miene, je nach der eigenen Affektbeteiligung oder seiner eigenen sonstigen psychischen Konstellation. All sein Bemühen wäre darauf gerichtet, etwas wie ein Kompromiß zwischen beiden herzustellen. Daß beides, die Abgabe in die Erziehungsanstalt und dieses Zureden, falsch wäre, kann ihm nicht einfallen. Die Möglichkeit zu erkennen, was sich in den tieferen Schichten des Seelischen abspielt, ist ihm nicht gegeben, er weiß auch nichts von der Determinierung alles Psychischen und kann sich auch nicht vom Altherkömmlichen und von der moralischen Wertung dieser Handlungen freimachen. In diesem Sinne beurteilt er das Tun des Jugendlichen und verurteilt ihn, oder läßt Milderungsgründe gelten.

Damit bricht der psychoanalytisch geschulte Fürsorgeerzieher. Seine Einstellung zum Verwahrlosten ist ganz eindeutig gegeben. Er läßt zunächst jede moralische Wertung grundsätzlich weg, stellt sich ganz bewußt einseitig auf Seite des Verwahrlosten und sagt sich, ganz vulgär ausgedrückt, er hat recht, das heißt, sein Handeln muß irgendwie begründet sein. So erfaßt er die psychische Situation, welche die Verwahrlosungsäußerung bedingt, richtig, kann den psychischen Kräfteablauf, der noch dahintersteht, erkennen und die Ursachen der Dissozialität aufdecken.

Derselben Untersuchungsvoraussetzungen bedient sich auch die Psychoanalyse. Der Fürsorgeerzieher hat sie sich ja von ihr geholt. Hier beginnen aber auch schon die Schwierigkeiten, und von da aus beginnen die Arbeitsweisen beider, des Analytikers und des Fürsorgeerziehers, sich zu trennen. Der Analytiker wartet zu, bis ihm eine einwandfreie Deutung der Assoziationen möglich wird. Der ausübende Fürsorgeerzieher hat immer möglichst rasch irgend etwas zu veranlassen. Er ist daher durch die Verhältnisse gezwungen, sich aus einer oder wenigen Unterredungen ein Bild zu machen. Obwohl er weiß, daß erste Bekenntnisse durch später hinzukommendes, tiefer gelegenes Material erst erläutert, oft in andere Richtung gedrängt, ja, nicht selten auch völlig umgestoßen werden, muß er sich mit der in der Natur seiner Arbeit gelegenen Unsicherheit abfinden und vorbereitet sein, daß seinen Schlußfolgerungen nur ein gewisser Wahrscheinlichkeitswert zukommt, dessen Richtigkeit in jedem einzelnen Falle der Erziehungsverlauf erweisen muß. Er hat daher von allem Anfang an die Aufgabe, diese Unsicherheit nach Möglichkeit zu verringern und ohne auf die direkte Mithilfe des Zöglings zu rechnen, nach Anhaltspunkten Umschau zu halten. Wie das gemeint ist, werden wir an dem vorliegenden Falle sehen.

Der unangenehmste Zug des Jungen ist seine Brutalität zu Hause, namentlich gegen die älteste Schwester.

Sie könnte die Folge einer natürlichen brutalen Veranlagung, mithin konstitutionell begründet sein. Wäre das der Fall, so käme eine weitere Untersuchung dieser Verwahrlosungserscheinung nicht mehr in Betracht, und wir hätten uns nur mehr mit seiner Arbeitsscheu zu befassen.

Schon der erste Eindruck vom Jugendlichen läßt, wie wir gehört haben, die Meinung nicht aufkommen, daß eine brutale Veranlagung vorliegt. Wir haben dann von der Mutter einzelne Züge geschildert bekommen, die eine solche vollkommen ausschließt. Was der Junge selbst uns mitteilt, läßt seine Aggressionen viel eher als momentane Affektausbrüche erscheinen, und als solche nehmen sie unser Interesse in Anspruch.

Die Ausbrüche richten sich vorwiegend gegen die älteste Schwester; wir erkennen den Haß gegen sie auch aus seinen eigenen Äußerungen ganz deutlich.

Er bringt uns eine Kindheitserinnerung vom Geburtstagsfest des Vaters, die uns die Richtung weisen könnte, in der die Entstehung des Hasses zu suchen ist. Er hat schon als ganz kleiner Junge ihn schwer kränkende Zurücksetzungen erfahren, weil die älteste Schwester vom Vater besonders bevorzugt wird. Es ist ohne weiteres anzunehmen, daß bei einer gründlicheren Ausforschung oder bei einer Psychoanalyse hinter dieser einen Kindheitserinnerung noch andere, ähnlich laufende zum Vorschein kommen würden. Wir sehen den Vater sehr unvorsichtig handeln, sich wenig um die zärtlichen Strebungen seines Söhnchens kümmern, wahrscheinlich hat er gar kein Verständnis für diese. Bei dieser harten Mutter kommt er auch nicht auf seine Rechnung, so daß jedenfalls die Zurücksetzung nicht nur subjektiv begründet ist, sondern tatsächlich stattfindet. Wir könnten uns daher mit der Erklärung zufrieden geben, daß die Ablehnung der in solcher Überzahl vorhandenen Schwestern auf seine, durch den Vater erfahrene Zurücksetzung zurückzuführen ist und der Haß gegen die älteste Schwester sich aus deren besonderen Bevorzugung determiniert, wenn uns nicht eine andere der gebrachten Kindheitserinnerungen hinderte, dies zu tun.

Ich muß mich entschuldigen, daß ich Psychoanalytikern ohnehin Bekanntes so breit andeute, aber ich habe Ihnen den Weg zu zeigen, auf dem der Fürsorgeerzieher zu seinen Schlußfolgerungen kommt, um aus diesen seine Erziehungsmaßnahmen abzuleiten, und da komme ich darum nicht herum.

Wir hören, daß die Schwester, weit entfernt davon, ihm schon vom Anfang an verhaßt gewesen zu sein, durch Jahre hindurch seine bevorzugte Spielgefährtin gewesen ist. Sie spielten Vater und Mutter miteinander. Was das zu bedeuten hat, wissen wir. Vielleicht interessiert Sie aber, zu hören, daß die Beobachtung des elterlichen Koitus durch die Kinder recht oft als eine nicht zu verhindernde Angelegenheit aufgefaßt wird. Als ich vor kurzem, in einem ähnlich laufenden Falle, mit einem Vater über die Unmöglichkeit des Fortbestehenlassens einer Situation, welche die Kinder zu Zusehern des elterlichen Geschlechtsverkehres macht, sprach, entgegnete er mir, er lasse sich sein Recht nicht nehmen, das Wohnungsamt möge ihm eine größere Wohnung zuweisen. Wer, so wie wir, mitten in der Fürsorgeerziehungsarbeit steht, wird wissen, daß dieser Vater nur der nicht gewählte Wortführer einer größeren Anzahl ist.

Aus dem uns mitgeteilten Kinderspiel kommen wir zu der Behauptung, daß sich der Haß des Jungen gegen seine Schwester aus einer unbewußten, erotischen Bindung an diese determiniert.

Wir haben zunächst für die Richtigkeit unserer Behauptung nur die Möglichkeit eines Analogieschlusses aus den Ergebnissen der Analyse von Neurotischen, bei denen wiederholt diese Haßquelle aufgedeckt wird.

Ich muß mir aber den Einwand machen, daß dieser Analogieschluß allein noch sehr wenig beweiskräftig ist, ja, daß er ohne weiteres gar nicht zulässig ist; denn die Verwahrlosung ist keine Neurose, und dann wissen wir gar nicht, wieviele Kinder ganz ähnliche Erlebnisse hatten, ohne zu verwahrlosen oder in die Neurose zu kommen. Das Einfachste wäre nun, den Jungen zu analysieren, das geht aber aus praktischen Gründen nicht. Sehen wir daher nach, ob wir noch Anhaltspunkte finden, die unsere Unsicherheit vermindern, die, wie wir schon wissen, nie ganz zu vermeiden sein wird.

Der Junge steht dem Weibe in einer Form gegenüber, aus der zu ersehen ist, daß die ihm in der Pubertät gestellte Aufgabe zwar nicht mißlungen, aber sehr erschwert ist. Der Achtzehnjährige hat nicht die normalen Beziehungen zur Frau, wenn er befragt, ob er schon einmal ein Mädchen geküßt hat, unter starkem Erröten sehr verlegen sagt: „Das tut man doch nicht." Daß die so charakterisierten Beziehungen zum Weibe die Folgen einer inzestuösen Fixierung sind, unterliegt wohl keinem Zweifel. Die Wahrscheinlichkeit, daß es die Schwester ist, erhöht sich, ohne daß wir auf die direkte Mitwirkung des Jugendlichen angewiesen wären und auch unabhängig von der Kindheitserinnerung.

Wir haben aber noch einen weit auffallender in Erscheinung tretenden Anhaltspunkt, wenn wir beachten, was uns der Junge über die Wahl seiner Liebesobjekte mitteilt. Das erste, den Dreizehnjährigen begeisternde Mädchen kommt aus dem Freundinnenkreis der Schwester, besucht dieselbe Schulklasse wie diese, ist gleichaltrig, im Wesen und Äußeren ihr sehr ähnlich, nur in den Schattierungen von Augen- und Haarfarbe unterscheiden sie sich voneinander. Das Liebesobjekt ist noch ganz die Schwester, und doch ist sie es nicht mehr selbst. Wir sehen hier förmlich die Inzestschranke sich aufrichten. Seine gegenwärtige Liebe hat mit der Schwester nur mehr den Beruf gemeinsam, sonst ist sie das gerade Gegenteil von ihr; die Inzestschranke ist nahezu aufgerichtet. Die Inzestschranke schaltet nicht nur die Schwester als Sexualobjekt aus, sie legt auch ein Stück auf den Typus, dem die Schwester angehört, der dadurch auch sexuell unannehmbar wird. Bei der Wahl seiner Liebesobjekte bleibt er doch innerhalb der Familie haften, nur entnimmt er die Züge dort, wo die geringere Bindung besteht.

Wir haben jetzt schon, ohne direkte Mitwirkung des Jugendlichen, bloß dadurch, daß wir sichtbaren Spuren nachgegangen sind, unsere Unsicherheit ein wenig verringert. Wenn wir auch noch nicht in der Lage sind anzugeben, welche Erziehungsmaßnahmen wir einleiten werden, ist es doch schon außerordentlich wichtig zu wissen, daß eine, seine Aggressionen determinierende Komponente nicht einer Zurücksetzung entspringt, sondern die Folge einer inzestuösen Fixierung ist.

Sehen wir aber weiter nach!

Die Mutter sagt uns an einer Stelle ihrer Mitteilungen: „Er ist kein Mann, ein eigensinniger, dummer Bub."

Was fangen wir damit an?

Vergleichen wir damit anderes, auch von der Mutter Gehörtes: „Mir gegenüber ist er gefügig und wagt es nicht, sich aufzulehnen, weil ich ihn sonst, trotz seiner achtzehn Jahre, noch züchtige. Hat er etwas angestellt, dann ist er besonders brav und macht die Wohnung ganz außerordentlich nett."

Daß er kein Mann ist, scheint zu stimmen, er benimmt sich wirklich nicht wie ein solcher, ob er aber der eigensinnige dumme Bub ist, wie die Mutter meint? Sein Verhalten weist doch in eine andere Richtung. Er unterzieht sich nicht nur widerspruchslos, sondern sehr gerne häuslichen Arbeiten, die sonst die Frau macht; er hat seinen Kasten schöner in Ordnung als die Schwestern, steht stundenlang vor dem Spiegel, kämmt und bürstet die Haare und bindet die Krawatte, ist ängstlich, schüchtern, verlegen wie ein Mädchen. Er hat also eine Menge weiblicher Züge, denen auch sein ganzer Habitus entspricht.

Wir haben einen Jugendlichen vor uns, der ein Stück Weib in sich entwickelt hat, und was die Mutter in ihrem erwachsenen Sohne stört, ist weniger der kleine Bub, als der starke weibliche Einschlag, den sie anders auffaßt. Dieser setzt ihn auch einer weit beträchtlicheren Verdrängungswelle aus, so daß der große Libidovorstoß der Pubertät abgeschwächt wird, ihm ein Teil Männlichkeit fehlt, oder anders gesagt, er mit seiner Pubertät später fertig wird. Das hätte an sich nicht besonders viel zu bedeuten, wird aber für unseren Jungen katastrophal. Es stirbt ihm der Vater, als er kaum vierzehnjährig aus der Schule austritt. Er ist das älteste Kind der Familie, das einzige männliche Wesen fünf Frauen gegenüber, als an ihn die Aufgabe herantritt, in gewissem Sinne den Vater zu vertreten. Das könnte er, wäre er der richtige Junge, das ist er aber nicht! Nun zwingen ihn die Verhältnisse doch zeitweilig zu einer Vateridentifizierung, die aber immer wieder mißlingt. Wir ersehen das aus Angaben der Mutter: „Wenn er mit den Schwestern allein zu Hause ist, kehrt er immer den Herrn heraus; das lassen sich die Mädchen natürlich nicht gefallen, er schimpft und redet einen rechten Unsinn zusammen; die Schwestern lachen ihn aus, er wird brutal." Er selbst erklärt mir in ziemlichem Affekte, daß auch er wer sei und in einer Familie nicht nur die Schwestern zu reden haben. Die Unmöglichkeit, als Mann aufzutreten, bringt ihn in Konflikt, über den er durch brutales Auftreten hinwegzukommen trachtet. Die Schwestern fühlen, daß ihnen nicht der kraftvolle Mann, sondern das keifende Weib gegenübersteht, und reizen ihn, bis er in unsinnigsten Affekt gerät. Damit hätten wir seine Aggressionen von einer zweiten Seite her verstehen gelernt, wieder nur dadurch, daß wir uns aus psychoanalytischer Einsicht heraus Sichtbares zu deuten versuchten. Nicht nur die inzestuöse Fixierung determiniert sie, sondern auch die mißlingenden Vateridentifizierungen. Was ihn da stört, ist offenbar die Identifizierung mit der Mutter. Wir könnten in der Untersuchung nach den beiden angedeuteten Richtungen noch weitergehen, tun dies aber nicht, weil es sich uns nur darum handelt, Anhaltspunkte zur Einleitung wirksamer erzieherischer Maßnahmen zu bekommen, und da erscheint uns wichtiger, noch auf eine dritte Determinante aufmerksam zu machen. Es stört ihn noch ein Konflikt ganz außerordentlich, der sich aus dem Widerstreit seiner eigenen sozialistischen Weltanschauung und dem Zwange ergibt, dem er durch die streng katholische Gesinnung seiner Familienangehörigen ausgesetzt ist. Er will diese nicht anerkennen, sie schon gar nicht für seine Person akzeptieren und wird doch immer in die religösen Gemeinschaften mitgenommen. Er ist zu schwach, sich der Mutter gegenüber durchzusetzen, er versucht es gar nicht, er spricht nicht einmal darüber, so daß die Mutter gar nichts weiß. Er entlädt aber seinen Groll darüber mit in den Aggressionen. Nach jedem dieser Ausbrüche bricht er zusammen und unterordnet sich der Autorität der Mutter, nur in einem bleibt er fest, Hilfsarbeiter, wie die Mutter will, wird er nicht. Der Widerstand wird nicht nur aus seiner Einstellung zu Hause gespeist, sondern noch von einer anderen Seite her gehalten. Er will, wie er mir sagte, dem Mädchen, das er liebt, zeigen, daß aus ihm etwas wird, und Hilfsarbeiter zu sein, das ist nichts. Solange er das nicht ist, wenn er auch sonst nichts macht, kann er immer noch etwas werden.

Wir haben nun die Determinanten, soweit sie für uns erzieherisch bedeutungsvoll sind, aufgedeckt. Die Arbeitsscheu, von der uns auch berichtet wird, ist eigentlich nicht als solche aufzufassen. Er befindet sich aus der gemachten schlechten Erfahrung und durch seine Einstellung zu Hause in einem Zustande, der sich wesentlich günstiger gestalten wird, wenn er zur Mutter und den Schwestern in ein besseres Verhältnis kommt und ihm in puncto Arbeit ein für ihn gangbarer Weg gezeigt wird.

Wenden wir uns nun den einzuleitenden Erziehungsmaßnahmen zu. Vor allem erscheint es uns sehr wichtig und auch verhältnismäßig einfach, die immer wieder mißlingenden Vateridentifizierungen überflüssig zu machen, indem ich selbst für einige Zeit in dieser Familie die Vaterstelle übernehme. Anerkennt sie der Junge, dann braucht er nicht mehr der Vater zu sein und eine seiner Konfliktursachen wird ausgeschaltet. In der Folge hat er dann durch mich und über mich in richtige Beziehungen zu seinen Familienangehörigen zu kommen. Es ist aber noch etwas erreicht, wenn ich keine Fehler mache, seine Schwestern nicht von vornherein in die Oppositionsstellung zu mir bringe, sondern auch hier das richtige Übertragungsverhältnis herstelle. Ihr Verhältnis zum Bruder, das schon durch sein geändertes Verhalten im günstigen Sinne beeinflußt wird, muß sich durch ihre Beziehungen zu mir und durch das Wissen, daß ich jederzeit auf der Bildfläche erscheine, wenn es erforderlich ist, also aus der richtigen Vaterautorität heraus, auch von ihrer Seite her wesentlich bessern. Und noch eins: Die Mutter, die durch die vielen, ihr vom Jungen bereiteten Unannehmlichkeiten schon ganz die Orientierung verloren hat und nicht mehr weiß, was für ihn und seine Zukunft das beste ist, wird durch mich wieder zu einer vernünftigen Einstellung ihrem Sohne gegenüber gebracht werden können. Ich weiß, daß ich Ihnen damit nur ganz oberflächlich und skizzenhaft angedeutet habe, wie sich die äußere Situation ändert, wenn der Fürsorgeerzieher in solchen Fällen nicht als der Erzieher im gewöhnlichen Sinne, sondern als der Vater auftritt. Auf mehr als diese Änderung des Familienbildes kommt es aber auch für den Anfang nicht an. Es ist selbstverständlich, daß die einzelnen Familienmitglieder nicht ahnten, was ich vorhatte. Ich sprach darüber nicht, sondern richtete nur mein Verhalten danach ein.

Schon die ersten Unterredungen gaben die Möglichkeit, die Übertragung in dem angedeuteten Sinne einzuleiten. Beim Jungen war sie sofort da, als er fühlte, zu jemandem zu sprechen, der seinen ganzen Jammer verstand. Bei der Mutter trug viel dazu bei, daß sie sich einmal gründlich aussprechen konnte, sich damit ein Stück Erleichterung verschaffte und mit der Überzeugung wegging, daß ich ihr helfen wolle und auch helfen könne. Sie gab schon in der ersten Unterredung den Plan auf, daß ihr Junge Hilfsarbeiter werden müsse, und erkannte, daß er auch nicht vom Hause entfernt zu werden brauche; es liegt auch wirklich kein Grund dazu vor. Er wird das Tischlergewerbe auslernen, da es mir gelungen ist, die Schwierigkeiten, die der Anrechnung des ersten Jahres Lehrzeit entgegenstanden, zu überwinden. Er ist seit einem halben Jahre, vierzehn Tage nachdem ich das erstemal mit ihm zusammengetroffen war, bei einem Tischlermeister untergebracht und wird in einem weiteren halben Jahre freigesprochen werden, weil er sich ganz tadellos hält. Von Arbeitsscheu ist keine Spur zu sehen.

Der Konflikt, sozialistische Weltanschauung hier und streng katholische Gesinnung dort, besteht auch nicht mehr. Er war schon nach der ersten Woche erledigt, als wir zu dritt, er, die Mutter und ich, uns in einer offenen Aussprache einigten, daß ihm vollständige Freiheit der Entschließungen gewahrt bleibe und er es halten könne wie er wolle. Seit dieser Zeit geht er nur mehr zu jenen Zusammenkünften, in denen das schon mehrere Male erwähnte Mädchen anzutreffen ist. Die Begeisterung schwoll einmal sogar sehr hoch an, als „sie" einen Vortrag über China gehalten hatte und wir beide gemeinsam, natürlich mit Hilfe des Lexikons, einen über Japan ausarbeiteten, mit dem „er" ihr, wie er voll Begeisterung sagte, gewaltig imponierte.

Ich wäre nun verpflichtet, Ihnen zu sagen, welchen Plan ich mir für diesen Fürsorgeerziehungsfall zurecht gelegt habe. Ich muß Ihnen aber gestehen, daß ich das nicht kann, weil ich keinen habe. Ich weiß nicht, ob man überhaupt einmal dazu kommen wird, solche Erziehungspläne festzulegen. Wenn ja, dann ist meine Erfahrung zu gering. Ich halte immer noch dort, wo ich seit Jahren stehe: sich ergebende Situationen erzieherisch auszunützen und wo sie sich schaffen lassen, solche schaffen, gefühlsmäßig und mit Überlegung, wie es gerade kommt. Es ist das freilich, über das Bewußtsein betrachtet, eine sehr unsichere Sache, aber vielleicht nimmt das Unbewußte des analysierten Erziehers das seines Zöglings so richtig wahr, daß dadurch ganz exaktes Arbeiten ermöglicht wird.

Von dem nun besprochenen Fürsorgeerziehungsfall ist noch ganz interessant mitzuteilen, daß er sich im ersten Stadium recht gründlich über die Schwestern ausschimpfte, wenn wir allein beisammen waren und den ruhigen, überlegt handelnden großen Bruder spielte, der mir recht verständnisvoll zunickte, ob ich nicht sehe, wie blöde die Mädchen sind, wenn alle vereinigt beieinander saßen. In der Familie kehrte schon nach einigen Wochen ein gutes Stück Ruhe ein. Und wie sie sich früher in ihrer Gereiztheit gegenseitig herunterlizitierten, hoben sie sich nun durch das Ruhigerwerden gegenseitig hinauf. Dabei nahm keines seinen eigenen Anteil daran wahr. Als ich in dieser Zeit die Mutter fragte, wie es nun geht, entgegnete sie mir: „Viel, viel besser, er ist merklich ruhiger und vernünftiger geworden." Der Junge, dem ich am selben Tage die Frage vorlegte, warum es jetzt zu Hause besser gehe, sagte: „Weil die Mitzi nicht mehr so ekelhaft ist und die Mutter ganz auf meiner Seite steht." Die Mutter hatte damals schon eine Ahnung, was die Konflikte herbeiführte, und der Junge empfand die Mutter ganz auf seiner Seite stehend. Ich habe Ihnen nun nicht mehr viel zu sagen. Ich traf mich mit dem Jungen zwei- bis dreimal in der Woche, nicht sehr oft zu Hause. Die ersten vier Monate kam es noch häufig zu Aggressionen, die aber nicht mehr die frühere Höhe erreichten und allmählich abflauten; in den letzten zwei Monaten sind sie vollständig ausgeblieben. Es gibt nicht mehr Differenzen, als sie sonst auch in Familien vorkommen. Bei unseren Zusammenkünften waren seine Wutausbrüche zu Hause vorwiegend unser Gesprächsstoff, so daß auch er einen Großteil der Zusammenhänge erfassen konnte.

Ob mir noch Überraschungen bevorstehen und welche, weiß ich nicht zu sagen, und auch nicht, im vorhinein, ob ich ihnen gewachsen sein werde.

Ich habe damit, was ich heute mitzuteilen beabsichtigte, abgeschlossen. Ein interessantes, psychoanalytisches Problem konnte ich Ihnen nicht bringen, sondern nur einen ganz bescheidenen Versuch, Ihnen zu zeigen, wie ich das, was mich die Psychoanalyse lehrt, in meinem engeren Arbeitsgebiet als Fürsorgeerzieher zu verwerten bestrebt bin.

[13] *Man muß alt werden . . .*

... um dies alles zu übersehen, und Geld genug haben, seine Erfahrungen bezahlen zu können. Jedes Bonmot, das ich sage, kostet mich eine Börse voll Gold. Eine halbe Million meines Privatvermögens ist durch meine Hände gegangen, um das zu lernen, was ich jetzt weiß – nicht allein das Vermögen meines Vaters, sondern auch mein Gehalt und mein bedeutendes literarisches Einkommen seit mehr als fünfzig Jahren. Außerdem habe ich anderthalb Millionen zu großen Zwecken von fürstlichen Personen ausgeben sehen, denen ich nahe verbunden war, und an deren Schritten, Gelingen und Mißlingen ich teilnahm.

Es ist nicht genug, daß man Talent habe; es gehört mehr dazu, um gescheit zu werden. Man muß auch in großen Verhältnissen leben und Gelegenheit haben, den spielenden Figuren der Zeit in die Karten zu sehen und selber zu Gewinn und Verlust mitzuspielen.

Wer hat's gesagt?

Goethe war's, der also zu Eckermann sprach, am 13. Februar 1829. Bei seinem Tode hinterließ er 30 000 Taler in bar.

SECHSTER VORTRAG[1])

VERWAHRLOSUNG UND ERZIEHUNGSHILFE

Was wir Erziehungshilfe heißen, nennt die private und öffentliche Jugendfürsorge Erziehungsberatung. Der Name Erziehungsberatung deckt aber den Aufgabenkreis dieser Jugendfürsorgeeinrichtung nicht. Zumeist reicht Rat allein nicht aus, es muß auch Erziehungshilfe geleistet und wenn wirtschaftliche oder soziale Notstände den Erziehungsnotstand mitbedingen, mannigfaltige andere Unterstützung geboten werden.

Eine vom Psychotherapeuten geführte Erziehungshilfe kann sich darauf beschränken, dann einzugreifen, wenn sich der Erziehungsnotstand aus abnormen psychischen Situationen von Kindern und Erziehungspersonen (Eltern) ergibt und wenn Aussicht besteht, ihn durch eine psychotherapeutische Behandlung zu beheben. Eine solche Erziehungshilfe wäre dann aber eine „besondere Erziehungshilfe", von der „allgemeinen Erziehungshilfe" zu scheiden. Sie könnte, wenn genug Psychotherapeuten zur Verfügung stehen, zwar für sich allein bestehen, würde aber nur einen Bruchteil von Verwahrlosten zu erfassen vermögen. Die allgemeine Erziehungshilfe entspricht weitergestellten Anforderungen. Sie kann aber für sich, isoliert, nicht bleiben, sondern muß sich am zweckmäßigsten in eine umfassende Organisation der privaten oder öffentlichen Jugendfürsorge organisch einbauen, zumindest aber dort entsprechenden Anschluß suchen.

In der besonderen Erziehungshilfe bedarf der Erziehungshelfer keiner wesentlichen pädagogischen Schulung. In der allgemeinen Erziehungshilfe kommt er aber ohne jene Kenntnisse und Erfahrungen, die Erzieher, Jugendfürsorger und Wohlfahrtspfleger sich in ihrer Berufsarbeit erwerben, nicht aus.

Ohne auf Anforderungen, die sonst noch an den Erziehungshelfer zu stellen wären, näher einzugehen, scheinen zwei Feststellungen grundsätzlich wichtig: Die Eigenart der Erziehungshilfe erfordert nicht nur rasches Erfassen, rasches und zutreffendes Beurteilen von Menschen und Situationen, sondern auch sicheres, von Zögern freies, auf die eigene Persönlichkeit gestütztes Entscheiden. Von allen Erziehungsarbeiten ist daher die Erziehungshilfe die schwierigste. Erlerntes Wissen allein reicht nicht aus; es muß ein Können dazukommen, daß nur durch Erleben der Erziehungsarbeit selbst

[1]) Sonderdruck aus der Zentrale für Psychotherapie, Berlin.

erworben werden kann. Daraus ergibt sich für den Psychotherapeuten, der sich als Erziehungshelfer betätigen will, die wichtige Forderung, sich dieser besonderen Schulung noch zu unterziehen.

Der Versuch, die in der Erziehungshilfe vorgestellten Verwahrlosten zu klassifizieren, ist zwar sehr verlockend, aber so lange recht gefährlich, als es noch an einer Symptomatologie der Verwahrlosung fehlt. Jede Typisierung verleitet, auf Grund eines oder einiger hervorstechender Symptome zu schematisieren, später erbrachtes Material zu übersehen und weniger auffallende, aber vielleicht wichtigere Symptome zu übersehen, damit die einmal getroffene Einreihung nicht ins Schwanken gerät und die Beurteilung unsicher wird. Der Erziehungsnotstand wird dann falsch gesehen, und die vorgeschlagenen Maßnahmen können ihn nicht beheben. Je weniger voreingenommen der Erziehungshelfer Kinder, Jugendliche und Eltern anhört, je weniger er deren Redefluß hemmt, je mehr er Zögernde zum Sprechen zu bringen vermag und je genauer er sonstige Auffälligkeiten — Mienenspiel, scheinbar ganz willkürliche Bewegungen, Änderungen im Redetempo usw. — beobachtet, desto größer wird die Wahrscheinlichkeit werden, in einem Gesamteindruck die ersten richtigen Grundlagen für die Verwahrlosung verursachenden Momente zu bekommen.

Auf eines ist noch besonders zu achten. Nicht jeder Verwahrloste ist das „interessante psychologische Problem“, auf das sich der Erziehungshelfer mit dem ganzen Rüstzeug tiefenpsychologischen Wissens stürzen muß. Menschliches Verstehen und Anteilnahme, Einfühlungsfähigkeit, Lebenserfahrung und die einfachen Mittel, die die Bewußtseinspsychologie der Pädagogik zur Verfügung stellt, reichen für den Anfang aus. In die erforderliche Tiefe führt der Erziehungsnotstand von selbst, ohne aktives Zutun des Erziehungshelfers.

Vielleicht ergibt sich die Möglichkeit, später einmal zur Technik der Erziehungshilfe auf breiter Basis Stellung zu nehmen, um den Psychotherapeuten aufzuzeigen, welche unschätzbaren Hilfen durch tiefenpsychologische Betrachtung der Verwahrlosung gewonnen werden können.

*

Wir sind gewohnt, ein unsoziales, gegen die Gesellschaft gerichtetes Tun als Verwahrlosung zu bezeichnen und der Neurose gegenüberzustellen. Beides sind aber Formen, in denen sich das „Unsoziale“ äußert. Führt ein im Kind entstehender Widerstreit zwischen eigenen Wünschen und den Anforderungen der Gemeinschaft zu unerträglichen Konflikten, so wird der Kampf entweder nach außen durchgekämpft, oder im Innern des eigenen Ich weitergeführt, mit anderen Vorzeichen und in entgegengesetzter Richtung; hier nach innen als Neurose mit einem Minus an Triebäußerungen, dort nach außen als Verwahrlosung mit einem Zuviel an Triebäußerungen.

In der einschlägigen Literatur finden wir für Verwahrlosung noch zwei andere Ausdrücke: asoziales und dissoziales Verhalten. Beide Ausdrücke, asozial und dissozial, werden oft für ein und dieselbe Verwahrlosungsäußerung gebraucht. Im Sprachgebrauch der Gegenwart setzt sich das Wort asozial für alle Verwahrlosungsformen immer mehr durch. Damit aber wird zusammengeworfen, was reinlich geschieden gehört. Wir haben ein Interesse, der kommenden Symptomatologie der Verwahrlosung Vorarbeit zu leisten und dem Erziehungshelfer schon jetzt, wenn auch erst an der Peripherie, diagnostische Unterscheidungsmerkmale an die Hand zu geben. Die begriffliche Unterscheidung von asozial und dissozial gibt dem Erziehungshelfer die Möglichkeit, die Fülle von Verwahrlosungsformen in *zwei* ursächlich wesentlich voneinander unterschiedene Gruppen zu scheiden.

Beiden Begriffen, asozial und dissozial, ist gemeinsam, daß sie unsoziales Handeln bezeichnen. Worin unterscheiden sie sich?

Die Gemeinschaft hat aus ihrer Weltanschauung bestimmte Wertungen für die ideellen und materiellen Güter des Lebens gefunden. Daraus ergeben sich ganz bestimmte Normen, die das Zusammenleben innerhalb der Gesellschaft regeln. Dem „sachlichen Inhalt" des Erziehungszieles liegen diese Wertungen zugrunde, und der Erziehung ist die Aufgabe gestellt, das Kind so zu entwickeln, daß es die aufgestellten Normen anerkennt, annimmt und sein späteres Leben danach einrichtet.

Ehe die Erziehung einsetzt, hat das Kind keine Ahnung von den in der Gemeinschaft geltenden Normen. Es steht noch jenseits der diesen Normen zugrunde liegenden Wertungen. Entschließen wir uns, diesen Zustand *asozial* zu nennen. Wir bezeichnen damit nur den Zustand, in dem das Kind die Normen der Gemeinschaft noch nicht versteht. Er ist für ein bestimmtes kindliches Lebensalter durchaus nicht auffällig, ist selbstverständlich, naturgemäß, normal.

Bleiben die Erziehungseinflüsse von Anfang an unwirksam, so stellen wir fest: Das Kind ist unerziehbar. Die Ursachen können, soweit wir diese bisher zu übersehen vermögen, in Defekten der intellektuellen Funktionen (Aufmerksamkeit, Verstand, Gedächtnis usw.), in der Affektivität, in einer organischen Krankheit oder in psychischen Traumen gegeben sein. Das unerziehbare Kind wird asozial bleiben. Es ist *absolut asozial.*

Das erziehbare Kind gibt mit dem Wirksamwerden der Erziehung den Zustand der Asozialität auf. Es war daher nur *relativ asozial.* Natürlich ist dazu erforderlich, daß die Erziehungspersonen (Eltern) selbst nach dem Gemeinschaftsideal leben und auf das Kind im Sinne des Gemeinschaftsideals Einfluß nehmen.

Lebt das Kind in einer Umgebung, die das Gemeinschaftsideal nicht anerkennt, etwa in einer Verbrecherfamilie, so kann es bei völliger Gesundheit und völlig normaler Entwicklung — durch die selbstverständliche Identifizierung (Beispielnahme) mit den Erziehungspersonen (Eltern) — doch asozial bleiben. Trotzdem müssen wir diese Kinder und Jugendlichen unter die relativ asozialen einreihen, wenn sie nach ihren konstitutionellen Anlagen erziehbar sind. Diese Verwahrlosten sind psychisch vollkommen gesund, die Jugendfürsorge kennt sie als Milieuverwahrloste, wir nennen sie *pseudo-asozial.* Zu den Milieuverwahrlosten, also den Pseudo-asozialen, sind noch zu zählen:

a) Verwahrloste, die zwar in der eigenen Familie, aber völlig aufsichtslos, von den Eltern nicht beachtet, also ohne Identifizierungspersonen aufgewachsen sind. Ein extremer Fall wäre Tarzan, der allein im Walde lebt.
b) Verwahrloste, die als Pflegekinder aufgewachsen sind, und die durch eine unglückliche Verkettung von Umständen die Pflegestellen als Kleinkind so oft wechseln mußten, daß keine Zeit zu Identifizierungen (Beispielnahme) blieb.
c) Verwahrloste, die von Eltern erzogen wurden, die das Gemeinschaftsideal nicht verstehen, die Kinder daher nach anderen Wertungen erzogen haben und sie dadurch aus der Gemeinschaft ausschlossen.

Der Erziehungshelfer wird daher bei der Ausfragung über das frühere Schicksal der Verwahrlosten nicht unterlassen, sich über die Zeit des allerersten Aufwachsens eingehend zu erkundigen.

Soviel in Kürze über die Asozialen.

Es gibt eine große Gruppe von Verwahrlosten, bei denen die Erziehung eine Zeitlang erfolgreich verlaufen war, und die entweder plötzlich oder nach und nach unwirksam wurde. Diese Kinder sind in einem bestimmten Zeitpunkt in ihren Liebesbeziehungen zu den Erziehungspersonen (Eltern) nachhaltig gestört worden. Aus ständig unbefriedigten libidinösen Bedürfnissen wurden sie zuerst in den affektiven Bindungen zur Umwelt unsicher gemacht, dann immer mehr irritiert, bis sie schließlich in ihrem Libidohaushalt derart in Unordnung gerieten, daß abnorme Beziehungen entstanden. Je früher diese Phase einsetzte, desto infantiler, also unerzogener, blieb der Verwahrloste, infolge einer *Entwicklungshemmung;* je später sie begann, desto weiter war er erzogen; er blieb aber erfahrungsgemäß dann nicht auf dieser Entwicklungsstufe stehen, sondern sank infolge einer *Regression* auf eine frühere Entwicklungsstufe zurück.

Verwahrlosungen, die aus einer Entwicklungshemmung entstehen, zeigen einen wesentlich anderen Aufbau als solche, die auf eine Regression zurückgehen, und doch ist bei beiden der Eindruck nicht abweisbar, daß sie einem bestimmten unbewußten Zweck dienen: unbewußte, libidinöse Ansprüche, allerdings verschiedener Art zu befriedigen. Immer aber bleibt es bei dem Versuch, zur Befriedigung zu kommen, weil der mit untauglichen Mitteln auf falschen Wegen unternommen wird.

Diese Verwahrlosungen lassen sich zur Unterscheidung von den asozialen als *dissoziale* zusammenfassen. Hier sind auch jene Erziehungsnotstände einzureihen, die auf neurotischer Basis entstehen.

Fassen wir zusammen: Die Verwahrlosungsäußerungen asozialer und dissozialer Natur können sowohl ihrem Inhalte nach als auch in der Form scheinbar völlig übereinstimmen. Sie sind aber verschieden motiviert und dem genauen Beobachter unschwer als verschieden zu erkennen.

Die Asozialen sind in dem Zustand des die Normen der Gemeinschaft „Noch-Nicht-Verstehens". Die Dissozialen sind in dem Zustand des die Normen der Gemeinschaft „Nicht-Mehr-Verstehen-Könnens". Die Asozialen haben kein Bedürfnis nach einer Änderung ihres Zustandes, den will nur ihre Umgebung geändert sehen. Die Dissozialen sind einem fortwährenden unbewußten Drängen ausgesetzt, wieder in einen bereits früher gewesenen Zustand zu kommen. Da die Vorgänge aber unbewußt, in entstellter Form ablaufen, wird das angestrebte Ziel nie erreicht. Hier findet der Psychotherapeut eine dankenswerte Aufgabe, während die Asozialen in der Regel durch Erziehungsmaßnahmen zu ändern sind (Vorstellen anderer Identifizierungsobjekte).

Die Scheidung der Verwahrlosten in Asoziale und Dissoziale hat nichts mit einer zur Schematisierung verleitenden Klassifizierung zu tun. Sie gruppiert die Verwahrlosten nach Entstehungsursachen. Die Unterteilung der Asozialen in Absolut-, Relativ- und Pseudo-Asoziale erhebt nicht Anspruch auf Vollständigkeit. Sie soll nur anregen, den Verwahrlosungsursachen genau nachzugehen.

LOHN ODER STRAFE ALS ERZIEHUNGS-MITTEL?

In den Diskussionen über Erziehungsprobleme steht die Frage nach den Erziehungsmitteln sehr häufig im Vordergrund. Eine Einigung konnte bisher nicht erzielt werden: Die einen treten nach wie vor für Strenge, Strafandrohung und Strafe, die anderen für Milde, Güte und Liebesprämie ein. Es ist auch eine nicht zu leugnende Tatsache, daß sowohl durch Strafe als auch durch Belohnung Erziehungserfolge erzielt werden und daß auf beiden Wegen Mißerfolge nicht auszuschließen sind. Die „strengen" Erzieher behaupten, daß die Güte, die „milden", daß die Strenge die schlechteren Erziehungsergebnisse liefere. Eine Erziehungserfolgstatistik, aus der zu ersehen wäre, welche von den beiden Behauptungen die richtige ist, gibt es nicht. Aus der praktischen Eziehungsarbeit ist daher nicht ableitbar, welchem Erziehungsmittel der Vorzug zu geben sei.

Vielleicht wurde bisher die Abhängigkeit der Erziehungsmittel vom Erziehungsziel, vom Objekt der Erziehung — Kind — und von allgemeinen und besonderen Begleitumständen der Erziehungsarbeit zu wenig gewürdigt, so daß sich der Versuch, dem Problem von dieser Seite beizukommen, lohnen dürfte. Die folgenden Ausführungen sollen diesem Versuch dienen; sie sind aber nicht das Ergebnis wissenschaftlicher Untersuchungen, sondern nur eine lose Zusammenfassung einzelner, theoretischer Überlegungen, wie sie in der praktischen Erziehungsarbeit auftauchen; sie sollen den Leser anregen, aus eigenen Betrachtungen Neues hinzuzufügen, das Gebrachte einzuschränken, richtigzustellen oder auch zu widerlegen. So wird Zusammengehöriges gefunden. Die methodische Verknüpfung dieser Erkenntnisse zu einer systematischen Einheit wird ein neues, gesichertes Ergebnis für die Erziehungslehre liefern.

Wer Kinder erzieht, hat eine bestimmte Absicht, hegt auch die Erwartung, daß deren Entwicklung dieser Absicht entsprechend verlaufen werde, bleibt nicht passiv, sondern greift aktiv ein. Das Eingreifen ist überlegtes oder instinktmäßig in Erscheinung tretendes Handeln, das auf einer Erziehungsidee basiert. Die Erziehungsidee ist vorhanden, sie muß nicht notwendiger-

---

[1]) Gedruckt in der Zschr. für Psychoanalytische Pädagogik, V. Jahrg., Heft 8/9, 1931.

weise immer und vollständig bewußt sein. *Die Erziehungsidee* wird psychisch als ein *Wollen* wirksam. Das Ziel dieses Wollens ist das *Erziehungsziel.* Was von ihm bewußt wird, ist bereits ein Kompromiß mit dem unbewußten Anteil des Erziehungszieles. Die Erreichung des Erziehungszieles wird gefördert, gehemmt oder unmöglich gemacht, je nachdem die in den Eltern (Erziehern) bestehenden bewußten und unbewußten Tendenzen untereinander gleichgerichtet, weniger oder mehr entgegengesetzt sind. Der Realisierung des Erziehungszieles können außerdem noch Hindernisse im Kind selbst entgegenstehen.

Zu allen diesen Behauptungen veranlassen das Verhalten der Eltern während des Erziehungsvorganges und die Reaktionen der Kinder darauf.

Folgende Beispiele sollen dies zeigen:

Ein raffinierter, auf seinen eigenen Vorteil skrupellos bedachter Ausbeuter will seinen Sohn, den er abgöttisch liebt (? !), zum leidenschaftslosen, objektiven Lebensbeobachter, am liebsten zum Asketen erzogen haben. Er motiviert sein Erziehungsziel mit dem Hinweis, daß in der Zeit, in der sein Sohn herangewachsen sein wird, infolge der geänderten Gesellschaftsform Kaufleute überflüssig sein werden. Der Sohn ist ein Schwächling, körperlich und geistig zurückgeblieben. Wir wissen, daß der Vater in jungen Jahren schwer verwahrlost war und nur durch ungeheuren Erziehungsdruck zum Sozial-Sein gezwungen werden konnte. Er ist nie wirklich sozial geworden, dissimuliert seine Dissozialität, lebt sie, seinen Sadismus und ärgste Rachetendenzen unerkannt in seinem Beruf aus. Im *bewußten* Erziehungsziel stellt der Vater die aus der Realität begründet erscheinende Forderung auf, das Kind auch zum Leben in einem weniger luxuriösen Milieu zu befähigen. Die „asketische" Forderung ermöglicht die Befriedigung seiner *unbewußten* Tendenzen; dem Sohne dieselbe schlechte Kindheit, wie er sie selbst hatte, zu bereiten, und im Quälen des Kindes den eigenen Sadismus auszuleben.

Dieser Fall ist ein Beispiel, wie durch unbewußte Anteile das *bewußte* Erziehungsziel *verändert* ist. Der folgende läßt erkennen, wie durch unbewußte Tendenz die *Erreichung* des „bewußten" Erziehungszieles beeinflußt wird.

Eine Mutter stellt an den Erzieher ihres ältesten Sohnes die Forderung, diesen zu einem selbständigen, lebensbejahenden und arbeitsfreudigen Mann zu erziehen. Ihr selbst war das bisher nicht gelungen. Als der Erzieher den Jungen übernimmt, ist dieser ein unbrauchbares, zerfahrenes, lernunfähiges Muttersöhnchen. Sehr bald ist der Erzieher genötigt, seine Arbeit einzustellen, da die Mutter jede seiner Einwirkungen auf das Kind — auch die im Sinne ihrer eigenen Forderungen — treffsicher hintertreibt.

Obwohl diese Mutter den Knaben *bewußt* zu einem tüchtigen Menschen entwickeln will, bewirken unbewußte Tendenzen in ihr ein Mißlingen der Erziehungsarbeit; sie kann die Ertüchtigung ihres Sohnes nicht ertragen, wenn dabei seine absolute Hörigkeit zu ihr gelöst wird.

Dazu noch ein anderer Fall: Eine Frau heiratet einen Witwer mit zwei Kindern; der Knabe ist ein Jahr, das Mädchen drei Jahre alt. Die Frau stellt sich die Aufgabe, den Kindern die Mutter vollständig zu ersetzen. Sie verzichtet aus diesem Grunde auf eigene Kinder. In der Erziehungsberatung, die sie wegen schwerster Erziehungsschwierigkeiten des Mädchens aufsucht, erzählt sie, daß sich in ihr der Entschluß, auf eigene Kinder zu verzichten, noch verstärkte, als der Knabe ihr immer anhänglicher und im Alter von drei Jahren auf andere Kinder eifersüchtig wurde, wenn sie sich auch nur vorübergehend mit ihnen befaßte. Die Schwierigkeiten mit dem Mädchen begannen bald nach der Übernahme. Sie wurden immer ärger und steigerten sich noch ganz besonders, als der Knabe im vierten Lebensjahre starb. Stundenlange Schreiszenen der Siebenjährigen und ärgste Mißhelligkeiten kamen so häufig vor, daß die Hausparteien Mißhandlungsanzeigen erstatteten, trotzdem sich nichts ereignete, was die Mutter als Mißhandlung erkannt hätte. Die Frau kann sich die Schwererziehbarkeit des Mädchens nicht erklären. Ihrer Meinung nach behandelt sie Lucy noch viel besser, als sie den Knaben seinerzeit behandelt hat: sie setzt sich stundenlang neben die schlechte Esserin, bemüht sich ungemein um die Kleidung des Kindes, die sie selbst ohne Maschine mit der Hand näht ... usw. Aus den Mitteilungen der Mutter geht aber doch ganz deutlich hervor, daß sie dem Knaben, ohne es zu wissen, viel mehr Zärtlichkeiten entgegengebracht und ihn viel richtiger behandelt hat. Die Mutter teilt auch eine Äußerung mit, die sie dem Mädchen gegenüber wiederholt gebraucht: „Warum lebst du und der arme Herbert mußte sterben?" Sie faßt diese Äußerung als ein Erziehungsmittel auf und sagt, als versucht wird, ihr die Unzulässigkeit dieser Bemerkung klarzumachen: „Ja, was soll ich ihr denn sonst sagen? Wie soll ich sie denn sonst beeinflussen braver zu werden?"

Das *bewußte* Erziehungsziel dieser schwer hysterischen Frau aus kleinbürgerlichem Milieu ist nach dieser Äußerung das dieser Bevölkerungsschicht normalerweise durchaus entsprechende. Es kann aber nicht erreicht werden, da ihm *unbewußte* Tendenzen gegenüberstehen. Lucy wird für den Verzicht auf eigene Kinder verantwortlich gemacht, Todeswünsche überwiegen. Ganz deutlich zeigt das auch die Reaktion des Kindes; dieses steht der Mutter wie einer Feindin, in steter Abwehrstellung, kampfbereit gegenüber.

Der Erziehungserfolg bei Herbert ist schon daraus erklärlich, daß *bewußtes* und *unbewußtes* Erziehungsziel einander nicht widerstritten. Bewußte und unbewußte zärtliche Tendenzen waren gleichgerichtet.

Im Kinde selbst sind oft noch manche unüberwindliche Hindernisse gegeben, so daß das bewußte Erziehungsziel, auch wenn unbewußte Tendenzen ihm nicht widerstreben, doch nicht erreicht wird. Zum Beispiel: Ein Hilfsarbeiter, der infolge der wirtschaftlich schlechten Lage seiner Eltern nicht dazugekommen ist, einen intellektuellen Beruf zu ergreifen, lebt sehr unzufrieden. Als ihm ein Sohn geboren wird, erklärt er, dieser müsse so erzogen werden, daß er den Konkurrenzkampf im Leben unter günstigeren Bedingungen führen könne, als er selbst ihn führen muß. Er stellt schon an das Kleinkind große Lernanforderungen und steigert diese während der ersten Schuljahre immer mehr: „Der Junge muß eine gute Schulbildung bekommen“, sagt er. Die Unzulänglichkeit der intellektuellen Fähigkeiten des Kindes wird vom Vater nicht zur Kenntnis genommen. Er begreift auch nicht, warum sein intensives, ehrliches und aufrichtiges Bemühen zu einem Mißerfolg geführt hat, und daß die sich nach und nach einstellenden großen Erziehungsschwierigkeiten vorwiegend aus der Abwehrstellung, in die er selbst das Kind mit seiner Härte hineingedrängt hatte, erwachsen sind.

Der Versuch, sein eigenes, nicht realisiertes Über-Ich im Sohne zu realisieren, mißlingt zufolge dessen Minderbegabung.

Bisher wurde einiges über die Interferenz bewußter und unbewußter Tendenzen beim Zustandekommen des Erziehungszieles und beim Vorgang der Erziehung erörtert, ohne daß auf die allgemeine Grundlage des Erziehungszieles eingegangen worden wäre.

So entgegengesetzt die Erziehungsziele oft auch untereinander sind, so sind sie doch alle, ohne daß es den Eltern (Erziehern) unbedingt bewußt sein muß, von Wertungen abhängig, die Eltern und Erzieher ihrer Weltanschauung entnehmen.

In unserer Gesellschaftsordnung zum Beispiel ist das Sparen eine bürgerliche Tugend und das Stehlen ausnahmslos verboten.

Eltern und Erzieher bemühen sich, im Kinde den Sinn zum Sparen zu wecken und zu entwickeln. Eigene Institute — Sparkassen — übernehmen diese erzieherische Rolle für die Gesamtheit. In einer Gesellschaftsordnung, in der das Ansammeln von Privateigentum verboten wäre, würde der Sparer — das Muster bürgerlicher Tugend bei uns — zum Verbrecher werden.

Zum Stehlen ein recht extremes Beispiel: warum stehlen wir uns nicht gegenseitig die Brieftasche? Das ist nicht — wie viele empfinden — eine Selbstverständlichkeit, sondern ist das Produkt einer durch eine ganz bestimmte Weltanschauung beeinflußten Art der Erziehung. Diese legte Wert darauf, uns in Anerkennung der Unantastbarkeit des fremden Eigentums zu erziehen. Da das kleine Kind den Eigentumsbegriff von Natur aus nicht hat, so fehlte er in der Kindheit auch uns. Unzählige Verbote waren notwendig, bis uns der *Eigentumsbegriff* zur Selbstverständlichkeit wurde. In der Diebsfamilie herrscht eine andere Weltanschauung, ein anderer Wertmaßstab, ein anderes Erziehungsziel; das Stehlen außerhalb der Gemeinschaft ist erlaubt; unbrauchbar ist, wer sich dabei ertappen läßt.

Dissozial heißt der Dieb in der sozialen Gesellschaft, dissozial wirkt der Soziale in der Diebsfamilie.

Das Wort *„Verbrecher“* sagt an sich noch nichts, es gewinnt erst an Bedeutung in der Beziehung zur *Übertretung von geltenden Normen.*

Die *Eltern* (Erzieher) sind unter dem *Einfluß ihrer Weltanschauung* stehend mit Affekt überzeugt, daß *ihr Erziehungsziel das einzige unbedingt richtige* ist: Jedem Erziehungsziel liegen aber auch subjektive, daher relativ richtige Wertungen zugrunde.

Auch die wissenschaftlichen Umschreibungen des Erziehungszieles ändern nichts an der Tatsache, daß jener Teil des Bemühens der Eltern um die Entwicklung des Kindes, der Erziehung genannt wird, letzten Endes auf nichts anderes hinausläuft, als das Kind in den von ihnen als allein richtig anerkannten Wertmaßstab hineinzuzwingen. Sobald das Kind den ihm aufgezwungenen Wertmaßstab als seinen eigenen annimmt und danach handelt, heißt es: „die Erziehung ist abgeschlossen“. Sie gilt als mißlungen, wenn das Kind erwachsen geworden, einen anderen als den von den Eltern geeichten Maßstab verwendet oder diesen zwar anerkennt, aber nicht danach handelt.

Die einzelnen Gruppen innerhalb der Gemeinschaften unseres Kulturkreises stimmen heute nur mehr in einem Bruchteil ihrer Wertungen überein. Jede Gruppe hat ihre eigene, von der anderen gesonderte Welt, ihre eigene Realität. Gemeinsam ist nur mehr das Fundament — zumeist uralter — Wertung; darauf erhebt sich ein vielgestaltiger Bau von zum Teil gleichgerichteten, aber untereinander differenzierten, zum Teil auseinanderstrebenden Wertungen. Jeder Gruppe der Gesellschaft ist ihre besondere Realität wichtiger geworden als die Gemeinschaft. Die Aufstellung eines *allgemein gültigen* Erziehungszieles ist kaum mehr möglich, und streng genommen gibt es heute mangels eines solchen eine Erziehung zum Staatsbürger nicht, sosehr sich auch die die Staatsform bejahenden Gruppen dafür einsetzen. Die Tatsache bleibt bestehen, daß in Wirklichkeit jedes Kind zum Leben in einer besonders strukturierten Realität erzogen und so seine Realitätsfähigkeit zu einer besonders strukturierten entwickelt wird, womit auch die Fähigkeit erreicht ist, nach den Erfordernissen der besonders strukturierten Realität auf

Lustgewinn zu verzichten, Lustgewinn aufzuschieben und Unlust ertragen zu können. Das Kleinkind kann all das nicht, und je jünger es ist, desto mehr strebt es nach direktem Lustgewinn, desto mehr wehrt es Unlust ab. Das Kind ist kein kleiner Erwachsener. Es ist ein Triebwesen, in das die Tendenz, erwachsen werden zu wollen, erst gelegt werden muß. Um das Kind vom Triebwesen zum realitätsangepaßten Erwachsenen zu entwickeln, hat es der Erzieher durch Erziehungshandlungen anzuregen, eine bestimmte innere Arbeit zu leisten. Auf welche Wertungen immer sich auch das Erziehungsziel stützt, der unmittelbare Zweck jeder Erziehungshandlung bleibt doch immer eindeutig bestimmt; im Kinde Energien auszulösen, die eine im Sinne des Erziehungszieles gelegene Umformungsarbeit leisten müssen. Diese Energien werden durch triebeinschränkende Verbote geschaffen. Je mehr von dieser, durch jede Erziehungshandlung transformierten Energie zur Umformungsarbeit verwendet wird, desto ökonomischer ist die Erziehungshandlung.

Der Vorgang des Erziehens läßt sich auch noch anders darstellen. In der Entwicklung des Kindes sind zwei, zwar in Wirklichkeit nicht nacheinander, sondern nebeneinander und ineinander verlaufende Phasen zu bemerken. Die eine Phase erlebt das Kind von selbst, die zweite durch die bewußte Einflußnahme der Erwachsenen (schematische Scheidung).

In der ersten Phase kommt das Kind zu einer primitiven Realitätsfähigkeit, die gerade noch zur nackten Selbstbehauptung ausreicht: Ein Kind greift aus Lust am Feuer an den heißen Ofen. Es verbrennt sich die Hände um so empfindlicher, je heißer der Ofen ist und je mehr von seiner Handfläche mit dem Ofen in Berührung kommt (weitere Beispiele siehe AICHHORN: „Verwahrloste Jugend", 2. Auflage, 1931, Seite 11). Das Kind hat sich selbst gefährdet und wird durch die mit dem Schmerz verbundene Unlust ohne jedwede Anleitung oder Einflußnahme der Erwachsenen vorsichtiger. Das Kind lernt lustvolles, aber zu einem Zusammenstoß mit der primitiven Realität führendes Tun als schädlich empfinden, denn jedesmal folgt darauf unbedingt Erleben von Unlust. Zwischen diesem schädlichen lustvollen Erleben und der darauffolgenden Unlust besteht eine zwangsläufige Beziehung, die sich auch auf das Quantitätsverhältnis von Lust und Unlust erstreckt. Durch diesen ganz automatischen Ablauf von Lust-und-Unlust-Erleben wird das Kind zwangsläufig in die primitive Realitätsfähigkeit gedrängt.

In der zweiten Erlebnisphase zwingt der Erwachsene dem Kinde seine eigenen Wertungen auf, um es zum Leben in einer ganz besonders strukturierten Realität zu befähigen. Erziehen heißt in diesem Zusammenhang also, die primitive Realitätsfähigkeit in eine besonders strukturierte Realitätsfähigkeit umzugestalten.

Vom Erzieher wird nun erfolgreiche Erziehungsarbeit verlangt. Sein Zögling soll die zweite Entwicklungsphase vollständig und wertgemäß bis zum Erziehungsziel durchlaufen. Dies wäre nur möglich, wenn in der zweiten Entwicklungsphase dieselbe Kausalität herrschte wie in der ersten, das heißt, wenn auch hier auf lustvolles, zu einem Zusammenstoß mit den Anforderungen der besonders strukturierten Realität (Übertretung der aufgestellten Wertungen) führendes Erleben — verbotenes lustvolles Tun — jedesmal und unbedingt — automatisch — richtig dosierte Unlust folgte.

Eine solche natürliche, zwangsläufige Beziehung (Kausalität) besteht aber in der zweiten Erlebnisphase nicht. Das Kind erlebt recht oft, daß auf lustvolles Übertreten der geltenden Norm Unlust ausbleibt oder im Unmaß (zu viel, zu wenig) folgt. Die kritische Situation ist nicht, wie in der ersten Phase, das lustvolle *Tun*. Dieses, die Übertretung, muß vom Erzieher wahrgenommen werden, erst dann besteht „Gefahr". Damit ist noch nicht die Voraussetzung geschaffen, daß unbedingt und zwangsläufig die *richtige Dosierung* von Unlust folgt. Die Einstellung des Erziehers zu den Erziehungsmitteln, sein Temperament, seine Stimmung und jeweilige Affektsituation, die eigene Geschicklichkeit des Kindes usw. stehen dem häufig entgegen. Die Umstände, die die Dosierung von Unlust beeinflussen, sind unter den heute gegebenen Verhältnissen unmöglich restlos richtig zu gestalten. In dieser Hinsicht wäre schon viel durch die Analyse jedes Erziehers gewonnen. Es ist eher möglich, so wie in der ersten Phase, *das lustvolle verbotene Tun mit darauffolgender Unlust automatisch zu verknüpfen* und dadurch die Wahrnehmung durch den Erzieher überflüssig zu machen. Der religiös orientierten Erziehung ist dies seit jeher mit dem Hinweis: „der liebe Gott sieht alles" gelungen. Denn übertritt das Kind ein Gebot und ist es gläubig, so ist sein lustvolles, jedoch schlechtes Tun Anlaß zur Entstehung von Schuldgefühlen, wodurch sich wieder, wie in der ersten Phase, mit dem Lustgewinn aus der Übertretung automatisch Unlust verknüpft. Daraus ist ersichtlich, daß der Erzieher, wenn es ihm gelingt, im Kinde schon *frühzeitig bewußte Schuldgefühle bei lustvollem Übertreten* herrschender Normen zu wecken, erreicht hat, daß dem verbotenen Lustgewinn unmittelbar Unlust folgt. Die Entstehung solcher *bewußter Schuldgefühle* im Kinde bedeutet an und für sich noch *keine Bedrohung für die normale Entwicklung*. Erst die übermäßige Steigerung dieser Schuldgefühle, eine übermäßige Reaktion des Kindes auf sie oder ihre Verdrängung führen zu den Gefahren, die uns aus der Neurosenforschung zur Genüge bekannt sind.

Die meisten Eltern finden das Kind erziehbar, wenn dem Bemühen, es zur Annahme ihrer eigenen Wertungen zu veranlassen, kein besonderer Widerstand entgegengesetzt wird. Das heißt in der Erziehungspraxis: wenn sie sich nicht übermäßig ärgern müssen. Die Entwicklung des Kindes heißt dann eine „normale"; das Kind selbst ist „normal". Im anderen Fall ist es „schwer erziehbar, dissozial, abnormal". Kommen die Eltern in ihrer Not zum Erziehungsberater, so verlangen sie von ihm in der Regel nicht mehr, als ihnen das Kind gefügig zu machen. Sie sind zufrieden, wenn durch sein Bemühen das Kind weiterhin nicht mehr besonderen Ärger verursacht. Zumeist ist die affektive Reaktion der Eltern auf das Benehmen des Kindes für dessen Beurteilung entscheidend. In diesen sehr häufigen Fällen bleibt den Eltern mit dem wahren Wesen ihres Kindes auch dessen Schwererziehbarkeit unverständlich.

Die Voraussetzung der Erziehbarkeit des Kindes ist zunächst seine körperliche und psychische Unzulänglichkeit. Seine körperliche Bedürftigkeit, die Schwäche, Unselbständigkeit, die Unfähigkeit, sich selbst zu erhalten, schaffen die materielle, — das Liebesbedürfnis und die Unmöglichkeit, seinen Willen gegenüber dem stärkeren Willen des Erwachsenen durchzusetzen, die affektive Abhängigkeit vom Erwachsenen. Durch diese Abhängigkeit gelangt das Kind in Situationen, die von ihm aus gesehen ungefähr so sind: „Der Erwachsene kann sich mir entziehen und nimmt mir damit das mir notwendige Liebesobjekt. Er ist aber auch der Stärkere und könnte mir etwas tun!" Die Angst vor dem Liebesentzug (Liebesprämie) und die Angst vor körperlichen Gefahren (Kastrationsangst) schaffen für das Kind eine Zwangslage: Die Abhängigkeit vom Erwachsenen anzuerkennen, sich erziehen zu lassen. Diese Zwangslage ist um so wirksamer — die Erziehbarkeit um so eher gegeben —, je mehr das Kind die Objekte der Umgebung zur Befriedigung seines Liebesbedürfnisses braucht, und um so schwächer — die Erziehbarkeit wird um so geringer —, je unabhängiger das Kind in seinem Liebesleben — seinen affektiven Beziehungen — von der Außenwelt ist. Zusammengefaßt: *Die Erziehbarkeit des Kindes* basiert auf *Angst vor Liebesentzug* und auf *Kastrationsangst.* Eine *Erziehung ohne Angst* scheint es *nicht zu geben.* So betrachtet ist der Narzißmus des Kindes ein Hindernis der Erziehbarkeit — das Kind ist um so unerziehbarer, je unabhängiger es in seinen Liebesbeziehungen von den Erwachsenen —, das heißt, je narzißtischer es ist. Aber in der Nacherziehung Verwahrloster, besonders in der des jugendlichen Hochstaplers, machen wir die gegenteilige Erfahrung. Dort wird die Beziehung zum Erzieher nicht durch Objektlibido hergestellt, sondern auf Grund des Narzißmus.

Die Gefühlsbeziehung des Kindes zum Erzieher variiert. Die Erfahrung zeigt uns, daß innerhalb einer bestimmten Variationssphäre von Gefühlsbeziehungen die Erziehung am wirksamsten verläuft. Ein Minimum darf nicht unter-, ein Maximum nicht überschritten werden. Lockern sich die Liebesbeziehungen immer mehr, bis das zulässige Minimum unterschritten ist, so erfolgt eine Abziehung der Objektlibido und deren Verwandlung in narzißtische Libido. Der Erzieher wird zum Feind, die gebundene Aggression wird frei, das Kind ist von dieser Person, solange dieses Verhältnis besteht, nicht mehr erziehbar. Wird das Maximum dieser Liebesbeziehung überschritten, so ist das Kind der Liebe so sicher — einziges Kind —, daß, wie immer es sich auch benimmt, ein Liebesentzug von ihm überhaupt nicht mehr befürchtet wird. Die Angstsituation besteht nicht mehr, das Kind bezieht doppelten Lustgewinn: aus der primitiven Befriedigung der Triebregungen und aus der Zuneigung der Eltern. In dieser Situation ist das Kind auch nicht mehr erziehbar.

Die Erziehungsmittel Lohn und Strafe, im Zusammenhang mit den Gefühlsbeziehungen des Kindes zum Erzieher betrachtet, zeigen, daß durch zuviel Strenge, Strafandrohung und Strafe das Minimum an Gefühlsbeziehung des Zöglings unterschritten, durch zuviel Milde und Güte das Maximum überschritten wird. Die Erziehung ist mit den beiden Erziehungsmitteln möglich, wenn die Gefühlsbindung bestehen bleibt. Vorläufig läßt sich sagen: Ausschlaggebend ist nicht die *Qualität*, sondern die *Quantität* des *Erziehungsmittels.*

Der ökonomische Gesichtspunkt in der Erziehung: die durch die Erziehungshandlung transformierten Energien möglichst vollständig zur inneren Arbeit im Sinne des Erziehungszieles zu verwenden, gibt einen neuen Gesichtspunkt zur Betrachtung der Erziehungsmittel Lohn und Strafe. Stellt der Erzieher hinter die Erziehungshandlung — das triebeinschränkende Verbot — die Strafandrohung, so kann sein Zögling einen Teil der zur Umformungsarbeit zu verwendenden Energie in Aggression gegen ihn umsetzen. Die Erziehungshandlung ist unökonomisch; um so unökonomischer, je mehr die Aggressionstendenz von dieser Energie an sich zieht. Erfolgt die Erziehung über die Milde und Güte, dann ist Aggression unmöglich. Die gesamte Energie steht der Umformungsarbeit zur Verfügung. Die Erziehung über die Milde und Güte ist also ökonomischer als jene, die den Weg über die Strafandrohung nimmt.

Nehmen wir an, ein Kind wird ausschließlich durch Milde und Güte erzogen. Dieses Kind erlebt während seines Heranwachsens keine Aggressionen gegen den Erzieher und wird daher auch später zu Aggressionen unfähig sein. In der Sprache des Alltags heißt das: Der so Erzogene kann seine Ellbogen nicht gebrauchen. Er ist nicht fähig, sich seinen Anteil an den materiellen Gütern des Lebens zu holen. Sein Schicksal ist ein unbefriedigtes Leben. Es gibt eine Möglichkeit, dieses Schicksal abzuwenden: Wenn im Verlaufe der Erziehung die materiellen Güter entwertet, der Sinn auf ideelle Werte und vor allem auf ein Jenseits gelenkt wird. Die Disposition dazu ist infolge der fehlenden Aggressivität gegeben. Wird ein Kind nur mit Strafandrohung und Strafe erzogen, so kommt eine maximale Aggressionsfähigkeit zur Entwicklung. Die Realisierung materiell gerichteter Absichten wäre dann der ausschließliche Lebenszweck.

Wenn diese Überlegungen richtig sind, dann steht dem Erzieher die Wahl des Erziehungsmittels nicht frei, sondern es ist vom Erziehungsziel abhängig.

Der Frage, ob Lohn oder Strafe als Erziehungsmittel verwendet werden sollen, müßte vor der Beantwortung eine andere entgegengestellt werden: Für welche Weltanschauung soll das Kind erzogen werden? Ein idealistisch orientiertes Erziehungsziel verlangt Milde und Güte, ein nur an materiellen Werten orientiertes die Strafandrohung und Strafe. Damit ist nur einer von den Gesichtspunkten, die in der Theorie der Erziehung für die Auswahl der Erziehungsmittel bestimmend sein könnten, beschrieben: Was in der Praxis die Mischung der Erziehungsmittel bestimmend beeinflußt, ist schon an anderer Stelle angedeutet worden. Es gibt aber Fälle, in denen die Erziehungsmittel Lohn oder Strafe nicht, wie oben dargelegt, mangels der richtigen Gefühlsbindung, sondern deshalb versagen, weil die *besonderen Umstände des Erziehungsfalles* die erwartete normale Wirkung *aufheben oder ins Gegenteil verkehren.* In solchen Fällen wird mit den landläufigen Erziehungsmitteln, Lohn oder Strafe, das Auslangen überhaupt nicht zu finden sein. Dazu nur zwei Beispiele:

Ein noch nicht sechsjähriges Mädchen läuft seit einigen Monaten vom Elternhaus davon, bleibt stundenlang weg und wird von Nachbarn oder der Polizei nach Hause gebracht. Das Weglaufen begann, einige Wochen nachdem die Eltern in ein Siedlungshaus eingezogen sind. Die Mutter teilt mit, daß das redegewandte und auch redelustige Kind verschlossen und trotzig wird, wenn man es nach dem Grund des Weglaufens fragt. Weil die Ursache aus dem Kind nicht herauszubringen ist und sich die Fälle des Weglaufens häufen, kommt die Mutter mit dem Kind in die Erziehungsberatung. Nach der Rücksprache mit der Mutter, die wesentliche Angaben, die zur Aufhellung führen können, nicht macht, wird in deren Abwesenheit das Kind gerufen. Bei der Tür kommt ein hübsches, kräftiges, über sein Alter weit entwickeltes Mädchen mit klugen Augen und fröhlichem Gesichtsausdruck herein. Am Kopfe trägt das Mädchen eine große dunkelrote Masche. Der Erziehungsberater fragt:

„Von wem hast du die schöne Masche?“

„Von der Mutter.“

„Hast du noch mehrere solcher Maschen?“ — „Ja, noch eine blaue und eine weiße.“

„Welche ist dir die liebste?“ — „Die rote.“

„Hast du rote Sachen gern?“ — „Ja.“

„Gibt es bei euch zu Hause noch andere rote Sachen?“ — „Ja, wir haben im Garten rote Rosen und rote Nelken.“

„Bist du viel im Garten?“ — „Ja.“

„Was machst du dort?“ — „Ich spiele.“

„Womit spielst du?“ — „Mit meinen Puppen.“

„Wieviel Puppen hast du?“ — „Drei.“

„Wie heißen die Puppen?“ — „Hansi, Fritzi, Toni.“

„Welche ist die kleinste?“ — „Die Toni.“

„Welche ist denn die größte?“ — „Die Fritzi.“

„Welche hast du am liebsten?“ — „Die Fritzi.“

„Welche ist denn die schlimmste?“ — „Die Fritzi.“

„Was machst du, wenn sie schlimm ist?“ — „Ich hau' sie durch.“

„Was stellt sie denn an?“ — „Sie läuft immer davon.“

„Warum läuft sie davon?“ — „Weil es so langweilig ist.“

Damit scheint das Kind seine eigene Situation ausgesprochen zu haben. Der Erziehungsberater rät der Mutter, dem Kind Gespielen zu geben, um damit vielleicht das Davonlaufen zu verhindern. Die Mutter folgt dem Rat, und im Abstand von einer Woche, einem Monat, drei Monaten und einem halben Jahr in die Erziehungsberatung bestellt, teilt sie mit, daß das Kind nicht mehr davongelaufen ist.

Das Kind lebte in einer Unlustsituation, der es mit dem Davonlaufen entgehen wollte. Wird dieses Davonlaufen als eine Schlimmheitsäußerung aufgefaßt, was in der Regel der Fall ist, und deswegen das Kind bestraft, so erhöht sich das Unlustgefühl und eine Änderung im Verhalten ist nicht zu erwarten. Um das Kind an das Haus zu fesseln, muß ihm die Umgebung angenehmer — lustvoller — gestaltet werden, was mit dem Versuch, ihm Gespielen zu geben, gelingt.

Es ergibt sich der merkwürdige Fall, daß das Kind für sein *Schlimmsein zu belohnen ist* (es bekommt Freundinnen). Dieser merkwürdige Fall kommt in Erziehungssituationen weit häufiger vor, als Eltern zuzugeben bereit sind. Die Verwendung des richtigen Erziehungsmittels bedarf schon einiger Überlegung.

Ein siebenjähriger Junge, der sich bisher in der Schule und zu Hause einwandfrei benommen hatte, wird schlimm. Die Mutter weiß sich nicht zu helfen, da die Schlimmheit wächst. Sie bittet den Lehrer um Rat. Dieser, ein moderner Pädagoge, veranlaßt die Mutter, die Schlimmheit nicht zur Kenntnis zu nehmen und den Jungen nach wie vor mit Liebe und Güte zu behandeln. Darauf bessert sich die Schlimmheit nicht, sie wird ärger. Der Vater ist ungeduldig, wehrt sich gegen die „humanitätsduseligen" Prinzipen einer modernen Pädagogik und will es mit einer gehörigen Tracht Prügel versuchen. Die Mutter, schon geneigt der Anschauung des Vaters beizupflichten, geht aber doch noch einmal in die Schule. Der Lehrer rät abermals, von der Milde und Güte in der Behandlung nicht abzuweichen, der Junge müsse endlich darauf reagieren. Die Schlimmheit wächst weiter, dem Vater reißt die Geduld und er verabreicht dem Kind eine gehörige Tracht Prügel. Daraufhin verschwindet die Schlimmheit, der Junge — nennen wir ihn Franz — benimmt sich ordentlich wie früher. Der Vater ist stolz, daß seine Behandlungsmethode erfolgreicher ist als die des Lehrers. Kaum eine Woche später beginnt sich das Bild zu ändern, das Benehmen wird schlechter, bis nach ungefähr einer weiteren Woche wieder derselbe Grad von Schlimmheit erreicht ist. Der Vater versuchte es abermals mit Prügeln, wieder tritt eine Besserung ein, die aber bald wieder verschwindet. Nun wird abermals ein Versuch mit Milde und Güte gemacht, doch wieder erfolglos. In diesem Stadium kommt die Mutter in die Erziehungsberatung.

Hier stellt sich sehr bald folgender Sachverhalt heraus: Der Nachbar unseres Franz' hatte zu seinem Geburtstag ein Taschenmesser bekommen, es in die Schule mitgebracht und Franz gezeigt. Dieser wollte erproben, wie es wäre, wenn man ein solches Taschenmesser selbst in der Hose hätte; er steckt das Messer ein und muß bald darauf zur Befriedigung seiner Notdurft das Klosett aufsuchen. Der Junge ist kaum aus der Klasse, da fällt dem Besitzer des Messers auf, daß ihm dieses fehlt. Er hatte aber vergessen, daß er es unserem Franz geborgt, und meldete sich daher beim Lehrer: „Mir ist mein Messer gestohlen worden." Daraufhin Nachfrage in der Klasse, wer das Messer hat. Während der Untersuchung kommt nun Franz in die Klasse zurück. Er hört von dem gestohlenen Messer, kann aber nicht sagen, daß er es hat, denn sonst wäre er der Dieb und er setzt sich in die Bank. Unmittelbar darauf wird ihm übel, er muß wieder hinausgehen und nun wirft er das Messer in den Abortschlauch; nur weg muß das Messer, man darf es bei ihm nicht finden, denn sonst ist er gebrandmarkt. Bald darauf stellen sich die ersten Zeichen seiner Schlimmheit ein.

Seine psychische Situation läßt sich etwa so verstehen: Durch das Wegwerfen des Taschenmessers hat er sich mit Schuld beladen, die er in *Worten* nicht eingestehen kann, die ihn aber sehr bedrückt. Seine *Handlungen* erhalten dadurch den Charakter eines Geständnisses. Er sagt mit jeder seiner Unarten, ich bin nicht das brave Kind, für das ich gehalten werde. In solchen Fällen kann der Erzieher nur durch richtige Beobachtung die psychische Situation des Kindes erkennen. Er muß sich klar darüber sein, daß *unbewußte* Vorgänge wirksam sind, die als Handlungen, die den Charakter des Geständnisses bekommen, dem Kinde selbst als solches aber unerkannt bleiben, in Erscheinung treten.

Der Junge wird mit Milde und Güte behandelt, das bedeutet für ihn, das Geständnis ist nicht verstanden worden. Eltern und Lehrer bleiben in ihrem Verhalten unverändert, sie zwingen ihn, immer mehr schlimm zu werden. Das geht so lang, bis dem Vater die Geduld reißt und er mit körperlicher Züchtigung einsetzt. Die Strafe gibt dem Jungen Befriedigung seines Schuldgefühles, verschafft ihm innere Befreiung, und als Folge davon ändert sich das Benehmen für den Augenblick sofort und vollständig. Das Bravsein hält aber nicht lange an und der Vater wundert sich, daß er in immer kürzeren Pausen die Strafe verschärfen muß.

Zu einem dauernden Bravsein würde es auf diesem Wege kommen, wenn durch die Züchtigung das Schuldgefühl beseitigt werden könnte, was aber nicht der Fall ist. Es kommt nur zu einer vorübergehenden Erleichterung.

Wenn wir diesen Fall nicht als Einzelfall auffassen, sondern in ihm einen typischen erkennen, so könnten wir mit aller Vorsicht den Versuch einer allgemeinen Formulierung wagen. Jedes Kind, das ein Schuldgefühl aus einer geheimen Sünde, von der die Erwachsenen nichts wissen, hat, sucht Strafe, um dieses Schuldgefühl zu befriedigen (unbewußtes Strafbedürfnis). Mit der Verminderung des Schuldgefühles sinkt die Unlust, was gleichbedeutend mit Lustgewinn ist, was eigentlich nicht im Sinne der Strafe liegt. Diese hat *paradoxe Wirkung.* Statt Unlustvermehrung: Lustgewinn.

Durch die Strafe wird aber das Kind von der geheimen Sünde nicht befreit, diese Befreiung kommt nur durch ein offenes Geständnis (in manchen Fällen gehört dazu auch die Schadengutmachung), daher kann das Schuldgefühl nicht schwinden, sondern nur vorübergehend erleichtert werden und während der Dauer dieser Erleichterung tritt besseres Benehmen ein.

In derselben Weise ist auch die Wirkung der Belohnung paradox, denn durch diese erfolgt eine Steigerung des Schuldgefühles, Unlustvermehrung, wie sonst nur bei Strafe. Zu bemerken wäre noch, daß manchmal nach der Belohnung eine vorübergehende Besserung eintritt („ich kann doch nicht so schlimm sein, wenn man mich so liebt"). Die Besserung ist aber nicht von Dauer.

Wir kennen auch noch eine Reihe anderer Fälle, beispielsweise bei ausgeprägtem Masochismus, bei denen genau dieselbe Wirkung von Lohn und Strafe zu bemerken ist. Ist der Erzieher oder Erziehungsberater über den Ablauf dieser psychischen Mechanismen orientiert, so kann er, wenn Lohn oder Strafe als Erziehungsmittel nicht ausreichen oder paradox zu wirken beginnen, in einer oder einigen Aussprachen dem Sachverhalt auf die Spur kommen, das Kind zu einem Geständnis oder einer Schadengutmachung führen, damit das Schuldgefühl beseitigen, damit aber auch die Schwererziehbarkeit beheben.

Sehr häufig liegt die Ursache für das Schuldgefühl in einer weit zurückliegenden Zeit, an die keine Erinnerungen mehr bestehen. Es entsteht in der — vielfach umstrittenen — Zeit der Ödipussituation und kommt beim Kinde häufig in der Onanie zum Ausdruck. Hier reichen Aussprachen nicht mehr aus, sondern das Kind muß einer psychoanalytischen Behandlung zugeführt werden, damit dort die den Erziehungsschwierigkeiten zugrunde liegenden Tatsachen aufgedeckt und durch die Behandlung ihrer Wirksamkeit beraubt werden können.

In solchen Fällen ist daher die Psychoanalyse ebenso wie sonst Lohn oder Strafe ein Hilfsmittel zur Erreichung des Erziehungszieles, daher als Erziehungsmittel zu werten.

GIBT ES EINE UNTERE ALTERSGRENZE FÜR SCHWERERZIEHBARE?

Für die Gesellschaft ist es nicht gleichgültig, wie die heranwachsende Jugend sich entwickelt; sie beeinflußt das Kind so, daß es im Heranreifen in die Kulturgemeinschaft seiner Zeit hineinwächst, und faßt die Einwirkungen, deren sie sich dazu bedient, als „Erziehung" zusammen.

Von uns, also von der Gesellschaft aus gesehen, ist daher ein Kind erziehbar, wenn es die von ihm erwartete Entwicklung durchläuft, das heißt, unter den Einwirkungen der Erziehung Ziele und Wege seiner primitiven Triebregungen im Sinne der kulturellen Forderungen umformt. Unerziehbar, wenn die Maßnahmen der Erziehung wirkungslos bleiben. Der Begriff der Schwererziehbarkeit ist viel schwieriger zu fassen, er enthält zu viel Relatives, liegt irgendwo zwischen Erziehbarkeit und Unerziehbarkeit. Die Schwererziehbarkeit ist wohl etwas, das vom zu erziehenden Individuum ausgesagt wird und ist doch nicht ausschließlich dessen Angelegenheit. Sie ergibt sich in den weitaus meisten Fällen aus unstimmigen Beziehungen zwischen dem Erziehungsobjekt und dem Erzieher, der Familie, Umgebung, dem Milieu. Was beispielsweise für die Erziehungsfürsorge an schwererziehbaren Kindern in Frage kommt, ist in der Regel für die Eltern schon ein unlösbares Problem: Unerziehbarkeit in dem einen Milieu ist oft nur Schwererziehbarkeit in dem anderen, und ein schwererziehbares Kind dort, muß es nicht notwendigerweise auch hier sein, kann erziehbar ohne jedwede Einschränkung werden.

Bei einer so unsicheren Sachlage, so schwankenden Verhältnissen geht es wohl nicht an, eine allgemein gültige untere Altersgrenze für Schwererziehbare zu bestimmen. Einigen wir uns aber darauf, ein Kind für ein gegebenes Milieu dann schwererziehbar zu nennen, wenn mit den gewöhnlichen Erziehungsmitteln, mit Lohn und Strafe das Auslangen nicht zu finden ist, so haben wir zwar für die Festlegung einer unteren Altersgrenze der Schwererziehbarkeit nichts gewonnen, wohl aber was die Erziehungsfürsorge daran interessiert: wann sie einzugreifen hat.

Erwächst die Schwererziehbarkeit aus Mängeln in der Erbanlage, so sind die Eltern, weil die gewöhnlichen Erziehungsmitteln versagen, den Schwierigkeiten nicht gewachsen. Das Kind wird zum eigenen und zum Vorteile der Gesellschaft, je früher desto besser, aus dem häuslichen Milieu entfernt und dem geschulten Erzieher übergeben werden.

Nun wissen wir aus Erfahrung, daß auch aus einer normalen Erbanlage ein schwererziehbares Kind hervorgehen kann. Das Familienleben ist gegenwärtig vielfach schon so ungeordnet und zerrüttet, daß auch ein an sich normales Kind zu psychischen Reaktionen gezwungen werden kann, die es schließlich schwererziehbar machen. Fehlt die normal intakte Familie, so wird das Kind nicht die Beziehungen zu Vater und Mutter herstellen, die Grundbedingung sind für die Bildung jener Ich-Struktur, die späteres soziales Handeln gewährleistet. Schon innerhalb der Familie und ziemlich frühzeitig zeigt sich das in Konflikten mit dem Kinde, deren die Eltern um so weniger Herr werden, je mehr sie die Erziehung als eine Machtfrage zwischen dem Kinde und sich auffassen. Es muß also auch in diesen Fällen eine ökonomisch arbeitende Erziehungsfürsorge mit einer frühzeitigen, zweckmäßigen Unterbringung vorgehen.

Stellt man sich die Aufgabe, die Schwererziehbarkeit und damit die daraus sich für den einzelnen und die Gesellschaft ergebenden Folgen zu bekämpfen, so ist das Problem nicht lösbarer geworden, wenn allgemein eine untere Altersgrenze für die Schwererziehbarkeit aufgestellt wäre, denn viel wichtiger ist die Verhinderung des Schwererziehbarwerdens durch vorbeugende Maßnahmen, als deren Behebung. Das ist aber weder ein psychologisches noch ein pädagogisches Problem. Wie viel oder wie wenig zu leisten ist, hängt lediglich von den zur Verfügung stehenden Geldmitteln, Einrichtungen und geschultem Personal ab.

Daß die Eltern die Erziehungsfürsorge oft erst in der Pubertätszeit ihrer Kinder aufsuchen, darf nicht zu irrigen Schlüssen verleiten. Von Ausnahmen abgesehen, liegt dann immer schon eine verstärkte Auflage einer bereits früher bestandenen Schwererziehbarkeit vor, die wegen der in diesem Lebensabschnitt bedeutend gewordenen sexuellen Aggression viel schwieriger zu beheben ist. Sehr häufig läßt sich in der Erziehungsberatung auch feststellen, daß dissoziale Äußerungen, solange sie sich innerhalb der Familie abspielen, ertragen werden. Erst wenn die Entladung in eine weitere Umgebung erfolgt und strafgerichtliche Ahndung zu befürchten ist, wird die Erziehungsfürsorge in Anspruch genommen. Von der Erziehung aus gesehen natürlich zu spät.

Zu untersuchen wäre vielleicht, bei welcher oberen Altersgrenze Schwererziehbarer die Verwendung öffentlicher Mitteln noch zu rechtfertigen ist.

NEUNTER VORTRAG[1])

VOM SCHLIMMEN KINDE

I.

Meine Damen und Herren!

Wir kennen es in seinen verschiedenen Formen aus dem Alltag und stehen im Kindergarten vor recht großen Schwierigkeiten, wenn gleichzeitig zu viele Vertreter seiner Art in einer Gruppe beisammen sind oder wenn in einem Kinde die Schlimmheit besonders stark in Erscheinung tritt. Kramen wir dann in unserer Not in den Erinnerungsresten des uns während der Heranbildung Gelehrten, so finden wir gewöhnlich für den gerade vorliegenden besonderen Fall keine Hilfen und kommen im Suchen von selbst, ohne daß es uns ganz klar werden müßte, über die Studienzeit hinab zur eigenen Kindheit. Gab es dort Ähnliches, so atmen wir auf; denn nun wissen wir, was zu tun ist, wie etwa das vorlaute, übermütige, störrische Mädchen, der trotzige, boshafte, verstockte kleine Junge zu behandeln sind, und wundern uns, wenn bei soundso vielen unser gutes Wollen keinen oder gerade den entgegengesetzten Effekt erzielt. Wir wissen zumeist gar nicht, wieviel wir in Anlehnung an unsere Kindheit vom eigenen Erleben in andere Kinder verlegen, daß wir bei ihnen unsere eigene kindliche Reaktionsart als selbstverständlich voraussetzen. Das aber nur nebenbei!

Weil wir gewissenhafte Menschen sind, schließen wir aus der Erfolglosigkeit unseres Bemühens zunächst auf Lücken im Wissen, die ausgefüllt werden müssen, nehmen ein Buch nach dem anderen her, suchen und suchen und bleiben wieder unbefriedigt. Was wir finden sind Beschreibungen verschiedener Arten schlimmer Kinder, einmal besser, ein andermal schlechter als wir es selbst träfen, im besten Falle so allgemein gehaltene Angaben für die Behandlung, daß wir im konkret gegebenen Fall nichts damit anfangen können. Was wir so notwendig brauchen, wie der Hungrige das Essen, haben uns unsere Lehrer seinerzeit nicht gesagt, und das verschweigt auch die Literatur: „Was fange ich mit dem zornigen Hansl, mit der alles verneinenden Grete an?“ „Wie schütze ich die anderen vor dem boshaften Peperl?“ „Mich selbst

---

[1]) Gedruckt in der „Zeitschrift für Kindergartenwesen“, in Nr. 11/12, Wien, 1. Dezember 1924, 43. Jahrgang; Nr. 3/4, Wien, 1. März 1925, 44. Jahrgang; Nr. 9/10, Wien, 1. Oktober 1925, 44. Jahrgang.

vor dem nervenzerrüttenden Schreihals Annerl?“ usw. Weil unser Bemühen in den Büchern vergeblich geblieben ist, beginnen wir uns nun zu ärgern; aber nicht über diese, auch nicht über uns selbst, sondern über den bösen Zufall, der gerade uns in eine so schlechte Kindergruppe gestellt hat. Da sich aber damit der Zustand der Gruppe nicht ändert, das heißt — ja, er wird noch schlechter, und unsere Gewissenhaftigkeit bestehen bleibt, überkommt uns Mutlosigkeit, die endlich so stark wird, daß sie unseren Stolz überwindet, und nun fragen wir eine ältere Kollegin, bei der alles wie am Schnürchen läuft: „Hast du denn gar keine schlimmen Kinder in deiner Gruppe?“ Lächelnd bekommen wir zurück: „Vielleicht mehr als du.“ Überrascht und bestürzt zugleich fahren wir fort: „Dann sage mir, wie du es machst!“ „Wie ich es mache, das läßt sich schwer sagen; man muß auf die Kinder eingehen und dann geht es von selbst.“ So belehrt kehren wir in unsere eigene Kindergruppe zurück, um nun auch auf die Kinder „einzugehen“: lassen den Vorlauten vorlaut, den Frechen frech, den Quänglichen quängelig sein, reden dem Trotzigen recht sanftmütig zu und trösten die Weinende, weil sie der Rohling geschlagen hat. Unermüdlich schlichten wir und muntern auf; mit nicht versiegender Geduld eilen wir von einer Ecke des Spielsaales in die andere und wieder zurück zur Mitte, aber alles ist vergeblich, das Völklein will nicht in Ordnung kommen, immer wieder ist etwas da, das die Beschäftigung hindert. Wir werden immer erschöpfter, immer verzweifelter, sind schließlich überzeugt, daß wir für diesen Beruf nicht taugen, und laufen davon, wenn sich uns anderswo eine Existenzmöglichkeit bietet, oder bleiben, verdrossen, den Kindern und uns selbst zur Qual, wenn die materielle Not zum Ausharren zwingt oder auch, wir legen ein Stück Gewissenhaftigkeit ab und wursteln weniger besorgt weiter.

Möglicherweise ist diese Schilderung zu schwarz ausgefallen, dann stimmt sie nur in der Schattierung, dem Grade nach nicht ganz. Daß es sich aber in Wirklichkeit so ähnlich verhält, bekomme ich recht häufig in verschiedener Abstufung von Erziehern kleiner und großer Kinder zu hören.

Nun fragen wir uns, ob dieser Pessimismus berechtigt ist, ob erzieherische Arbeit besondere Begabung voraussetzt, die für schlimme oder schwer erziehbare Kinder in erhöhtem Maße vorhanden sein muß? Etwas ist natürlich nicht zu entbehren: der Kern einer Erzieherpersönlichkeit, der aus angeborenen, durch die Erbanlage gegebenen Bereitschaften erwächst und der nicht auf jede beliebige Individualität aufgepfropft werden kann. Und doch lassen sich die Menschen nicht ohne weiteres in zwei Gruppen teilen: in die als Erzieher befähigte und nicht befähigte. Die inneren Vorbedingungen, aus denen der Erzieher wird, sind weit häufiger vorhanden, als gemeiniglich angenommen wird. Sie gelangen nur nicht immer zur Entwicklung, weil es auch an den äußeren Notwendigkeiten dazu fehlen kann. Wir sind daher nicht genötigt, selbst uns jedes Talent zur Erziehung abzusprechen, wenn wir besondere Zuneigung zur Jugend haben und jene Fähigkeit besitzen, die als Einfühlung bekannt ist.

Für den ausübenden Erzieher kommt vor allem ein Können in Betracht, das sich wesentlich von dem bloßen Wissen unterscheidet und das auch nur zum geringsten Teil durch das Studium der Erziehungswissenschaft erworben wird.

Erziehen können muß erlebt werden! Was heißt das? Wir sprechen von einem Erlebnis, wenn wir nicht Sinneswahrnehmungen aufnehmen, geistig verarbeiten und uns äußern, sondern an diesen Vorgängen gefühlsmäßig stärker (affektiv) beteiligt sind. Ein Wissen von der Erziehung, das zum Können führen soll, erfordert daher in seiner Aneignung — und darauf kommt es an — dieselbe affektive Anteilnahme des ganzen Ichs, welche für das Erlebnis charakteristisch ist. Beim Lesen des gedruckten Wortes, namentlich wissenschaftlicher Abhandlungen, werden wir nur ausnahmsweise ganz mitgenommen, weit eher beim Anhören des gesprochenen. Hier wie dort bleiben zumeist nur Reste von Wahrnehmungsvorgängen im Gedächtnis haften, die uns als Persönlichkeit ziemlich unberührt lassen. Ganz anders wird es, wenn wir mit Kindern zusammenleben und deren Äußerungen auf uns wirken lassen. Da kommt es zu richtigen Erlebnissen, zu stärker oder schwächer gefühlsbetonten Reaktionen des eigenen Ichs. Haben wir dabei die richtige Führung, so werden in uns vorbereitete, aber brachliegende Keime zur Entwicklung gelangen, und die Sorge, daß wir nicht zur Erziehung taugen, wird nach und nach schwinden.

Wenn im folgenden ein Weg skizziert werden wird, auf dem erzieherische Kräfte zur Behandlung schwer erziehbarer Kinder zur Wirkung gebracht werden können, so ist klar, daß damit nur ein Notbehelf in Anwendung kommt, denn der persönliche Kontakt mit dem Erzieher inmitten einer Kindergruppe ist dadurch keinesfalls ersetzt. Es bleibt aber kein anderer Ausweg, und deswegen wagen wir den Versuch.

Die Art unseres Erlebens wird vornehmlich durch die Einstellung zum Leben überhaupt bedingt. Wie sich unser Erleben in einer Kindergruppe gestalten wird, hängt daher wesentlich von der Einstellung ab, die wir zu den Kindern haben. Was darunter zu verstehen ist, bedarf gewiß keiner näheren Erklärung, wohl aber, worauf es dabei ankommt. Es genügt nicht, zu sehen, zu fühlen, mitzuerleben, was die Kinder tun. Wir müssen uns immer auch die Frage vorlegen, „warum“ sie es machen und „warum gerade so und nicht anders". Finden wir zu einem „Warum" das dazugehörige „Weil", oder anders ausgedrückt, zu einer kindlichen Äußerung die Ursache, so können wir durch Beeinflussung dieser auch jene abändern. Wenn wirklich jede kindliche Äußerung ursächlich bedingt ist, haben wir gerade für die Behandlung des schwer erziehbaren Kindes viel gewonnen; denn jede Schlimmheitsäußerung müßte durch die Behebung der Ursache zum Verschwinden gebracht werden können. Es fragt sich nur, ob es wirklich so ist? Da wir längst gewohnt sind, im physischen Naturgeschehen die Gesetzmäßigkeit zu sehen, von der Wirkung auf die Ursache zu schließen, für eine Ursache die Wirkung zu suchen, bedeutet die Ausschließung alles Zufälligen auch aus dem psychischen Erleben doch nur die Erweiterung einer bereits bekannten Tatsache.

Wir merken uns: Wenn wir von nun an Schlimmheitsäußerungen beobachten, werden wir nicht mehr sagen, diese seien zufällig so und hätten auch anders sein können, sondern werden annehmen, daß sie ihre Ursache haben, wohl begründet, motiviert, determiniert sind und als das Ergebnis ganz bestimmter psychischer Vorgänge gerade so sein mußten und nicht anders sein konnten. Damit haben wir auch die Basis für die aus den Beobachtungen möglichen systematischen Untersuchungen gefunden, die ausgeschlossen sind, so lange man blindes Zufallswalten gelten läßt.

Unsere Untersuchungen werden im wesentlichen darauf hinauslaufen, die Bedeutung der kindlichen Äußerungen, die ihnen zugrunde liegende Absicht oder Tendenz festzustellen. In kurzer Ausdrucksweise: Wir werden dem „Sinne" einer Schlimmheitsäußerung nachgehen. Da ergibt sich möglicherweise ein neuer Zweifel: Haben denn die Äußerungen, welche in ihrer Gesamtheit den Charakter der Schwererziehbarkeit ausmachen, überhaupt einen Sinn? Wenn wir schon zugeben, daß sie das Ergebnis eines gesetzmäßigen Ablaufes sind, ist die Behauptung, sie seien auch sinnvoll, nicht doch eine zu starke Zumutung an unsere Leichtgläubigkeit? Übersehen wir zunächst nicht, was als „Sinn" bezeichnet wird: Jeder Äußerung liegt eine ganze bestimmte Absicht oder Tendenz zugrunde. Wir könnten uns mit Fug und Recht wehren, wenn verlangt würde, daß diese Untersuchungsvoraussetzung auf Treu und Glauben hingenommen werden muß. Eine so vollständige Umstellung der bisherigen Auffassung wird aber nicht verlangt, sie soll zur Kenntnis genommen werden, um sie durch Beobachtungsmaterial aus der eigenen Kindergartenarbeit zu widerlegen. Es wird erwartet, daß der Widerspruch eine Flut von Zuschriften auslöst, die an Tatsachenmaterial diese Behauptung zu widerlegen versuchen. Die Untersuchung dieses ergäbe dann die Möglichkeit, die theoretischen Erwägungen den vorhandenen praktischen Bedürfnissen anzupassen.

II.

Wir haben im ersten Teil unserer Arbeit, gegen Schluß unserer Ausführungen, die Annahme abgelehnt, daß die kindlichen Schlimmheitsäußerungen sinnlose Zufälligkeiten seien, die immer auch anders ausfallen könnten, und stellten, ohne Beweismaterial anzuführen, zwei Behauptungen auf: Die Schlimmheitsäußerung ist aus der vorhandenen psychischen Situation stets das einzig mögliche Ergebnis, die Folge wohlbegründeter, determinierter psychischer Vorgänge, und jeder Schlimmheitsäußerung liegt eine Absicht oder Tendenz, also ein ganz bestimmter Sinn zugrunde. Als unsere Aufgabe wurde nicht die Beschreibung, sondern die Aufdeckung des Sinnes von Schlimmheitsäußerungen bezeichnet.

Wir wollten nun nicht, daß unsere Behauptungen als unumstößliche Tatsachen hingenommen werden, mit denen man sich abzufinden habe, weil wir wußten, daß eine nicht einverständlich gewonnene Untersuchungsbasis zu unsicherer Boden ist, als daß sich darauf überzeugende Überlegungen aufbauen ließen. Wir sind sogar der Meinung, daß manche der Leserinnen sich unseren Voraussetzungen nicht anschließen können, wenn soundso viel eigene Erfahrung dagegen sprechen, und halten daher gemeinsame Arbeit für den einzig möglichen Vorgang, um zu allseits befriedigenden Resultaten zu kommen. Diese schlugen wir auch vor und dachten uns, daß die Kindergärtnerinnen in zuwartender Haltung, mit offen zutage getragener Skepsis, vorläufig nur Beobachtungsmaterial aus dem Kindergarten zu bringen und wir die Verpflichtung hätten, an diesem die Richtigkeit unserer Behauptungen nachzuweisen. In diesem Sinne war auch unsere Einladung zu Einsendungen gemeint.

Nun warten wir seit Wochen auf das Eingehen von Beobachtungsmaterial, und es kommt nichts. Es ist daher gewiß nicht verwunderlich, daß uns mancherlei Bedenken aufsteigen. Sind die Leserinnen über uns entrüstet oder finden sie die Behauptungen so lächerlich, daß sich ein Eingehen darauf gar nicht lohnt? Dann wäre allerdings eine Fortsetzung unserer Ausführungen überflüssig. Aber muß das so sein? Vielleicht war durch die Vorbereitungsarbeiten zu den Weihnachtsfesten in den Kindergärten keine Zeit, die zwei und eine halbe Seite sind beim Durchblättern übersehen worden, die Zeitschrift konnte überhaupt noch nicht gelesen werden? Vielleicht bilden die Zaghaftigkeit oder Unsicherheit in der Formulierung von Beobachtungen das Hindernis?

Mag es nun so oder so oder auch anders sein, Ursachen, daß wir noch immer mit leeren Händen dasitzen, sind vorhanden, das ist unbestreitbar.

Für uns ergibt sich daraus die Notwendigkeit, zu überlegen:

Sollen wir den Versuch, einen Beitrag zur Erziehung schwer erziehbarer Kinder zu leisten, einstellen?

Mit theoretischen Auseinandersetzungen fortfahren, obwohl wir wissen, daß diese auf die Dauer ohne praktische Unterlagen langweilig werden müssen?

Für diesmal Fälle bringen, die nicht aus dem Leserkreise stammen, und zuwarten, ob nicht doch noch Beobachtungsmaterial einlangt?

Wir haben uns für die letzte der drei Möglichkeiten entschieden und werden uns heute mit der Untersuchung von Schlimmheitsäußerungen zweier Mädchen, eines vierjährigen im Kindergarten und eines fünfjährigen zu Hause, beschäftigen.

Die vierjährige Rosa war früher im Kindergarten ein normal braves Kind, vertrug sich mit den anderen recht gut und wurde als Spielgefährte sogar gesucht. Auch ihr sonstiges Benehmen war dem Alter entsprechend, so daß sie nie Anlaß zu besonderer Klage gegeben hat. Das änderte sich, und seit einiger Zeit fällt Rosa der Kindergärtnerin dadurch auf, daß sie auf verschiedenste Art beim Spiele stört: Aufgebautes umwirft, Spielsachen während der Benützung vom Tisch auf den Boden streift, unter die Spieltische kriecht, um diese zum Wackeln zu bringen, bei Bewegungsspielen einzelne stößt und reißt. Sind die Kinder fröhlich, so versucht sie diese zu ärgern oder lacht in aufreizender Art. Aus Rosa ist ein recht schlimmes Kind geworden; sie macht sich besonders unangenehm, den Spielbetrieb äußerst störend, bemerkbar.

Die ersten Beobachtungen lassen keinen Schluß auf die der Schlimmheitsäußerung zugrunde liegende Tendenz zu. Rosa stört, ganz gleichgültig, was gespielt wird oder womit die Kinder beschäftigt sind, zerstört wahllos Aufgebautes oder sonstige Arbeiten. Es ist nicht zu erkennen, daß sie einzelne Kinder verschont, geht einmal auf das eine, das nächste Mal auf das andere los. Bei genauerem Hinsehen klärt sich das Bild. Wars sie macht, ist durchaus nicht systemloses, ungereimtes Handeln. Freilich ist ihr gleichgültig „was" gerade gespielt, gebaut, gearbeitet wird, aber nicht so sehr „wer" für besonders schöne Ausführung belobt wird und mit „wem" sich die Kindergärtnerin besonders beschäftigt. Von weitem verfolgt sie diese ganz unauffällig mit ihren Blicken und macht ein ganz unglückliches Gesicht, wenn einem Kinde so viel Aufmerksamkeit zugewendet wird, daß es dadurch aus der Gruppe herausfällt. Sie gerät sehr bald in ziemliche Erregung und kaum ist die Kindergärtnerin anderswo beschäftigt, muß gerade dieses Kind ihre Angriffe erdulden.

Es ist leicht begreiflich, daß Erziehungspersonen mit fünfundzwanzig und noch mehr Kindern, namentlich dann, wenn sie nicht besonders angeleitet werden, das erste Stadium, wie es hier bei Rosa regelmäßig vorhanden ist, übersehen und erst aufmerksam werden, wenn durch die Entladung einer Erregung andere Kinder in Mitleidenschaft gezogen werden. Die natürliche Folge ist, daß die wirkliche Ursache überhaupt nicht erkannt oder in falscher Richtung gesucht wird.

Wir sehen Rosa jedesmal gereizt werden, wenn andere Kinder nach ihrem Gefühl — es braucht dies tatsächlich gar nicht der Fall sein — bevorzugt werden oder, was dasselbe ist, sie diesen gegenüber zurückgesetzt wird. Aus diesem Gereiztsein wird dann später ein Handeln, das wir als ungezogen werten. Für das Kind bedeutet es natürlich etwas ganz anderes. Sicher verfolgt es damit die Absicht, die Aufmerksamkeit der Kindergärtnerin auf sich zu lenken. Warum geschieht dies nicht durch besonderes Bravsein? Wir wollen uns merken, daß ein Tun um so zwingender wird, durch je mehr Determinanten es bedingt ist. Zerstört Rosa dem bevorzugten Kinde das Spiel, so erledigt sie mit dieser einzigen Tat alles: Die Bevorzugung ist aufgehoben, weil der Anlaß hierzu nicht mehr existiert, das Kind ärgert oder kränkt sich so, wie sie selbst sich vorher aufgeregt hat, und die Kindergärtnerin kann sie in dem Tumult gar nicht sehen, was leicht möglich wäre, wenn sie recht anständig und gesittet bei ihrem eigenen Spiel bliebe. Was sonst noch Rosa gerade in die Richtung des Schlimmseins drängt, können wir erst besprechen, wenn wir etwas mehr von den seelischen Vorgängen wissen.

Der Sinn dieser Schlimmheitsäußerung wäre nun soweit aufgedeckt und damit unsere Aufgabe erledigt. Es interessieren uns aber noch zwei Momente.

Warum ist Rosa auf einmal so geworden? Das muß doch irgendwie begründet sein?

Und wie kommen wir zu einer erzieherischen Lösung, das heißt, wie können wir Rosa wieder zu dem braven Kinde machen, das es war?

Im Kindergarten ist nichts vorgefallen, das uns eine Erklärung für das geänderte Benehmen geben könnte.

Wir wenden uns daher an die Eltern, mit der Anfrage, ob auch zu Hause das Verhalten Rosas zu Klagen Anlaß gebe, und bekommen zur Antwort, daß dies der Fall sei, und zwar ungefähr vom selben Zeitpunkt an, mit dem auch die Schwierigkeiten im Kindergarten begannen.

Wir hören bei eingehenderem Befragen aber auch etwas, das uns vollständige Klarheit verschafft. Beides, die Ungezogenheit zu Hause und im Kindergarten traten unmittelbar nach einem frohen Familienereignis in Erscheinung, das Rosa in Form eines Brüderchens die größte Enttäuschung brachte. Sie, die bisher einzige, die immer im Mittelpunkte des Interesses ist, wird gezwungen, diese bevorzugte Stellung aufzugeben. Sie muß dem Kleinen weichen, um den sich nunmehr alles dreht. Die größere Beachtung des hilfsbedürftigen Säuglings, die den Großen selbstverständlich erscheint, kann sie nicht begreifen. Es fällt auch niemanden auf, wie sehr sie sich darüber kränkt und wie tief sie unter der Zurücksetzung leidet.

Sie will die Aufmerksamkeit wieder auf sich lenken und ist schlimm; denn dann muß man sich ihr zuwenden. Das Brüderchen fühlen lassen, was er verschuldet hat, wäre das Richtige. Sie quält ihn auch, wenn niemand dabei ist. Es ist aber doch gefährlich; man könnte sie ertappen. Im Kindergarten fehlt der Vater, dort ist auch die freiere Bewegungsmöglichkeit und manches, dem Kleinen zu Hause Vermeintes, bekommen die Bevorzugten zu spüren.

Wir haben nun noch zu überlegen, was zu unternehmen ist, damit Rosa wieder das brave Kind von früher werde. Die rascheste und radikalste Erledigung ihrer Schlimmheitsäußerungen ist zweifellos durch eine gründliche Änderung der Verhältnisse zu Hause, durch eine Umstellung der Eltern in ihren Beziehungen zu den beiden Kindern erreichbar. Wie wir aus Erfahrung wissen, gelingt dies in den seltensten Fällen und ist auch hier nicht zu erwarten. Wir müssen uns damit abfinden, daß der Kleine die Hauptperson bleibt, und schon zufrieden sein, wenn eine Aufklärung der Eltern gelingt und diese dadurch die schwersten Fehler in der Behandlung Rosas vermeiden. Daß uns dann im Kindergarten eine vollständige Lösung der Aufgabe nicht gelingen kann, ist wohl einzusehen. Trotzdem läßt sich manches erreichen. Wir können kalmierend wirken und Rosa bei uns zu einem möglichen Verhalten veranlassen, wenn der Angriffstendenz dadurch wirksam begegnet wird, daß das kindliche Bedürfnis nach Bevorzugung auf seine Rechnung kommt. Das darf nur nicht mißverstanden werden. Keineswegs sollen die anderen Kinder dadurch zu kurz kommen. Es ergeben sich aber beim Spiel und den sonstigen Betätigungen gewiß eine Reihe von Möglichkeiten, Rosa mit unter die Bevorzugten aufzunehmen, ohne daß vernünftige Grenzen dabei überschritten werden. Viel wird natürlich davon abhängen, wie sich das besondere Verhältnis zur Kindergärtnerin gestaltet.

Sehen wir uns nun den zweiten Fall an, den wir noch zu untersuchen haben.

In einer Familie, bestehend aus Vater, Mutter, der fünfjährigen Mitzi und der siebenjährigen Karoline, gibt es seit einigen Wochen beim Mittagstisch unaufhörlich Aufregungen. Mitzi will nicht mehr ordentlich essen. Sie stochert fortwährend auf dem Teller herum, schlägt mit dem Löffel in die Suppe, daß das Tischtuch beschmutzt wird, lehnt manches zu essen ab, muß ununterbrochen ermahnt werden, die Speisen nicht kalt werden zu lassen, kurz, sie benimmt sich unausstehlich, wie früher nie, ist sonst aber ein braves Kind, mit dem recht gut auszukommen ist.

Das teilt die Mutter der Kindergärtnerin mit, in deren Gruppe Mitzi eingeschrieben ist, weil sie sich keinen Rat mehr weiß und befürchtet, daß die Kleine, die körperlich schon ziemlich heruntergekommen ist, gesundheitlich Schaden leiden könnte.

Im Kindergarten ist ein geändertes Benehmen nicht zu bemerken, dort ist sie nach wie vor das gesittete Mädchen, mit dem man seine Freude haben kann.

Um der Sache auf den Grund zu kommen, leitet die Kindergärtnerin die Mutter zum Nachdenken und Beobachten an: Ob sie selbst, der Vater oder Karoline sich irgendwie geändert haben; ihr eigenes Verhalten oder das des Vaters beim Mittagstisch ein anderes geworden ist; die Sitzordnung gewechselt wurde, die Speisegeräte vertauscht gebraucht werden; ob Karolinens Betragen einwandfrei sei oder diese der Jüngeren ein schlechtes Beispiel gebe usw.

Nach einigen Tagen erscheint die Mutter wieder, diesmal noch mehr aufgeregt als das erste Mal, weil sich Mitzi nicht nur nicht gebessert hat, sondern auch noch dazu lügt.

Was denn vorgefallen sei, will die Kindergärtnerin wissen. Recht bestürzt, beginnt die Mutter zu reden: Mitzi hat am Vortage beim Mittagstisch ein Erlebnis aus dem Kindergarten erzählt, von einem Tage, an dem sie diesen gar nicht besucht hat. Man kam sehr bald hinter die Lüge und das Kind wurde natürlich dafür gezüchtigt. Die Mutter wird während der Darstellung dieses Vorfalles immer bestürzter, sie weiß sich nun tatsächlich nicht mehr zu helfen.

Die Kindergärtnerin begnügt sich mit dieser Darlegung nicht, sondern befragt nun erst die Mutter eingehend. Dabei kommt sie auf Verschiedenes und auch darauf, zu fragen, ob Mitzis Verhalten den Schluß zuließe, daß sie die Aufmerksamkeit der bei Tisch Sitzenden auf sich ziehen wolle. Die Mutter hält das für ausgeschlossen; denn gerade während des interessantesten Teiles, wenn Karoline ihre Schulerlebnisse erzählt, merkt sie nicht einmal auf, im Gegenteil, das ist die Zeit ihrer ärgsten Faxen mit dem Essen. Die Kindergärtnerin will nun auch wissen, was es mit den Schulerlebnissen für eine Bewandtnis habe, und bekommt zu hören, daß vor nicht sehr langer Zeit die Große begonnen habe zu erzählen, was sich in der Schule ereignet habe, daß diese das außerordentlich nett mache, namentlich der Vater viel Gefallen daran finde, durch eingeworfene Fragen sie anrege, immer mehr und eingehender zu berichten, und schließlich, daß das seither zu einer ständigen Einrichtung geworden sei, weil Karoline so viel Freude daran finde und dabei ganz aus sich herausgehe.

Aus den Ausführungen der Mutter läßt sich erkennen, daß hier ein Sachverhalt von den Eltern mißverstanden wird und tatsächlich ein sehr inniger Zusammenhang zwischen Mitzis Verhalten und den Erzählungen der Schwester besteht.

Es ist klar, daß sie sich über Karoline ärgert, daß sie durch ihr Verhalten die Aufmerksamkeit auf sich lenken will und dies zuerst durch das nicht ordentliche Essen versucht. Als sie damit nicht den gewünschten Erfolg erreicht, kommt sie selbst mit einer Geschichte, die womöglich die der Schwester in den Schatten stellt. Da ihr gerade kein wirkliches Erlebnis zur Verfügung steht, erfindet sie eines. Die Wahrheit oder Unwahrheit spielt für sie dabei gar keine Rolle, ausschlaggebend ist das Motiv, das Interesse der Eltern von der Schwester abzulenken und auf sich zu konzentrieren.

Wir können daraus ersehen, welche Rolle der Konkurrenzkampf der Kinder um den so wichtigen „ersten" Platz in der Zuneigung der Eltern spielt und daß dabei, namentlich in den ersten Lebensjahren, moralisches Empfinden kaum ein Hindernis bildet. Mitzis Versuch, diesen zu erlangen, wird nun, wie so häufig, von den Eltern nicht erkannt. Sie entrüsten sich, züchtigen sie sogar und ahnen nicht, daß sie selbst das Kind in die Lüge hineingezwungen haben.

Wir ersehen wohl, ohne viel Schwierigkeiten, daß, wenn da nicht Wandel geschaffen wird, die Eltern ihr falsches Vorgehen nicht einsehen und ändern, Mitzi auf dem besten Weg ist, nun wirklich ein schwer erziehbares Kind zu werden, von dem sich nicht voraussagen läßt, wohin es sich entwickeln wird.

Wir haben im Zusammensein mit der verwahrlosten und verbrecherischen Jugend wiederholt Gelegenheit zu sehen, wie nachhaltig solche erste Kindheitserlebnisse die ganze Entwicklung beeinflussen.

Man muß sich nur vorstellen, was in solchen Fällen in den Kindern vorgeht. Sie fühlen sich vernachlässigt und verwenden die ihnen tauglich erscheinenden Mittel, wieder zu ihrem Recht zu kommen. Daß diese den Erwachsenen unrichtig erscheinen, kann ihnen unmöglich klar werden. Zur Vernachlässigung kommt nun noch die Strafe, die als Ungerechtigkeit empfunden werden muß. Die Folgen können die verschiedensten sein, aber jedenfalls kommt es zu einem Gegensatz zu den Eltern, der sich im Verhalten diesen gegenüber ausdrückt. Das Benehmen wird falsch gedeutet, neuerliche Strafe folgt, die Kluft vertieft sich immer mehr, und das Endergebnis ist häufig Verwahrlosung, deren Entstehung sich dann niemand erklären kann.

Was ist mit Mitzi und in ähnlichen Fällen zu machen?

Es gibt wohl keinen anderen Weg als den schon angedeuteten. Achten und immer wieder achten, auch auf scheinbar ganz kleine Äußerungen, wenn sie aus dem Normalen herausfallen, sich klar werden, was diese zu bedeuten haben, den Sinn erfassen und dann liebevolles Eingehen auf die zutage getretenen Bedürfnisse.

Mit diesen zwei Fällen ist natürlich das Problem des schlimmen Kindes noch nicht gelöst. Wir werden fortfahren müssen, weiteren und vertieften Einblick in die Kinderstube zu bekommen.

III.

Ob die beiden Mädchen wußten, warum sie sich so ordnungswidrig benahmen?

War dem einen klar, daß es seine Spielkameraden im Kindergarten störte, weil ihm das jüngstgeborene Brüderchen die bevorzugte Stellung in der Familie genommen hatte, und dem anderen, daß es beim Mittagstische „Faxen" machte, um die Aufmerksamkeit der Eltern auf sich zu ziehen?

Es darf Sie nicht stören, daß wir uns um eine so unwichtige Nebensächlichkeit kümmern. Es ist notwendig; denn wir sollen ja lernen, schwer erziehbare Kinder richtig zu behandeln, und da dürfen wir auch an scheinbaren Kleinigkeiten nicht vorübergehen.

Die gestellte Frage mit ja oder nein zu beantworten, ohne vorher mit den Kindern darüber gesprochen zu haben, geht wohl nicht an. Bei der Unterredung mit ihnen stellte sich heraus, daß sie die Tendenz ihres Tuns nicht kannten und die Annahme zulässig sei, ein dunkles, nicht näher bestimmbares Gefühl habe sie gezwungen zu tun, was sie taten. Wir haben schon früher nachgewiesen, daß dem Schlimmsein der beiden Kinder eine bestimmte Absicht zugrunde lag, und hören jetzt, daß sie von dieser nichts wußten. Das kann nicht bedeutungslos sein, und wir dürfen erwarten, zu neuen Einsichten zu kommen, wenn es uns gelingt, aufzudecken, *warum* den beiden Kleinen die Tendenz ihres Benehmens verborgen geblieben war und diese nur wie ein triebhaftes Drängen, dem nachgegeben werden mußte, aufgetreten ist.

Machen wir den Versuch, einige Zusammenhänge zu ergründen! Zwei Tatsachen stehen unleugbar fest: die Schlimmheitsäußerungen sind die Folgen eines nicht unterdrückbaren Antriebes und dieser Antrieb war nicht immer da, ist nichts Ursprüngliches wie die Triebe, weil die Kinder früher brav gewesen sind. Er ist also auch nur eine Folge von etwas anderem, das sich irgendwie gebildet hat. Dieses uns vorläufig noch unbekannte Andere ist die Ursache des auffälligen Benehmens. Es ruft zuerst das nicht unterdrückbare Drängen hervor und läuft schließlich in die Schlimmheitsäußerung aus. Diese unbekannte Ursache haben wir zu erfassen, um in der Diagnose schwer erziehbarer Kinder einen Schritt weiterzukommen.

Dazu schlage ich Ihnen vor, eine Annahme der Physik auch im Psychischen gelten zu lassen. Dort wird als Ursache einer Bewegung eine Kraft gesetzt, so daß verschiedenen Bewegungszuständen verschiedene Kräftekonstellationen und Mechanismen entsprechen. Hier wäre dann analog als Ursache der Schlimmheitsäußerung eine „psychische Kraft" zu stellen. Ganz allgemein: Die seelischen Akte werden durch psychische Kräfte hervorgerufen und den seelischen Abläufen entsprechen psychische Mechanismen. Wer sich bisher mit der Beschreibung von Bewußtseinsinhalten und deren gegenseitigen Beziehungen begnügt hat, wird sich für den Anfang mit dieser Auffassung, die wir eine *dynamische* nennen wollen, nicht leicht zurechtfinden. Die Schwierigkeiten sind aber zu überwinden. Erinnern wir nur, was die Physik unter Dynamik versteht! Sie wendet das Wort vielfach im Sinne der durch Kräfte hervorgebrachten Bewegung an. Wir haben daher bei der dynamischen Betrachtung seelischer Vorgänge diese nicht zu beschreiben, sondern eine ihnen zugrunde liegende psychische Kraftquelle als vorhanden anzunehmen und deren Wirkungen zu verfolgen. Dadurch sind wir aber in der Lage, eine Behauptung, deren Richtigkeit allerdings zu erweisen sein wird, aufzustellen. Bisher wußten wir, daß jeder Schlimmheitsäußerung eine bestimmte Absicht entspricht, alles Zufällige auszuschließen ist und daß unsere beiden Mädchen die Tendenz, der ihr Verhalten entspringt, nicht kennen. Jetzt vermögen wir in dynamischer Ausdrucksweise zu sagen: Eine psychische Kraft oder die Resultierende mehrerer Kräfte bedingt die Tendenz, eine andere verhindert das Bewußtwerden der Absicht.

Ihre Aufmerksamkeit und wahrscheinlich auch Ihr Widerspruch werden besonders dadurch angeregt, daß ich zwei Kräfte als wirksam annehme: eine Kraft, die eine bestimmte Absicht hervorruft, und eine zweite, die nicht zuläßt, daß diese Absicht bewußt wird.

Ich höre Ihren Einwand: „Wir sind bereit, zuzugeben, daß sich das Entstehen der Schlimmheitsäußerung als die Wirkung einer psychischen Kraft auffassen läßt und die Kinder von deren Vorhandensein keine Ahnung haben, aber wozu denn die Annahme eines so komplizierten psychischen Vorganges? Dem allem liegt doch eine somatische Ursache zugrunde! Es ist hier ebenso wie bei einer Reihe anderer Abläufe in uns. Alle Organe funktionieren und niemandem wird, solange er gesund ist, bewußt, was beispielsweise der Magen in jedem Augenblick nach dem Essen an Verdauungsarbeit leistet und wie er diese vollzieht. Die Tendenz der Schlimmheitsäußerung hat mit „bewußt“ und „unbewußt“ nichts zu tun. In den Kindern ist durch die erlittene Zurücksetzung Ärger ausgelöst worden, und wir wissen, daß dieses auch eine Verengerung der Blutgefäße nach sich zieht. Diese müssen wieder in den normalen Zustand zurückkommen. Der erhöhte Blutdruck, also Physisches, ist die Ursache von dem, was wir zu sehen bekommen haben.“

Wenn Sie so argumentieren, bringen Sie zur Begründung Ihres Einwandes durchaus nichts Neues. Sobald wir mit jemandem, der in unsere Denkrichtung nicht eingelebt ist, über schwererziehbare Kinder sprechen, wird Ähnliches immer eingewendet. Begeben wir uns in der Diskussion in das Grenzgebiet zwischen psychisch und physisch, dann werden wir bei einem Wortstreit landen, weil die Frage, ob das psychische Geschehen physisch determiniert ist oder der somatische Vorgang psychisch, durch uns nicht gelöst werden kann. Vertreten Sie eine somatische Ursache der Schlimmheitsäußerung, dann mache ich Sie aufmerksam, daß der erhöhte Blutdruck die Folge des Ärgers, also von Psychischem ist. Sehen Sie aber darin wieder nur die Folge von etwas anderem Somatischem, so bin ich gewiß in der Lage, noch weiter hinten abermals Psychisches zu finden, was fortgesetzt eine unendliche Reihe ergeben würde.

Viel wichtiger erscheint es mir, an einer Stelle haltzumachen und von da aus einen Überblick zu gewinnen. Für unser Bemühen ist es ziemlich gleichgültig, ob die Ursache der Schlimmheitsäußerung von vornherein im Psychischen gegeben ist oder im Physischen liegt und dann nur ihren Vertreter im Psychischen hat. Von Bedeutung wird, daß wir unbedingt irgendwo einen Beginn im Psychischen annehmen dürfen, und erst von da an interessieren uns die Zusammenhänge und zunächst der, ob die Tendenz bewußt werden muß, oder ob es möglich ist, daß die Kinder von diesem seelischen Gebilde wirklich nichts wissen? Um das zu erfahren, sehen wir ein wenig von der Erörterung unseres besonderen Falles ab und wenden uns etwas allgemeineren Betrachtungen zu.

Das Handeln ist determiniert! Sind die Determinanten immer bewußt, so müssen sie jederzeit erfragt werden können. Da dies aber nicht in allen Fällen gelingt, dürfen wir nicht fehlerhaft etwa so schließen: „Vermag der Handelnde die Determinanten seines Tuns nicht anzugeben, so sind keine da; was er tat, ist eine Zufallsleistung.“ Wir müssen vielmehr annehmen, daß er sie nicht angeben kann, weil er von ihnen nichts weiß, sie ihm nicht bekannt sind, in seinem Bewußtsein fehlen und daher in seinem *Unbewußten* zu suchen sind. Mit dieser Behauptung entfernen wir uns von der Ihnen bekannten psychologischen Forschungsrichtung, für die es nur ein Bewußtseelisches gibt, und sind daher gezwungen, vor allem den Nachweis zu liefern, daß wir mit der Annahme eines Unbewußten den Boden psychischer Tatsachen nicht verlassen haben.

Zur Behebung Ihrer Zweifel wird die Mitteilung eines einzigen Experimentes genügen: Eine Person erhält in der Hypnose einen bestimmten, aber erst in einer halben Stunde auszuführenden Auftrag und wird geweckt. Nach dem Erwachen verrät nichts an ihr, daß sie von dem Befohlenen weiß. Je näher der festgesetzte Zeitpunkt heranrückt, desto unruhiger wird sie, bis sie schließlich auf die Minute genau das in der Hypnose Geforderte vollzieht. Diese Person, nun befragt, warum sie gerade das und nichts anderes getan habe, wird angeben, es nicht zu wissen, aber von einem ihr unbegreiflichen Zwingen sprechen, dem sie unterlegen ist. Über fortgesetztes Drängen, nur nachzudenken, denn sie wisse bestimmt das Motiv, wird ihr in der Regel nach und nach der Auftrag des Hypnotiseurs einfallen. Dieser Auftrag muß daher in ihr irgendwo deponiert gewesen sein, sonst hätte er nicht wirksam werden können. Da er bewußt zu machen ist, war er früher eben unbewußt. Wir können also nicht gut das Vorhandensein eines Unbewußten leugnen, wenn es jederzeit experimentell nachzuweisen ist.

Die Möglichkeit, daß die Tendenz zum Schlimmsein im Unbewußten der beiden Mädchen vorhanden war, läßt sich daher nicht ohne weiteres von der Hand weisen. Nur läßt sich noch nicht einsehen, warum sie nicht bewußt geworden ist. Die Kinder sind wirklich zurückgesetzt worden und haben sich darüber geärgert, warum sollen sie nicht wissen, daß sie mit ihrem Tun nur auf die ihnen unangenehme Behandlung antworten? — Vielleicht hat sich dem Bewußtwerden dieser Tendenz etwas widersetzt? Da halten wir nun wieder bei der schon einmal gemachten Behauptung, daß eine psychische Kraft oder die Resultierende von mehreren solcher Kräfte im Unbewußten eine Tendenz bedingen und eine andere Kraft deren Bewußtwerden verhindern kann.

Nehmen wir, um zu verstehen wie das gemeint ist, folgende Situation an: In einer Schale liegt Zucker, und ein kleiner Junge, der nie gehört hat, daß es ohne Fragen verboten ist zu nehmen, steht daneben. In seinem Unbewußten regt es sich triebhaft, davon zu essen. Er wird sich konfliktlos befriedigen. — Einer Trieb- oder Wunschregung steht kein Verbot gegenüber.

Ein zweiter Junge, dem das Ungehörige des Nehmens ganz klar bewußt ist, beherrscht sich, ohne ein Unlustgefühl zu verspüren. — Einer Trieb- oder Wunschregung steht ein ausreichend wirksames Verbot gegenüber.

Ein dritter Junge, dem das Verbot wohl bekannt ist, in dem die Wunschregung aber übermächtig wird, zögert einen Augenblick und befriedigt sie dann doch. — Einer Trieb- oder Wunschregung steht ein zu schwach wirksames Verbot gegenüber.

Ein vierter Junge steht neben einer Zuckerschale und es fällt ihm gar nicht ein, Zucker zu essen. Wir nehmen nicht an, daß in seinem Unbewußten die Lust, Zucker zu essen, fehlt, sondern daß ein überstarkes Verbot die Wunschregungen gar nicht zum Bewußtsein durchläßt.

Der erste Fall interessiert uns für unsere Untersuchungen nicht sonderlich, wohl aber der zweite, dritte und vierte. In diesen Fällen steht der Triebregung aus dem Unbewußten eine im Bewußtsein vorhandene Tendenz gegenüber, die in ihrem verschiedenen quantitativen Ausmaß wesentlich verschiedene Endergebnisse bedingt. In dynamischer Sprechweise würde dasselbe so lauten: Eine durch psychische Kräfte im Unbewußten entstehende Tendenz tritt mit eben einer solchen im Bewußtsein vorhandenen in Widerstreit, das Endergebnis wird von den Quantitäten an psychischen Energien abhängen, die jeder der beiden Tendenzen zur Verfügung steht.

Im zweiten Falle gelingt es der vorwiegend durch Erziehungseinflüsse geschaffenen bewußten Tendenz, die Wunschregung wieder ins Unbewußte zu schieben. Wir sprechen von einer gelungenen *Verdrängung.* Im dritten Falle mißlingt die Verdrängung und im vierten Falle ist diese so groß, daß der Junge von seiner Wunschregung gar nichts mehr weiß.

Wir sehen an diesen Beispielen, daß am Vorgange der Verdrängung immer zwei Tendenzen beteiligt sind, eine, die von einer unbewußten Trieb- oder Wunschregung ausgeht und eine zweite, im Bewußtsein vorhandene, die sich dem Bewußtwerden der ersten widersetzt. Oder kurz gesagt: Am Vorgange der Verdrängung sind zwei Tendenzen beteiligt, die *verdrängte* und die *verdrängende.*

Wenden wir das, was wir nun wissen, auf unsere beiden Mädchen an. Das eine stört die von der Kindergärtnerin bevorzugten Kameraden und weiß nicht warum. Im Kindergarten werden eben Situationen von zu Hause wiederholt, in denen das kleine Geschwisterchen die Ursache von Unlusterlebnissen wird. Wie nun die Zuneigung zum Anderen ohne unser Zutun im Unbewußten von selbst und viel früher wird, als wir uns darüber bewußt Rechenschaft geben, entsteht dort auch die Ablehnung, Abneigung, ja, auch der Haß zuerst, der bewußten Kontrolle entbehrend. An je mehr Unlusterlebnissen des Mädchens das kleine Brüderchen schuldtragend ist — subjektiv, vom Standpunkte des Mädchens aus gesehen —, desto mehr wird sich dessen Abneigung steigern. Drücken wir das etwas kraß aus, die Rachetendenz wird im Unbewußten zunehmen. Dieser Rachetendenz steht im Unbewußten die gewiß auch vorhandene natürliche Zuneigung zum Bruder gegenüber und im Bewußtsein die durch die Erziehung gewordene Tendenz: „Seinen Bruder muß man lieben." Die durch die Unlusterlebnisse — verursacht durch ihn — sich bildende Rachetendenz wird nun wieder durch Zuneigung und moralische Tendenz paralysiert. Die Rachehandlung ist nicht aufzuhalten, aber sie wird als solche nicht mehr erkannt. Das braucht uns nicht zu wundern. Ein voller Erfolg ist nicht möglich, das Kind ist noch zu klein.

Beim zweiten Mädchen, das übrigens etwas älter ist, sehen wir denselben Mechanismus schon etwas harmloser ablaufen.

Noch viel verständlicher wird uns das Tun der beiden Kinder sein, wenn wir an die Wirkung des unbewußten Schuldgefühls denken.

GEWALTLOSE ERZIEHUNG

Meine Damen und Herren!

Ich bin eingeladen worden, heute hier über „gewaltlose Erziehung" zu sprechen.

Einigen wir uns aber, ehe ich über „gewaltlose Erziehung" spreche, was wir unter „Gewalt" verstehen, und in welchem Sinne wir dieses Wort in der Erziehung verwenden wollen, denn sonst fürchte ich, Sie enttäuschen zu müssen.

Was sagen deutsche Wörterbücher[2] über den Begriff „Gewalt"? Während in althochdeutscher Zeit „Gewalt" *vorwiegend* die politische Bedeutung der *äußeren* Macht hatte und für die *innere* Kraftfülle noch durchwegs der Ausdruck „Kraft" zu finden ist, wird im Mittelalter der *politische Sinn* von „Gewalt" zur Hauptbedeutung. Später ergibt sich ein Wandel. Parallel mit der Entwicklung des Neuhochdeutschen tritt der politische Sinn von „Gewalt" zurück, und auch sonst tritt statt „Gewalt" „Macht" stärker hervor, besonders in Luthers Bibelübersetzung. Er schreibt vielfach „Macht", wo seine Vorgänger „Gewalt" gebraucht hatten.

Betrieben wir nun Sprachstudium, so wäre nicht uninteressant, genau zu verfolgen, in welchem anderen Sinne das Wort „Gewalt" noch gebraucht wird und nach welchen vielfachen Richtungen sich dieser Begriff weiterentwickelt hat. So aber bleiben wir nur bei den für uns wichtigen Bedeutungen.

Von althochdeutscher Zeit an wird bis in unsere Zeit nicht nur von „Gottes Allmacht", sondern auch von „Gottes und des Teufels Gewalt" gesprochen.

In der Neuzeit entwickeln sich die Begriffe „Naturgewalt", „Gewalt der Umstände", „höhere Gewalt" (vis major).

Auch der einzelne Mensch kann in seinem Privatleben „Gewalt" haben, das heißt, äußere Macht und rechtliche Befugnisse. Deutlich ist dies in der neueren Rechtssprache erkennbar, die die Begriffe „väterliche Gewalt" und „Schlüsselgewalt der Hausfrau" erhalten hat.

---

[1]) Öffentlicher Vortrag in Zürich am 26. September 1947.

[2]) Trübners deutsches Wörterbuch, Walter de Gruyter & Cie, Berlin 1939. — Deutsches Wörterbuch von Hermann Paul, Niemeyer, Halle a. d. Saale 1935.

„Gewalt“ geht auch über in den Begriff der „Stärke“, aber nicht nur als körperliche Eigenschaft: „Er stemmte sich mit aller Gewalt gegen die Türe“, sondern auch im übertragenen Sinne: „Seiner Augen Gewalt“, „die Gewalt des Mundes“.

Schon im Althochdeutschen zeigen sich Ansätze im Sinne des Mißbrauches der äußeren Macht, also „Gewalt“. Und aus der Verbindung mit „Gewalt“ entwickeln sich seit mittelhochdeutscher Zeit die Begriffe des Zwanges, der Gewalttätigkeit, des Frevels, des Unrechtes.

Leider konnte ich Ihnen diese, doch etwas weitgehenden Darlegungen nicht ersparen. Hätte ich sie unterlassen, so liefen wir Gefahr, befangen vom Alltag oder einseitiger affektiver Einstellung, den Begriff „Gewalt“ viel zu eng aufzufassen und dann auch zu einer unrichtigen Orientierung über „gewaltlose Erziehung“ zu kommen.

Fassen wir zusammen:

Im Begriffe „Gewalt“ liegt also:

1. Die Fähigkeit oder Befugnis, mit etwas nach *Willkür* zu verfahren, und dann verbindet sich damit die Vorstellung des *Zwanges.*

2. Stärke, nicht nur in körperlichem, sondern auch in übertragenem Sinne: „Gewalt des Blickes“, „Gewalt des Mundes“, „Gewalt der Leidenschaft“, „Gewalt des Affektes“.

3. Wird „Gewalt“ auf Vorgänge und Zustände bezogen, die nicht mehr im Menschen, sondern außer ihm liegen: „Gottes und des Teufels Gewalt“, „höhere Gewalt“ = „vis major“, „Naturgewalt“, „Gewalt der Umstände“, „Gewalt des Schicksals“.

Schließlich ist noch zu beachten, daß der Ausdruck „Gewalt“ schon an sich als Bezeichnung für einen *hohen Grad* äußerer Macht gebraucht wird und daß er auch für den *Mißbrauch* von Gewalt in Anwendung kommt, sich dann aber mit den Begriffen „Gewalttätigkeit“, „Frevel“ und „Unrecht“ deckt.

Nun zu „gewaltlos“! — Wollen wir „gewaltlos“ auffassen als „ohne Gewalt“, weil freiwillig verzichtet wird, die Stärke, Fähigkeit, Befugnis fehlt, Macht auszuüben, oder wollen wir „gewaltlos“ für den Mißbrauch von Macht setzen?

Ehe wir uns auf eine der beiden Meinungen festlegen, möchte ich einige Bemerkungen über die Erziehung vorausschicken.

Ich halte es für überflüssig, in der Heimat des großen Pädagogen PESTALOZZI den Begriff Erziehung zu definieren.

Es genügt sicher, an Ihre Erinnerung zu appellieren! Das Kind tritt mit bestimmten Gegebenheiten, die es aus seiner Ahnenreihe übernommen hat, ins Leben.

Wie sich dieses Erbgut später manifestieren wird, wissen wir nicht. Aber eines ist gewiß, es kann im Heranwachsen nicht *mehr* in Erscheinung treten, als die gegebenen Vorbedingungen zulassen, als in der Erbanlage vorbereitet ist.

Die Erziehung kann daher nur Vorbereitetes erhalten, entwickeln, weiterbilden, die Erziehung kann aber nichts *Neues* schaffen.

Für das Kind heißt „sich entwickeln" aber nicht nur größer werden, wachsen, wie Pflanzen und Tiere, es bezeichnet viel mehr! — Denn das Kind ist kein kleiner Erwachsener, wie das Junge vom Tier, es ist anders.

Wie anders? — Der Säugling lebt in einer unwirklichen Welt, steht im Mittelpunkt dieser Welt und ist sich selbst die Welt. Wie wenig er die Realität zur Kenntnis nimmt, sagt uns jede Mutter: Er verlangt sehr vernehmlich sofortige Befriedigung seiner Bedürfnisse und wehrt sich heftigst gegen jede Unlust.

Im Heranreifen hat er sich so zu entwickeln, daß er fähig wird, Lustgewinn aufzuschieben, auf Lustgewinn zu verzichten und Unlust zu ertragen; denn sonst ist ein Leben in der sozialen Gemeinschaft unmöglich. Auch alle geistigen und seelischen Fähigkeiten müssen sich so entfalten, daß das Kind in die Kulturgemeinschaft seiner Zeit hineinwächst, an deren Kulturgütern teilnimmt, sie erhält und nach Möglichkeit mithilft, sie zu vermehren.

Die inneren, für die Entwicklung bereitgestellten Energien werden daher anders verwendet werden als in der übrigen organischen Natur. Sie leisten im heranwachsenden Kinde eine zusätzliche Umformungsarbeit, die weder bei Pflanzen noch Tieren notwendig ist.

Noch ein Unterschied springt ins Auge: das kleine Kind ist viel hilfsbedürftiger als das Junge vom Tier: ohne Wartung und Pflege geht es zugrunde, ehe innere und äußere Entwicklungshilfen zum Einsatz kommen können.

Die für das Kind bereitgestellten Entwicklungshilfen hat ein bedeutender Zeitgenosse PESTALOZZIS, AUGUST HERMANN NIEMAYER, Universitätsprofessor in Halle an der Saale, sehr übersichtlich zusammengefaßt, er nennt Erziehung:

„Alles, was dem Menschen zum ungehemmten Gebrauch der in ihm schlummernden Kräfte verhilft und aus ihm bildet, was er zu werden vermag."

Das Kind wird daher nicht nur durch die planmäßige Einwirkung der Erwachsenen erzogen, was gemeiniglich unter Erziehung verstanden wird, sondern auch durch „die Natur" und durch „Umstände", also durch drei Erziehungsfaktoren.

Hieran zu erinnern ist für das uns heute gestellte Thema nicht unwichtig.

Was verstehen wir unter Erziehung durch „die Natur“?

Die vom Menschen unabhängige Entwicklung der inneren natürlichen Kräfte und Organe.

Was verstehen wir unter Erziehung durch „Umstände“?

Jene Ereignisse, Erscheinungen, Zustände und Dinge, die die Entwicklung des Kindes beeinflussen und auf die der Erzieher nur zum Teil Einfluß nehmen kann, wie beispielsweise Staat, Gesellschaft, Familienkonstellation, das wechselnde Schicksal des Lebens.

„Natur“ und „Umstände“ sind Mächte, die aber nicht immer als Erziehungshilfen auftreten.

Da wir uns für die Bedeutung von „Gewalt“ in der Erziehung interessieren, ergibt sich die Notwendigkeit, das Blickfeld zu erweitern. Es darf nicht beschränkt bleiben auf die Erziehung im engeren Sinne, das heißt, die planmäßige Einwirkung der Erwachsenen auf das Kind, sondern muß ausgedehnt werden auf: „Natur“ und „Umstände“.

„Natur“ und „Umstände“ können als Mächte in Erscheinung treten, die die Erziehung des Kindes schwer gefährden, sie können sich auch als so unüberwindliche Gewalten äußern, daß Erziehung unmöglich wird.

Denken wir in diesem Zusammenhange nur an erbgeschädigte Kinder, an Kinder, die bei der Geburt Hirnblutungen erlitten oder an Hirnhautentzündung erkrankten. Viele von ihnen stellen die Erziehung vor schwierigste Aufgaben, und manche sind unerziehbar.

Was nützt uns das Bedürfnis nach „gewaltloser Erziehung“, wenn die Natur ihre Macht mißbraucht und wir ihr nicht entgegentreten können, da sie unabhängig von uns herrscht?

Fragen wir Kinderärzte, die sich bemühen, die vielfachen körperlichen Schädigungen zu beheben, gehen wir in Anstalten, in denen postenzephalitische Kinder untergebracht sind, sprechen wir mit Heilpädagogen, Erziehern von Verwahrlosten und Fürsorgerinnen, so werden wir mit erstaunter Hochachtung zur Kenntnis nehmen müssen, wieviel Menschenliebe und wissenschaftliches Interesse am Werke ist, einen Kampf zu führen, der oft aussichtslos erscheint, oder nur einen bescheidenen Erfolg erwarten läßt, gewiß aber in keinem Verhältnis zur aufgewandten Mühe steht. Und doch wird unaufhörlich gerungen, aber nicht gegen die Gewalt der Natur, gegen die wir machtlos sind, sondern nur um den bereits Geschädigten die Schädigung weniger fühlbar zu machen und sie, wenn möglich, noch für die soziale Gesellschaft zu retten.

Zu „Umständen“ zählen nicht nur Staat, Gesellschaft, Familienkonstellation und das wechselvolle Schicksal des Lebens. Dazu gehört auch die in den einleitenden Bemerkungen angeführte „höhere Gewalt", jene unwiderstehliche Einwirkung einer Naturkraft oder auch anderer Personen, die wir als vis major zu bezeichnen gewohnt sind, infolge derer bestimmte rechtliche Verpflichtungen unerfüllt bleiben.

Dazu gebe ich Ihnen einen einige Monate zurückliegenden Fall aus der Erziehungsberatung.

Es erscheint ein Großvater mit seinem Enkelkinde, weil der siebenjährige Bub infolge aggressiven Verhaltens aus der Schule ausgeschlossen werden soll. Alle Bemühungen des Elternhauses und der Schule, liebevolle Güte, Strafandrohung und Strafe, bleiben wirkungslos. Man weiß sich mit dem Kinde nicht mehr zu helfen.

Aus der Unterredung mit dem Kinde:

Er ist klein, stämmig und gerne bereit, etwas zu erzählen. Im Sprechen ist er ununterbrochen in Bewegung, setzt sich, steht auf, lehnt sich an den ihm fremden Erwachsenen an und erweckt nicht den Eindruck eines schwer zu behandelnden Kindes. Er wirkt eher wie ein Kindergartenkind und schwatzt lebhaft alles durcheinander. Die Schule mag er nicht, dort ist es langweilig; die anderen Kinder lehnt er ab. Auf die Frage, ob er mit ihnen auch nicht spielen mag, erzählt er:

„Einmal habe ich ein Feuerzeug in die Schule mitgenommen und unter der Bank damit gespielt. Sssss — — — hat es gebrannt, da sind alle sehr erschrocken."

„Wenn mich die andern fangen wollen, sssss — — — bin ich weg."

„Wenn ich böse bin, sssss — — — haue ich sie."

„Die Frau Lehrerin hat auf mich geschimpft, ich mußte in der Schule bleiben. Dann ist der Oberlehrer gekommen und hat gesagt: »Den nehme ich gleich mit.« Da war die Klassentür aber offen: Sssss — — — bin ich weggelaufen und er hat mich nicht mehr erwischt."

In Wirklichkeit hatte er nicht den Mut, selbständig wegzulaufen, sondern mußte mit dem Oberlehrer in die Kanzlei gehen. Das Feuerzeug hat nicht gebrannt. Da er damit spielte, wurde es ihm abgenommen.

Dem Erziehungsberater fällt auf, daß die mit „sssss" verbundenen Schilderungen unverkennbar die Nachahmung des Geräusches einer Fliegerbombe, unmittelbar vor dem Einschlage, sind.

Der Großvater wird gefragt, ob das Kind die Bombenangriffe in Wien erlebte oder ob es evakuiert gewesen sei. Der Großvater teilt mit, daß er mit seinem Enkel gemeinsam während der Kriegszeit in Wien wohnte und daß sie die Bombenangriffe zusammen im Luftschutzkeller erlebten. Eine Bombe schlug im Hause ein, der Luftschutzkeller wurde verschüttet. Es gab Tote und Verwundete. Sein Enkel, er und Hausbewohner wurden aus dem Schutt ausgegraben. Für den alten Mann ist das eine bereits vergangene Episode, von der er ganz ruhig spricht. „Daß der Bub damals sehr erschrak und schrie, das weiß ich noch. Aber es sind ja seither beinahe zwei Jahre vergangen, und Emil spricht auch nicht mehr davon“, meint er so nebenbei.

Nach diesen Mitteilungen ist das Kind in seinem Verhalten zu verstehen. Es mußte das furchtbare Erleben des Bombeneinschlages und Verschüttetwerdens *passiv* über sich ergehen lassen und versucht nun, sich der Schockwirkung, unter der er noch leidet, zu entziehen.

Wie? — In der Identifizierung mit der Bombe. Der Junge macht sich, ohne es zu wissen, zur Bombe unmittelbar vor dem Einschlag. Sein „sssss“ ist der Einschlag. Er ist bestrebt, den durch das *passive* Erleben gestauten Affekt im *aktiven* Wiederholen aufzulösen.

Dies ist ein psychischer Vorgang, den wir aus harmloseren Kindererlebnissen recht genau kennen und den Kinder oft verwenden, wenn sie durch Erwachsene in Angst versetzt worden sind. Sie identifizieren sich dann mit dem Angreifer, sagt ANNA FREUD in ihrem Buche „Das Ich und die Abwehrmechanismen“.

Es ist ähnlich wie bei Kindern, die Züchtigungen durch Eltern *passiv* erleben müssen und aktiv ihre Puppe durchhauen.

Kehren wir zur Gewalt in der Erziehung zurück. In diesem Falle der Erziehungsberatung wurde eine Gewalt, die zweckmäßig zur Zerstörung von Kriegsobjekten verwendet wird, zur Zerstörung von Wohnhäusern mißbraucht und dabei ein Kind psychisch nicht unbedenklich verwundet. Die Folgen dieser Schädigung zeigen sich in einem der Schule und dem Elternhaus unverständlichen aggressiven Verhalten. Man versucht mit Mitteln, die der Erziehung normalerweise zur Verfügung stehen, mit Milde und Güte, Liebesprämie, dann mit Strafandrohung und Strafe Besserung zu erzielen; natürlich vergeblich.

Das Kind ist einer Behandlung zuzuführen; die unbewußten Vorgänge sind aufzudecken. Das verdrängte Erlebnis, das den Schock bewirkte, muß im Verlaufe der Behandlung nochmals mit dem ganzen Affekt erinnert werden. Erst, wenn das Kind die Zusammenhänge erkennt:

sein „sssss“ mit dem Bombeneinschlag,

sein aggressives Verhalten als Folge passiv erlebter Angst, wird es wieder fähig sein, sich sozial einzureihen.

Ob wir die Kriegserlebnisse, in die die Kinder hineingezwungen wurden, durch „höhere“ Gewalt veranlaßt oder schicksalsmäßig bedingt auffassen, ist gleichgültig. Auf jeden Fall waren durch „Umstände“ hervorgerufene

Gewalten wirksam. Erzieher und Jugendfürsorge konnten die damit verbundenen, oft verheerenden Schädigungen nicht verhindern, erst eingreifen, wenn deren Folgen sichtbar geworden waren.

Bombenangriffe wirkten sich nicht nur im Seelenleben der Kinder jeden Alters und jeden Geschlechtes verhängnisvoll aus, sie erschütterten auch das seelische Gleichgewicht der Erwachsenen und riefen bei vielen eine ständige Angst vor dem Ertönen der Sirenen hervor. Die Spannung, in der heftigen Bombenangriffen ausgesetzte Menschen leben mußten, führte zu weiteren Schädigungen der Kinder.

Infolge der durch Luftangriffe zerstörten Wohnungen kam es zu einem früher nicht für möglich gehaltenen engen Zusammenleben, das in vielen Fällen die Erziehung der Kinder unheilvoll beeinträchtigt und zu recht vielen Verwahrlosungen führt.

Aber noch andere, durch den Krieg bedingte „Umstände" wurden für das Mißlingen der Erziehung ausschlaggebend.

Vielfach fehlte der langjährig zur Kriegsdienstleistung eingerückte Vater. Die Stütze der Familie und das männliche Identifizierungsobjekt für den heranwachsenden Sohn waren nicht da. Die Abwesenheit des Vaters, die Verzärtelung des Sohnes durch die Mutter und seine zu starke Bindung an sie führte oft ebenso in die Verwahrlosung wie die Schwäche der Mutter, der die Kinder entglitten.

Aufsichtslosigkeit der Kinder, wenn die Mutter tagsüber im Rüstungsbetrieb beschäftigt war oder sonstwie zum Arbeitseinsatz geholt wurde oder von der Wohnung fernblieb, weil sie mit fremden Männern herumschwärmte, trugen auch zum Ansteigen der Verwahrlosung bei.

Besonders arg wurde es, wenn an Stelle des Vaters ein fremder Mann, den die Kinder ablehnten, mit in der Wohnung lebte.

Diese Reihe ließe sich um ein Beträchtliches erweitern, wenn ich auf Verwahrlosungsfälle einginge, die sich in Familien dadurch ergaben, daß sie von ihrem ständigen Wohnsitz flüchten mußten oder monatelanges Lagerleben hinter sich hatten, ehe sie Wien erreichten; ganz abgesehen von jenen Familien, in die die „Gestapo" eingriff.

Aber auch die Nachkriegszeit brachte „Umstände" mit erzieherisch sich äußerst ungünstig auswirkenden Kräftekonstellationen: die vielen Plünderungen, an denen Kinder und Jugendliche für sich und Familien gemeinsam beteiligt waren; der blühende Schleichhandel, der nicht nur von Erwachsenen und Jugendlichen, sondern auch von an der Schulmündigkeit stehenden Kindern betrieben wird, der zu Diebstählen, Einbrüchen und Raubüberfällen verleitet, wenn der Gewinn in zweifelhaften Lokalen vergeudet ist.

Wie die Moral der Erwachsenen oft beschaffen ist, dazu ein einziges Beispiel: Eine Großmutter ist begeistert, als das zwölfjährige Enkelkind ihr Schokolade als Gewinnanteil schenkt. Sie läuft zur Polizei, als sie entdeckt, daß ihr das Kind 300 Schilling aus dem Kasten gestohlen hat, um sich das für den Schwarzhandel erforderliche Geld zu verschaffen. Die Polizei überstellt den Jungen der Fürsorge.

Ich kenne einen Volksschüler aus achtbarer Familie, der mit Kaugummi handelt, Briefmarken kauft und mit Übergewinn verkauft und gar nichts Ungehöriges darin sieht.

Über die sich prostituierenden zwölf- bis achtzehnjährigen Mädchen habe ich vor einigen Tagen in Lausanne gesprochen.

Darüber hinaus teile ich Ihnen mit:

In die Erziehungsberatung wurden zwei Mädchen gebracht, eines, das mit Erlaubnis der Eltern sich mit alliierten Soldaten herumtreibt, ein anderes fünfzehnjähriges, das sich abwechselnd mit Soldaten der Besatzungsmächte in intime Beziehungen einläßt, dessen Mutter gleichzeitig Verhältnisse mit Russen hat.

Vielfach werden die Beziehungen der jugendlichen Mädchen zu den fremden Soldaten von den Eltern geduldet und gefördert, weil die Familie dadurch oft beträchtliche Zuschüsse an Lebensmitteln erhält oder der Vater mit Zigaretten versorgt wird.

In vielen Fällen ist die Familie durch die lange Abwesenheit des Vaters zerrüttet: Der zurückkehrende Gatte findet einen fremden Mann in der Wohnung, oder er wird von der Gattin wegen Beziehungen zu einem anderen Mann abgelehnt, oder die Kinder sind dem Vater, der fünf bis sechs Jahre nicht da war, völlig entfremdet. Ärgste Konflikte ergeben sich, wenn der jugendlich gewordene Sohn dem Vater nicht mehr die erste Stelle in der Familie einräumen will.

Damit sind nicht alle durch den Krieg bedingten „Umstände", deren Kräftewirkungen die Erziehung des Kindes gewaltig hemmen oder unmöglich machen, aufgezählt.

Geben wir aber zu den kriegsbedingten „Umständen" noch jene dazu, die auch in Friedenszeiten sich feindlich gegen die Erziehung auswirken, wie unglückliche Ehen, Lieblosigkeiten den Kindern gegenüber, Unfähigkeit wegen der Not des Tages, sich um die Kinder kümmern zu können, Arbeitslosigkeit, Arbeitsscheu, Trunksucht, Verwahrlosung eines Elternteiles oder beider, Todesfälle, die tief in das Familienleben eingreifen, weil sie den Ernährer oder die Mutter nehmen, und noch viele andere Ihnen bekannte Umstände, und fassen wir zusammen, so läßt sich erkennen, daß nicht nur der erste Erziehungsfaktor, „die Natur," als Erziehungshilfe oft ausscheidet, weil er seine Gewalt mißbrauchend — den dritten Erziehungsfaktor — die planmäßige Einwirkung der Erwachsenen auf das Kind häufig vor kaum lösbare Aufgaben stellt, sondern daß auch der zweite, „die Umstände," wiederholt mit unerbittlicher Gewalt in das Schicksal des Kindes eingreift und Schädigungen hervorruft, die schwierig oder überhaupt nicht mehr zu beheben sind.

Die Arbeit der genannten Jugendfürsorge wäre auf ein Minimum zu reduzieren, wenn „die Natur" und „Umstände" nicht so oft der Entwicklung entgegengesetzt wirkten.

Die Forderung nach „gewaltloser Erziehung" kann sich daher auf diese beiden Erziehungsfaktoren nicht beziehen; denn dem Walten der Natur gegenüber bleibt der Mensch einflußlos, und „Umständen" kann er nur in gewissem Ausmaß entgegenwirken.

Somit bleibt nur mehr der dritte Erziehungsfaktor — ich wiederhole nochmals: die planmäßige Einwirkung der Erwachsenen auf das Kind, die wir auch Erziehung im engeren Sinne nennen dürfen.

Ob sie der Forderung nach „gewaltloser Erziehung" entsprechen kann?

Wir wissen schon, daß das Kind nicht nur wächst, größer wird, seinen Körper entwickelt, sondern daß die zur Entwicklung bereitgestellten Energien noch zusätzlich eine Umformungsarbeit zu leisten haben, die die Erziehung nur anregen darf, deren Vollzug aber vom Kinde selbst getan werden muß.

Das Kind ist von seiner Geburt an fortlaufend dem Zwange unterworfen, während seiner Entwicklung in die Erwachsenheit eine innere Umwandlung durchzumachen. Es *muß* von seiner unwirklichen Lustwelt in eine Realität kommen, die recht viel Lustverzicht und die Fähigkeit, Unlust zu ertragen, verlangt; es *muß* sich nach und nach in eine soziale Gesellschaft einleben, die um so mehr Einschränkungen des eigenen Ichs fordert, je sozialer sie ist. Und schließlich ist das Teilhaben an den Kulturgütern und deren Vermehrung nur durch weitere Einschränkung primitiver Bedürfnisse erreichbar.

Warum ist das Kind erziehbar? — Weil es sich diesem Zwang unterwirft. Und warum unterwirft es sich diesem Zwang? — Weil es in zweifacher Hinsicht vom Erwachsenen abhängig ist: materiell und affektiv. Materiell, infolge seiner Hilfsbedürftigkeit, affektiv, weil es ohne Befriedigung seines Zärtlichkeitsbedürfnisses nicht leben kann.

Letzten Endes heißt daher erziehen eine Zwangslage ausnützen, um das Kind zu der Entwicklung zu veranlassen, die das Erziehungsziel vorschreibt.

Wenn der Erziehung auch die Aufgabe gestellt ist, das Kind in seinem Werden dem Ideal vollendeter Menschlichkeit möglichst nahezubringen und wenn auch Erziehung zum Wohle des Kindes und der Gesellschaft unerläßlich ist, so ändert das nichts an der Tatsache, daß sich mit dem Begriff Erziehung irgendwie Gewalt verbindet. Auch das Gesetz spricht von „väterlicher Gewalt“.

Erziehen setzt voraus, daß der Erzieher die Fähigkeit und Befugnis besitzt, mit dem Kind nach seinem Willen zu verfahren. Allerdings ist die Willkür durch Gesetz und Erziehungsziel eingeschränkt.

Trotz des Gesagten ist die Forderung nach „gewaltloser Erziehung“ nicht sinnlos, nur müssen wir uns klar sein, daß in diesem Falle „gewaltlos“ als Gegensatz zu „Gewalt“ in ganz bestimmtem Sinne gemeint ist.

Als wir uns heute über den Begriff „Gewalt“ orientierten, sagte ich Ihnen in der Zusammenfassung, daß der Begriff „Gewalt“ an sich schon den Mißbrauch von Gewalt bedeuten kann, sich dann aber mit Gewalttätigkeit, Frevel und Unrecht deckt.

Ich schlage Ihnen daher vor, *„gewaltlose Erziehung“ jene zu nennen, bei der der Erzieher die ihm über das Kind gegebene Macht nicht mißbraucht.*

Faßten wir „gewaltlos“ auf als „ohne Macht“, also erziehen unter Verzicht auf die Macht, so wären wir als Erzieher ungeeignet.

Das soll allerdings nicht heißen, daß wir der Jugend nicht auch Freiheit einräumen. Es aber der Jugend allein überlassen, ob sie aus sich zu den Eltern emporwächst, hieße sie zu sehr den Zufälligkeiten des Lebens aussetzen. Nicht jeder ist Goethe.

Allerdings wird die Macht des Erziehers dem Zögling immer weniger fühlbar werden dürfen, je mehr er sich der Erwachsenheit nähert, je mehr die in ihm selbst sich aufrichtende innere Autorität die Führung übernommen hat. Diese innere Autorität, die nach Abschluß der Erziehung die Führung übernimmt, uns gleichzeitig sagt, was getan und was nicht getan werden darf, ist aber selbst wieder das Produkt einer kraftvollen Erziehung.

Ich brauche Ihnen gewiß keine Beispiele anführen, jeder kennt aus seiner engeren oder weiteren Umgebung Erziehungsergebnisse, wenn Kinder ohne triebeinschränkende Verbote aufwachsen, weil die Eltern unfähig sind, den Sinn der Erziehung zu erfassen oder aus Schwäche es nicht vermögen, die Einhaltung des Verbotes zu erreichen.

Das Erziehungsziel wird zwar oft infolge Schwäche des Erziehers nicht erreicht, aber viel öfter noch, weil die wichtigsten Erzieher, die Eltern, die ihnen über das Kind gegebene Macht mißbrauchen.

Der Mißbrauch dieser Macht beginnt nicht dort, wo bewußte Gewalttätigkeit des Erziehers einsetzt; denn dagegen gibt es ein Einschreiten durch Jugendfürsorge und Gesetz.

Viel gefährlicher, viel zahlreicher und zumeist nur dem Fachmann erkennbar sind die Fälle des Mißbrauchs erzieherischer Macht, bei denen die Eltern nicht wissen, daß sie sich zweckwidrig verhalten.

Das Christentum hat den Fortschritt vom jüdischen Rachegott der Wüste zum Gott der Liebe gebracht. Und doch nimmt das eine Unzahl recht christlicher Eltern seit zweitausend Jahren nicht zur Kenntnis und degradiert die Religion zum Schreckgespenst der Erziehung. Millionen von Kindern wurden und werden während ihres Heranwachsens ständig mit der Drohung vor „Gottes und des Teufels Gewalt“ in Angst und Schrecken versetzt.

Es ist bequem, aber verantwortungslos und verderblich, das hilflose Kind mit der steten Drohung vor der Hölle ständig in Unruhe und Bangigkeit zu halten. Besonders sensible Kinder werden durch diesen Mißbrauch elterlicher Macht nicht nur um eine frohe Kindheit gebracht, in ihnen entwickelt sich in der Abwehr gegen die dauernde Angst eine Tendenz, die Angst an sich nicht mehr im Zusammenhange mit ihrem Entstehen zu bewältigen. Bei so aufgewachsenen Kindern wird nicht selten in der Erwachsenheit die Religion weggeworfen, in dem Gefühl, damit auch die Angst, die die Kindheit vergiftete, loszuwerden.

Auch einen bösen Dämon, den „schwarzen Mann“, Gespenster und sonstige Unholde gibt es, die in manchen Kinderstuben ihr unheilvolles Wesen treiben. Sie werden gefährlicher als die „Allwissenheit der Eltern“, wenn sie den Kindern „in die Augen schauen“ oder mit der „Fingerspitze die Nase berühren“ und dann wissen, daß das Kind etwas angestellt hat. Auf diese lächerliche Überheblichkeit kommen die Kinder bald.

Von den Kindern völlig übertrieben eingeschätzt wird die Macht der Eltern, wenn diese sich ihnen gegenüber als von menschlichen Schwächen völlig freie, höhere Wesen benehmen. Sie verzagen, weil durch die Überschätzung die Tendenz im Kinde, das vorgelebte Leben nachzuahmen, sich ein Beispiel an den Eltern zu nehmen, sich mit ihnen zu identifizieren, lahmgelegt wird; denn so zu werden wie diese Großen, fühlt der kleine Sünder, ist unmöglich.

Leben die Eltern in Streit und Zank miteinander, so wird die ohnehin gegebene Zwangslage des Kindes noch verschärft. Auf wessen Seite soll es sich schlagen? — Schwerste Gewissenskonflikte und oft unbewußt nicht tragbare Schuldgefühle sind die Folge.

Wir haben heute, als wir vom Begriff „Gewalt“ sprachen, auch von „der Augen Gewalt“ gehört.

Wer von Ihnen kennt nicht den Vater, der stolz erklärt, auf jedes Erziehungsmittel verzichten zu können, da die Kinder schon auf seinen Blick parieren; er weiß nicht, wie sehr er damit der normalen Entwicklung Abbruch tut.

Verbote müssen ausgesprochen werden! — Sie bedürfen eines Wortinhalts. Der verbietende Blick sagt dem Kinde zwar, daß *etwas*, aber nicht *was* verboten ist. — Das Kind bringt den ständig peinigenden Angstzustand, etwas angestellt zu haben, nicht los, weil bewußte und unbewußte Schuldgefühle in ihm lauern. „Es pariert" natürlich, wie der Vater sagt, zieht sich aber ängstlich verschüchtert zurück; es wird passiv und später ein Feigling: Dieser Blick des Vaters ist ein Hineinsehen in sein Verborgenes.

Daß es auch eine „Gewalt des Mundes" gibt, haben wir gehört. Wie Sie den schweigenden Vater mit der Macht des zwingenden Blickes kennen, so kennen Sie auch die Mutter mit der „Gewalt des Mundes": die ewig redende, ermahnende, nörgelnde, befürchtende und ununterbrochen klagende Mutter, die nicht oft genug dem Kinde vorsagen kann, wie sie sich aufopfert. Diese Mütter reizen die Kinder zum ständigen Widerspruch. und statt, daß die Liebe zur Mutter als freiwilliges Geschenk für ein Tun sich einstellt, kommt es zur Abwehr und Ablehnung, wenn es nicht ärger wird, die Mutter als lächerliche Figur in der Familie leben muß.

Zu tragischem Erleben kommt es, wenn Eltern nicht ahnen, daß sie ihre Macht mißbrauchen, weil sie überzeugt sind, das Beste für ihr Kind zu tun.

In der Erziehungsberatung erscheint ein Vater mit seinem dreizehnjährigen Sohn und klagt, daß sein Kind alles Bemühen um ihn mißachte und den Eltern nur Kummer und Schande bereite.

Der Dreizehnjährige ist einziges Kind, der Vater Hilfsarbeiter, der zwar in ärmlichen, aber durchaus geordneten materiellen Verhältnissen und mit seiner Frau in guter Ehe lebt. Er raucht und trinkt nicht, widmet sich nur seiner Familie und spart für seinen Sohn, um ihm das Mittelschulstudium zu ermöglichen. Seit der ersten Volksschulklasse lernt er mit dem Kinde, verwendet seine freie Zeit, ihm bei den Schulaufgaben zu helfen. In der Volksschule geht es, infolge der Unterstützung durch den Vater, leidlich mit dem Lernen. Die ersten Schwierigkeiten stellen sich in der ersten Klasse des Gymnasiums ein. Das Schulzeugnis fällt schlecht aus. Der Vater versucht, mit erhöhter Anstrengung seinen Sohn in der Schule weiterzubringen. Es wird immer schlechter; der Junge, immer unwilliger, wehrt ab, der Vater aber gibt trotz der schlechten Lernerfolge nicht nach.

„Mit Undank belohnt das Kind mein Bemühen", sagt er dem Erziehungsberater. „Er will nicht lernen."

„Vorige Woche kam ich darauf, daß er die Schule schwänzt, auf der Gasse herumlungert und Entschuldigungen für die Schule fälscht. Vom Hause ist er immer rechtzeitig weggegangen und auch immer rechtzeitig nach Hause gekommen, so daß ich nichts ahnte. Die Schule kam darauf und droht nun mit dem Ausschluß."

So der Sachverhalt.

Dem ersten Anschein nach ist es unerklärlich, daß ein Kind aus so geordneten Verhältnissen, bei einem Vater, der sich viel versagt und sich nur dem Kinde widmet, völlig mißrät.

Hören wir das Schicksal des Vaters: Er kommt aus sehr armer Familie. Auch sein Vater war Hilfsarbeiter mit recht kleinem Verdienst. Die Mutter half durch Wäschewaschen mit, das Einkommen zu erhöhen. Er war der Älteste von drei Kindern, sehr intelligent, war in der Volks- und Bürgerschule immer Vorzugsschüler. Sein Wunsch war, das Gymnasium zu besuchen, wozu ihm auch die Lehrer in der letzten Bürgerschulklasse rieten. Kurz vor seiner Schulmündigkeit starb der Vater. Der Plan, das Gymnasium zu besuchen, mußte aufgegeben werden. Er durfte nicht einmal ein Gewerbe lernen, sondern mußte sofort Hilfsarbeiter werden, um den durch den Tod des Vaters ausfallenden Verdienst zum Teil zu ersetzen (Gewalt des Schicksals).

„Ich habe mich redlich geplagt", fährt der Vater in seinen Mitteilungen fort, „aber ein Gedanke hat sich in mir festgelegt: Wenn ich heirate und einen Sohn bekomme, dann muß er studieren. Er soll zu einem besseren Leben kommen, als es mir möglich war."

Und diese Absicht versuchte er mit äußerster Konsequenz durchzuführen. Er übersah, daß sein Kind weniger begabt als er zur Welt kam und daß er, der Vater, unter dem Druck einer Idee das Kind Qualen unterwarf, die er nicht sehen wollte. Er ahnte nicht, wie er seine väterliche Gewalt mißbrauchte, weil er überzeugt war, für das Kind nur das Beste zu tun.

Die Unterredung mit dem Jungen ergab auch, wie schwer er durch Jahre hindurch gelitten hatte, wie tragisch für ihn das Leben verlief. „Mein Vater hat gar kein Verständnis für mich", das waren seine Worte.

Zahlreich sind die Familien, die nach außen hin durchaus den Eindruck eines völlig intakten, ausgeglichenen Zusammenlebens machen und in denen doch die Kinder schweren Zwangssituationen ausgesetzt werden.

Dies ist der Fall, wenn z. B. Eltern nicht mehr miteinander, sondern ohne Affektausbruch nur mehr nebeneinander leben, wenn sie keine gemeinsamen Interessen mehr haben, einander nichts mehr zu sagen wissen und dadurch um das Kind eine kühle, lieblose Atmosphäre entsteht, in der es sich kaum noch zurechtfindet; oder wenn Eltern, infolge Unfähigkeit zur Erziehung, unwissentlich gröbste Fehler dadurch machen, daß sie sich in einem Übermaß um das Kind bemühen, ängstlich um sein körperliches Wohl, den Gesundheitszustand und das psychische Ergehen besorgt sind oder wenn sie den Triebansprüchen des Kindes nicht einen festen Willen entgegensetzen können und übermäßig zärtliche Bindungen nicht verhindern.

Solche Kinder entwickeln sich nicht immer nur abwegig im Sinne der Verwahrlosung, sondern es entstehen auch recht oft schwere Schuldgefühle, die zu neurotischen Erkrankungen des Kindes führen.

Schwere Erziehungsnotstände entwickeln sich, wenn eine Eifersucht, die äußerlich als solche nicht erkennbar ist, herrscht.

Obenan stehen da Väter, die, ohne es zu wissen, auf das eigene Kind eifersüchtig sind, Mutter und Kind quälen, weil sie sich immer dem Kinde gegenüber zurückgesetzt fühlen; dann Mütter, die eine Tochter mit in die Ehe bringen und auf das eigene Kind eifersüchtig werden, weil der Stiefvater es, ihrer Meinung nach, bevorzugt.

Dann Stiefmütter, die auf die Tochter aus erster Ehe des Mannes oder die verstorbene Gattin eifersüchtig sind, weil der Vater die Tochter angeblich bevorzugt oder nicht alles, was an die erste Gattin erinnert, aus der Wohnung weggeschafft hat oder öfter von ihr spricht.

Und noch weiter, das geschwängerte Mädchen, das nur aus moralischen Gründen den Kindesvater heiratet, und für die unglückliche Ehe dieses Kind verantwortlich macht.

Die Frau, die ein außereheliches Kind mitbringt, die Bindung an dessen Vater aber nicht lösen konnte und dadurch die eigene Ehe zerstört.

Die sich deklassiert fühlende Frau, die mit dem Verschwinden der Sexualüberschätzung den Mann als unter ihr stehend empfindet.

Stiefmütter, die mit Rücksicht auf Verwandte, Bekannte und Nachbarn sich bemühen, keine Stiefmütter zu sein, sondern ihre besonderen mütterlichen Fähigkeiten durch ein tadelloses Verhalten der Kinder unter Beweis stellen wollen.

Die Stiefmutter, die bewußt aus ähnlichen Gründen auf das eigene Kind verzichtet und für dieses Opfer durch eine tadellose Entwicklung des Stiefkindes belohnt werden will, was sie unbewußt immer wieder verhindert.

Abschließend noch von einem sechzehnjährigen Jugendlichen, dessen Schicksal sich ohne Eingreifen der Erziehungsberatung besonders tragisch entwickelt hätte.

Der Jugendliche wird nach psychiatrischer Untersuchung dem Jugendamte mit einem Begleitschreiben überwiesen.

In diesem heißt es unter anderem: „Der Vormund (die sechsunddreißigjährige Mutter) und der Patient geben an, daß der Patient jeder Anwandlung seiner Gedanken und Wünsche nachgibt, bei solchen Gelegenheiten tagelang Arbeit und Wohnung verläßt, um zu Bekannten auf das Land zu gehen, oder sich vorübergehend bei den Amerikaner zu verdingen. Auch sonst werden plötzliche Wunschgedanken nach Möglichkeit ausgeführt.

Es handelt sich um einen jungen Psychopathen (vielleicht moral insanity). Die Unterbringung in einer geschlossenen Anstalt erscheint dringend erforderlich."

Dieses Ergebnis der psychiatrischen Untersuchung läßt eine ernste Geistesstörung vermuten.

Hören wir, was die Mutter sagt!

In der Erziehungsberatung teilt sie mit, daß ihr Sohn sehr an ihr hängt, nie auflehnend oder ungezogen ist, ihr aber schwere Sorgen macht. Er war einige Monate in einer Metzgerlehre und bereits in drei Hilfsarbeiterposten, hält es aber nirgend aus, sondern verliert die Arbeit immer aus eigenem Verschulden, da er immer wieder heimlich davonläuft und tagelang ausbleibt. Er kehrt dann immer in einem körperlich herabgekommenen Zustand zurück. Zuletzt war er drei Wochen lang aus. Sie denke an einen Wandertrieb und habe ihn deshalb psychiatrisch untersuchen lassen.

Die Angaben der Mutter, die viel ausführlicher gegeben wurden, als sie hier gebracht werden, bestätigen die Überzeugung des Psychiaters, wenn besondere Umstände nicht beachtet werden. So aber wird es zweifelhaft, ob nicht vielleicht doch ein Irrtum vorliege.

Vor allem macht die Mutter einen sehr nervösen, verbitterten, lebensunlustigen Eindruck. Sie betont auch wiederholt, wie ungerecht alles verteilt sei, und daß ihr niemand helfe. Sie scheint auch unter den Wohnverhältnissen sehr zu leiden.

Die Familienkonstellation: Der Vater ist 1944 gefallen, was Mutter und Sohn nicht zur Kenntnis nehmen wollen.

Mutter, Jugendlicher und zwei jüngere Schwestern bewohnen ein winziges Kabinett mit Küche. Da sie während des Krieges die Wohnung und ihre meisten Habseligkeiten verloren haben, sind nur mehr notwendigste Möbel und Kleidungsstücke vorhanden. Die beiden Schwestern, acht und neun Jahre alt, spielen im Leben des Jugendlichen keine besondere Rolle. Der Erziehungsberater schließt sich noch nicht der Überzeugung des Psychiaters an. Er vermutet, daß der Tod des Vaters, die Nervosität und Verbitterung der Mutter, die zärtliche Bindung des Jugendlichen an beide und die sonstigen kriegsbedingten Umstände wesentlich an seinem Verhalten beteiligt sind, daß also nicht lediglich endogene Momente in Frage kommen. Er ist aber recht vorsichtig.

Er nimmt den Jugendlichen vor. Der erste Eindruck kann den unerfahrenen Erziehungsberater schwankend machen. Der Junge macht einen sonderbaren Eindruck; er starrt steif vor sich hin und ist im Reden ungemein gehemmt, scheint ganz beziehungslos zu sein.

Sehr langsam taut er auf; je länger er spricht, desto natürlicher werden Reden und Gehaben und schließlich wirkt nichts mehr krankhaft. Er spricht aber nur von der Arbeitsstelle, wie gerne man ihn dort habe, wie wohl er sich dort fühle und wie schön er verdiene. Aber mit keinem Wort erwähnt er das Zuhause, sagt auch nichts, was einen Zusammenhang mit seinem Davonlaufen andeutet.

Der Erziehungsberater kommt schließlich darauf und fragt sehr vorsichtig, ob er wisse, warum er vom Hause wegläuft. Sehr eifrig sagt er:

„Ja, es ist immer wegen der Aufregungen."

„Welche Aufregungen?"

„Zu Hause gibt es immer solche Aufregungen", kommt nach langem Schweigen, sehr zögernd. Und dann wieder nach einer Pause:

„Auch heute früh haben wir wieder geweint, die Mutter und ich."

Auf einen fragenden Blick des Erziehungsberaters:

„Nein, die Mutter hat gesagt, ich darf darüber nicht reden."

Tränen kollern ihm über die Wangen . . ., er weint. Der Erziehungsberater bleibt teilnehmend schweigend.

„Bitte geben sie mich nicht in die Anstalt. Es nützt nichts. Ich lauf' von dort wieder davon. Ich hätt' keine Ruh', immer Angst, was zu Hause los ist."

In einer anschließenden zweiten Unterredung ist die Mutter etwas aufgeschlossener, spricht recht liebevoll vom Sohn und betont besonders, daß er *alles* mit ihr teilt, auch ihren Kummer. Was sich an diesem Morgen abgespielt hat, gibt sie aber auch nicht preis. Anscheinend ist sie befriedigt, daß er geschwiegen hat.

Hinterher stellt sich heraus, daß die Mutter wieder einmal mit Selbstmord gedroht hat.

Der Junge ist sich seines Vagierens völlig bewußt, schon nach den ersten Augenblicken des Davonlaufens macht er sich Vorwürfe, daß er davongelaufen ist und nun der Mutter etwas geschehe. Nun wagt er sich erst recht nicht nach Hause. Es geht ihm dann sehr schlecht. Erst wenn die Scham vor der Mutter überwunden ist, kehrt er heim.

Wo ist die Geisteskrankheit dieses Jugendlichen? Wo seine moral insanity?

Hier haben wir eine durch das Schicksal lebensunfähig gewordene Mutter, die ihr Kind überschätzend in die Rolle des Erwachsenen hineindrängt, die er nicht fähig ist, zu übernehmen. Er wird seelisch immer wieder so schwer belastet, daß er durch Fluchtversuche einem unerträglichen Zustand ein Ende machen will.

Er ist durch seine zärtliche Bindung an die Mutter in einer Zwangslage, unfähig, sich ihr zu entziehen. Die Mutter mißbraucht, ohne es zu ahnen, ihre Macht, und der Jugendliche ist durch die Art seiner Fluchtversuche in Gefahr, als geistesgestörter Verwahrloster in eine geschlossene Anstalt zu kommen.

Wenn ich vom Fürsorgeerzieher als Grundeinstellung den Zöglingen gegenüber „absolute Milde und Güte" fordere, so nur deswegen, weil der weitaus höchste Prozentsatz der Verwahrlosten aus Familien kommt, in der die elterliche Macht mißbraucht worden ist, entweder durch offensichtliche Brutalität und Gewalttätigkeit oder durch eine von den Eltern nicht erkannte, nicht bewußt ausgeübte, aber vielleicht noch verheerender wirkende frevlerische Beeinträchtigung des Kindes, weil ein Defizit ausgeglichen werden muß.

Die verzärtelten, ohne triebeinschränkende Verbote aufgewachsenen Verwahrlosten bedürfen einer anderen Einstellung des Fürsorgeerziehers: Von nun an keine Leistung meinerseits ohne Gegenleistung von dir!

Und der psychisch kranke Verwahrloste muß einer Verwahrlostenbehandlung zugeführt werden.

Wenn ich nun abschließend auf das Ihnen heute Mitgeteilte zurückblicke, so komme ich bis ganz zum Anfang, auf das mir gestellte Thema: „Gewaltlose Erziehung".

Wenn Sie und ich nun der gleichen Meinung sind, so dürfen wir den Titel *„Gewaltlose Erziehung"* gleichsetzen mit:

„Erziehung ohne Mißbrauch der uns dem Kinde gegenüber gegebenen Macht".

DIE VERWAHRLOSUNG UND DIE WISSENSCHAFT

Meine Damen und Herren!

Wir wissen, daß am Beginne des 19. Jahrhunderts Sinn und Zweck der Strafe anders gesehen wurde als vorher: die Strafe soll nicht mehr einen Rechtsbruch nur vergelten, der Strafvollzug hat den Verurteilten auch sittlich zu heben und zu fördern. Der Verbrecher ist ein Mensch wie jeder andere, zwar auf Abwege geraten, verdient Strafe, braucht aber auch Hilfe.

Mit Inkrafttreten der Gesetze, die an Stelle der Leibes- und Lebensstrafen die Freiheitsstrafe setzen, ist nicht gleichzeitig auch der Strafvollzug umgestellt. Der Strafvollzugsbeamte steht noch so sehr unter dem Einfluß des bisher Geübten, daß die Freiheitsstrafe in der Art ihrer Durchführung noch lange Leibes- und Lebensstrafe blieb.

Im Zuchthaus war der Sträfling noch immer der *nicht zu bedauernde* Schädling der Gesellschaft: sein Leben wird durch schlechte Behandlung und das Fehlen jedweder hygienischen Maßnahme frühzeitig zerstört.

Die philanthropisch-religiöse Bewegung setzte ihre Bemühung fort, den Sträflingen bessere, menschlichere Verhältnisse in den Gefängnissen zu schaffen.

Ganz langsam sich entwickelnd, entstand eine anders orientierte Bewegung. Aus dem wissenschaftlichen Interesse einzelner Männer für den Täter ergaben sich Forschungen, die bestrebt waren, alle Faktoren, die zum Zustandekommen des Verbrechens führen, auf wissenschaftlicher Basis zu ergründen. Die gewonnenen Einsichten sollten nicht nur dem Strafvollzug, also einer besseren Behandlung des Verbrechers zugute kommen, sondern auch die Strafgesetzgebung beeinflussen und der Vorbeugung des Verbrechens dienen.

Diese Erkenntnis fand ihren Ausdruck in neuen Betrachtungsweisen des Verbrechers, die unter anderem Anthropologie, Psychologie und Biologie brachten.

Genauso, wie die Gesetzgebung sich zuerst mit dem Verbrecher befaßte und dem Verwahrlosten minderes Interesse zuwandte, so blieb auch der Verbrecher lange Zeit alleiniges wissenschaftliches Forschungsobjekt, und die Probleme der Verwahrlosung standen geraume Zeit im Hintergrund.

Wenn nun wissenschaftlich untersucht werden soll, *warum* es zu verbrecherischen Handlungen kommt, so setzt das eine sichere unveränderbare Grundlage voraus, das heißt: das Verbrechen an sich müßte ein *absoluter, einheitlicher Tatbestand* sein. Das Verbrechen ist aber eine relative, sehr differenzierte Angelegenheit, und dadurch ergeben sich für die wissenschaftliche Forschung ernste Schwierigkeiten. Was nach dem einen Gesetz ein Verbrechen ist, muß es nach dem anderen nicht auch sein. Denken wir beispielsweise an die verschiedene strafrechtliche Auffassung der Homosexualität und der Abtreibung in einzelnen Staaten. Und wie sehr differenzieren sich die Verbrechen untereinander: Diebstahl ist ein anderes Delikt als Mord und Körperverletzung ein anderes als Raub.

Um dem wirklichen Sachverhalt des Tatbestandes „Verbrechen" gerecht zu werden, muß er von den verschiedenen Seiten her untersucht werden, von der juristischen, psychologischen, medizinischen, soziologischen, volkswirtschaftlichen usw., und dann sind die Ergebnisse zusammenzufassen.

Es gibt tatsächlich eine Reihe von Forschungsrichtungen. Wir müssen uns aber klar sein, daß jede einzelne für sich einseitig bleiben muß und daß keine dieser Wissenschaften das Problem in seiner Gänze löst.

Psychiatrie und Verbrechen

Schon lange ehe die Psychiatrie als Wissenschaft sich mit Verbrechern beschäftigte, brachte man geistige Störungen und Verbrechen in ursächlichen Zusammenhang.

Die deutsche Psychiatrie geht auf Griesinger (1845) zurück. Bis sich die Kliniken zu wissenschaftlichen Instituten ausbauten, vergingen noch zwei Jahrzehnte.

Die wissenschaftliche Psychiatrie nahm *relativ* spät zur Kriminalität Stellung. Ihre Untersuchungsergebnisse sind besonders wichtig, „weil damit die Frage der Exkulpierung berührt" wird. Aber endgültig entscheidende Ergebnisse liegen auch heute noch nicht vor. Sicher ist, daß geringere Grade des Schwachsinns eine ganze Reihe von Delikten erleichtern; hysterische und epileptische Dämmerzustände eine nicht unerhebliche Rolle spielen; der Paranoiker nicht selten verbrecherische Handlungen begeht. Der Psychopath bedarf einer besonderen Betrachtung.

Vor allem ist uns die Beschreibung der psychopathischen Persönlichkeit, die die Psychiatrie gibt, wichtig — wenn auch der Begriff „Psychopathie" noch nicht endgültig umschrieben ist —, da Psychopathen unter den Kriminellen reichlich zu finden sind.

Wer ist Psychopath?

Unter den Psychopathen versteht die Psychiatrie solche anlagemäßig abnorme Persönlichkeiten, bei denen die emotionale Seite des Seelenlebens, der Gemüts- und Willenstätigkeit und die Triebe (das Temperament und der Charakter) in subjektiv und objektiv störender Weise *unausgeglichen, reizbar oder unzulänglich sind, ohne daß eine organische Erkrankung* des Zentralnervensystems oder eine Geisteskrankheit im engeren Sinne vorliegt.

Die Psychopathie ist also eine Risikoanlage, die sich ins Kriminelle entwickeln *kann.* Eine Rolle spielen dabei die Intelligenz des Psychopathen und Milieueinflüsse.

Die Psychopathen sind mehr als der gesunde Durchschnitt abhängig von den Umweltsbedingungen, unter denen sie aufwachsen, und von den Situationen, denen sie gerade ausgesetzt sind.

Sie neigen mehr als der gesunde Durchschnitt zur Unfügsamkeit, zum Zusammenstoß mit Sitte und Gesetz, zur Dissozialität und Kriminalität.

BIRNBAUM beschäftigt sich in seiner Monographie „Die psychopathischen Verbrechen“ eingehend mit den Psychopathen und erklärt, wer den Psychopathen richtig beurteilen gelernt (im Verlauf von Strafverfahren und Strafvollzug), hat nicht nur das pathologische Verbrechertum, sondern bis zu einem gewissen Grade das Verbrechertum überhaupt erforscht.

Die Kriminalanthropologie

im engeren Sinne (Kriminalanatomie und -physiologie), von französischen Forschern begründet, hat ihre Vorläufer schon im Mittelalter. Ein Gesetz bestimmte, daß, sobald zwei Personen eines Verbrechens verdächtig seien, der Häßlichere, Mißgestaltetere von ihnen als der höchstwahrscheinlich Schuldige angesehen werden sollte.

Was es aus dieser Zeit und lange nachher an Anfängen krimineller Anthropologie gibt, rührt von Physiognomikern her, die sich bemühen, für jede lasterhafte oder verbrecherische Anlage entsprechende äußere Merkmale zu finden. Sie gingen jedoch in ihren Annahmen sehr weit und steigerten sich ins Absurde. Erst GALL (1820) hat die Physiognomik von Phantastereien zu befreien sich bemüht und ging wissenschaftlich vor. Er untersuchte sorgfältig die Varietäten der Gehirn- und Schädelbildung, überzeugt, daß in den Unterschieden der Gehirnstruktur die Ursache der verschiedenen intellektuellen und moralischen Eigenschaften der Menschen liege. Er widmete sich auch der

Frage nach der Organisation des Verbrechers in seinen Varietäten und kann als einer der Pioniere der modernen Kriminalanthropologie gelten[1], wenn seine Ansichten über die Lokalisation sich auch als irrig erwiesen haben und heute längst überholt sind.

Die Kriminalanthropologie erfuhr durch den 1836 geborenen italienischen Psychiater Cesare Lombroso einen besonderen Aufschwung.

Der Inhalt der Lehre Lombrosos geht dahin, daß das Verbrechen nur aus der anatomischen und physiologischen Eigenart des Individuums zu erklären sei. *Der Verbrecher wird geboren;* er ist ein von Natur aus abnorm veranlagter Mensch; es gibt einen anthropologischen, auf Vererbung zurückzuführenden Verbrechertypus. Er stützt seine Lehre auf experimentelle Untersuchungen und exakte Körper- und Schädelmessungen.

„Die Messungen am Leichnam tragen zum Nachweis bei, daß die Verbrecher, besonders die Diebe, auf einer niedrigeren Entwicklungsstufe stehen, als normale Menschen“[2a].

„Die Messungen an Lebenden ergeben bei Verbrechern größere Körperlängen, größere Spannweiten, einen breiteren Brustkasten, die Wägung ein höheres Gewicht als beim Normalen und Irren, das Haar ist dunkler als bei den letzteren“[2b].

„Fast jede Art von Sensibilität ist beim Verbrecher abgeschwächt und sogar bei Gelegenheitsverbrechern schwächer als bei normalen Menschen. Andererseits ist bei ihm, wie beim Neuropathen, die Empfindlichkeit für Metalle, Magnet, atmosphärische Einflüsse und vielleicht auch für Gerüche erhöht“[2c].

Mit der körperlichen Minderempfindlichkeit geht die seelische Hand in Hand[2d].

Die Lehre Lombrosos rief bei Juristen und Ärzten großen Widerspruch hervor. Sie wurde als einseitig und unzulänglich bezeichnet.

Einer der ersten Anhänger Lombrosos, der italienische Jurist Ferri, erklärte unter anderem auch, daß es nicht nur geborene, sondern auch gewordene Verbrecher gibt. Recht interessant sind die Auseinandersetzungen der Anthropologen untereinander auf den internationalen kriminalanthropologischen Kongressen über den „geborenen Verbrecher“. Das Programm des vierten, im August 1896 in Genf abgehaltenen Kongresses wendete sich, wie schon das des dritten (Brüssel 1892), scharf gegen Lombroso.

Lombroso selbst mißt in einer späteren Arbeit auch der Umwelt höhere Bedeutung bei: „Wir sehen im heutigen Verbrechertum eine Parallelbetätigung zweier Kriminalitätsformen: die *atavistische* Kriminalitätsform, die Rückkehr mancher abnorm veranlagter Individuen zu den Gewaltmitteln des Kampfes ums Dasein, welche die Zivilisation seitdem unterdrückt hat (Todschlag, Raub, Notzucht), — und die *evolutive* Kriminalitätsform, die in den Mitteln weit zivilisierter ist; denn an Stelle der Gewaltmaßregel hat sich List und Trug gesetzt. Unter die erste Form der Kriminalität fallen nur wenige, unglückliche, prädestinierte Individuen, unter die zweite können alle jene geraten, die nicht stark genug sind, dem ungünstigen Einfluß ihres Milieus zu widerstreben" [3].

Kurella unterscheidet wohl den „geborenen Verbrecher" von dem „noch nicht entarteten" gewohnheitsmäßigen Verbrecher und stellt auch die Gruppe der „Gelegenheits- und die der Affektverbrecher" auf. Er bezieht sich in seinen Untersuchungen auf Tat und Motiv und nur zum Teil auf die Persönlichkeit. Seine Gruppierung entspricht den späteren endogenen und exogenen Gruppen. Noch 1893 betont er, daß „soziale Elemente wohl auf das Individuum wirken, dasselbe aber in seinen fundamentalen Eigenschaften — und dazu gehört der Charakter — nicht wesentlich ändern" [4].

„Erst die Kretschmerschen Forschungen über Beziehungen zwischen Körperbau und Psychose haben der Kriminalanthropologie im engeren Sinne neues Leben eingeflößt" [5a].

Die Untersuchungen über die Beziehungen zwischen Körperkonstellation und Verbrechen sind noch nicht so weit gediehen, daß sie ein endgültiges Urteil zuließen. Eine weitere, noch nicht endgültig gelöste Frage ist die, ob es eine angeborene Anlage gibt, die zwangsläufig den Menschen zum Verbrecher werden läßt.

Die Kriminalpsychologie

als wissenschaftliche Sonderzisziplin zeigt schon Anfänge am Beginn des 18. Jahrhunderts. Ihr eigentlicher Schöpfer ist aber der Grazer Kriminalist Hans Gross, dessen grundlegende Arbeiten um die Jahrhundertwende erschienen sind. Sie stellen die ersten erfolgreichen Bemühungen dar, einen Auszug aus der damaligen Psychologie für die Zwecke des Strafrichters zu schaffen und die Juristen für die psychologische Vertiefung zu gewinnen.

Umfassende Kriminalpsychologien modernen Gepräges haben Wulffen und Kaufmann geschaffen [5a].

Gross gibt in seiner Kriminalbiologie, Leipzig 1905, dem Untersuchungsrichter wertvolles psychologisches Material, damit er sich bei der Vernehmung richtig verhalten könne, mahnt zur Vorsicht, daß er nicht durch suggestive Beeinflussung ein falsches Geständnis erzwinge, macht aufmerksam, daß unabsichtlich Erinnerungsfälschungen vorkommen, von Kindern gesagte

Unwahrheiten nicht immer Lügen sind und Bewegungen seltener lügen als Worte. Alle von ihm angeführten Umstände anzuführen, die bei der Einvernahme von Angeklagten und Zeugen psychologisch gesehen werden müssen, würde zu weit führen.

SOMMER[7] geht von dem Standpunkt aus, daß Menschen mit angeborenen kriminellen Trieben bei guter Intelligenz durch Strafe beeinflußbar sind. Ausgehend von streng deterministischer Grundlage setzt er sich mit der Wirkung der Strafe auf Triebhemmung und Willensbeeinflussung auseinander. Für ihn ist der Wille das Produkt psychologischer Vorgänge, der gleichzeitig auch aktiv das psychologische Geschehen beeinflußt.

Als Ursachen von Straftaten Jugendlicher führt er an: angeborener Schwachsinn, geringere Grade von psychischer Abnormität, Neurose, Epilepsie, Wahnideen, Selbstüberschätzung.

Obwohl er endogen verbrecherische Naturen annimmt, so seien diese doch nicht anatomisch bestimmbare, besondere Typen.

KARL KRAUS leitet die zweite Phase der Kriminalpsychologie, die Milieuverwahrlosung, ein.

Angeborene Defekte treten in Wechselwirkung mit Umwelteinflüssen, die wesentlich die Entwicklung des Kindes mitbedingen, so daß bestimmte Anlagen nicht immer zur Kriminalität führen müssen.

Da für das Kind die Erziehung außerordentlich wichtig ist, kann die Erziehung als Umwelteinfluß für die Kriminalität von Kind und Jugendlichem mitverantwortlich sein.

GRUHLE, GREGOR und VOIGTLÄNDER sind als die bedeutendsten Forscher dieser Phase zu nennen.

GRUHLE[8] gibt das Ergebnis der Untersuchung von 105 Zöglingen der großherzoglich-badischen Zwangserziehungsanstalt bekannt. Auf Grund statistischer Methoden kommt er zu dem Ergebnis, daß es reine Milieu- und rein in der Anlage gelegene Verwahrlosung gibt, aber auch eine solche, die durch beide bedingt wird. Nur bei 7 Verwahrlosten war weder eine erbliche Belastung noch eine erhebliche Milieuschädigung festzustellen.

„Man geht nicht fehl, wenn man bei den Jungen, die schon frühzeitig asozial werden, dem schlechten Milieu eine besondere Schuld beimißt“ [8a].

„Bei den vielfach rückfälligen Verwahrlosten scheint es, daß sie ganz vorwiegend durch ihre Anlagen zu ihrer verbrecherischen Lebensführung gekommen sind“ [8b].

„Nach all dem scheint das schlechteste Milieu als alleinige Ursache vorwiegend zu sehr früher Verwahrlosung zu führen, jedoch eine Form asozialer Lebenshaltung zu verschulden, die von schwerer Kriminalität freibleibt“ [8c].

Gruhle gibt in der Einführung zu seinem Buche an, daß es ihm darum zu tun sei, das verwahrloste Individuum psychologisch zu erfassen und darüber hinaus Erfahrungen über Psychopathologie des kindlichen Alters und Kenntnisse über jugendliche Psychopathologie zu sammeln und die dadurch gewonnenen Einsichten zur Klärung des Verwahrlostenproblems zu verwenden.

Gregor, Oberarzt im Heilerziehungsheim Klein-Meusdorf, wählte von 1500 Schulpflichtigen und Schulentlassenen 100 männliche und 100 weibliche Zöglinge aus. Die männlichen Jugendlichen untersuchte er allein, die weiblichen gemeinsam mit seiner wissenschaftlichen Assistentin Else Voigtländer.

Gregor - Voigtländer legen die 200 Fälle, jeden einzelnen im Detail, vor, so daß die Formen jugendlicher Verwahrlosung aus Anlage, Persönlichkeit und Milieu sich begreifen lassen.

Über diese Arbeit genau zu berichten, würde weit über den uns heute gestellten Rahmen hinausgehen. Das Studium beider Bücher ist aber zu empfehlen, um zu ersehen, mit welch großem Aufwand an Mühe und Zeit versucht wurde, das Problem der Verwahrlosung von kriminalpsychologischer Seite her aufzuhellen und zu klären.

Von welch anderen Gesichtspunkten ich bei Betrachtung des Verwahrlostenproblems ausgehe, werde ich Ihnen in dem Vortrag über die Kategorien der Verwahrlosung zeigen.

Es wären noch einige Kriminalpsychologen zu nennen, ich greife aber nur mehr einen heraus:

Achaffenburg[9]. Von ihm liegt eine sehr umfangreiche Arbeit vor.

Für ihn ist das Problem, den Verbrecher richtig zu erfassen und die Ursachen des Verbrechens erforschen zu können, nur mit der naturwissenschaftlichen Methode zu lösen. Lassen wir ihn selbst sprechen:

„Die naturwissenschaftliche Methode kann die Bahn ebnen, die zu einer Kenntnis des Verbrechens und der Verbrecher, zu einem Verständnis der Wirksamkeit unserer Abwehrmaßnahmen führt. Dann erst ist die sichere Grundlage gelegt, um auf ihr den stolzen Bau der allgemeinen Rechtssicherheit zu Ende zu führen“[9a].

Die Einstellung zur Arbeit charakterisiert er in seinem Buche (S. 5): „Die Verbrecher dürfen nicht als der Auswurf der Gesellschaft betrachtet werden, sie sind vielmehr mit ihr verbunden, wie die Wunde mit dem Körper.“

Als Ursachen des Verbrechens anerkennt er nicht nur endogene; er erweitert die exogenen, gewöhnlich als im Milieu liegend aufgefaßten, auf Jahreszeit, Tatort, Rasse, Religion usw.

Die Lehre LOMBROSOS kritisiert ASCHAFFENBURG: „Wir müssen mit einer großen Zahl von gesellschaftsfeindlichen Menschen rechnen, deren psychische Eigenart mit den bisherigen Mitteln des Strafrechtes nur sehr unvollkommen bekämpft werden kann. Sie sind nicht, wie LOMBROSO geglaubt hat, *als* Verbrecher geboren, sondern *zum* Verbrecher geworden, und daß dem so ist, beruht auf dem Mißverhältnis ihrer Wesensart gegenüber den Anforderungen des Lebens, das sie zu führen gezwungen sind“[9b].

Seine Einteilung der Verbrecher unterscheidet sich nicht wesentlich von der in anderen Büchern zu findenden.

Bei ihm ist die Strafe Schutz der Gesellschaft, Schutz der Gesundheit, der Ehre, des Eigentums, aber nicht Sühne oder Vergeltung.

Zur richtigen Behandlung krimineller Jugendlicher schlägt er vor, sie in zwei Gruppen aufzuteilen:

1. Innerlich unverdorbene Jugendliche, die einer sich zufällig bietenden Versuchung unterlegen sind;
2. Jugendliche, in verbrecherischer Umgebung aufgewachsen, die von frühester Jugend an verdorben sind.

Beide Gruppen müssen ganz verschieden behandelt werden[9c].

Kriminalbiologie

Zwischen 1920 und 1930 setzte eine Bewegung ein, die die Vereinigung von Kriminalanthropologie, Kriminalpsychopathologie und Kriminalpsychologie anstrebte: die Kriminalbiologie.

„Die Kriminalbiologie will das gesamte Leben, das körperliche wie das seelische, für die Erkenntnis des Wesens und Werdens des Verbrechers verwerten. Der Täter ist ihr Gegenstand; die Tat bedeutet für sie nur die „Aktualisierung einer körperlich-seelischen Potentialität — der Persönlichkeit — unter dem Einfluß der Umwelt“ (LENZ[5b]).

Die systematische Grundlegung der Kriminalbiologie gibt LENZ in seinem Buche „Grundriß der Kriminalbiologie“.

„Was die LENZsche Kriminalbiologie neuartig und besonders wertvoll erscheinen läßt, ist die Tatsache, daß hier das Grundproblem: Wesen und Werden der kriminellen Persönlichkeit großzügig biopsychologisch angepackt und in den Mittelpunkt gestellt wird. Die ganze moderne Psychologie, Psychopathologie, Konstitutionslehre und Erbbiologie spiegelt sich hier wider. Es geht um die Erfassung der körperlich-seelischen Gestalt in ihrer Einzigartigkeit beim Individuum und in ihrer Typik bei den Gruppen gleichartiger oder ähnlicher Individuen.

Von der Kriminalpsychologie unterscheidet sich die Kriminalbiologie durch die Berücksichtigung der biologischen Grundlagen der Persönlichkeit, von der Kriminalsoziologie, die das menschliche Zusammenleben in seinen verschiedenen kriminogenen Formen behandelt, durch die Betrachtung der Einzelpersönlichkeit, als deren individuelle Lebensäußerung das Leben aufzufassen ist, und von der Kriminologie durch die Darstellung der kriminellen Handlungen als bestimmte Lebensäußerungen und Lebensinhalte"[5b].

„Erbgut und Lebenslauf, deren methodische Erforschung eingehend dargelegt wird, bilden den Längsschnitt und erläutern das Werden der Persönlichkeit. Ihr Wesen ergibt sich aus dem Querschnitt, der ihre individuelle seelische Struktur und die Gestalt symbolisch klarlegt"[5b].

„Wenn die Kraft der Triebe oder besondere Anlagemomente oder bestimmte seelische Augenblicksdispositionen überwiegen, so haben wir es mit dem *endogenen* Verbrecher zu tun."

„Dem steht als *exogenes* Verbrechen die Straftat gegenüber, die in erster Linie durch Reize aus der Umwelt hervorgerufen wird"[5b].

„Der dritte Hauptteil des Buches arbeitet die Typik der Kriminellen heraus, in dem nach charakterologischen bzw. differentialpsychologischen Gesichtspunkten Gruppierungen vorgenommen werden."

Aus der großen Reihe der bekanntesten Forscher, die sich mit diesem Problem beschäftigen, muß ich außer Birnbaum und Kretschmer, auf die ich bereits hinwies, auch noch Exner erwähnen. Auf deren Arbeiten näher einzugehen, würde die uns zur Verfügung stehende Zeit zu sehr in Anspruch nehmen.

Ich möchte nur noch betonen: die *Methodik* der Kriminalbiologie, die vom Ausland her seit längerer Zeit kräftig gefördert worden war, so vor allem in Belgien (Verwaeck), Amerika (Raphael, Leslie, Healy), England (Rupples-Brise), Italien (Tullio, Boldrini, Ottolanghi), Rußland (Krassnuschkin), Spanien (Saldana), ist heute so verfeinert, daß sie alle irgendwie wesentlichen psychiatrisch-psychologisch-charakterologischen, erbbiologischen, körperkonstitutionellen (anthropologischen) und soziologischen Gesichtspunkte gebührend berücksichtigt. Dadurch wird allseitige Durchforschung nicht nur der kriminellen Einzelpersönlichkeit, sondern auch ihrer Sippschaft und ihrer Umwelt gewährleistet, aber auch die Voraussetzung für eine soziale Prognose und für die richtige individualisierende Behandlung im Strafvollzug mindestens theoretisch geschaffen.

Ich habe Ihnen zu Beginn meiner heutigen Ausführungen mitgeteilt, daß die wissenschaftliche Erforschung der Verwahrlosung später einsetzte als die

Beschäftigung mit der Kriminalität im allgemeinen und der Kriminalität Jugendlicher im besonderen.

Es ist verständlich, daß die Erforschung der Verwahrlosung nicht neue Wege ging, sondern die Methoden von dort übernahm und sie ihren besonderen Bedürfnissen anpaßte.

Ich kann mich daher kürzer fassen. Die Literatur ist so groß, daß sie unübersichtlich wird. Namen, wie REICHER, HOMBURGER, TÖBBEN, sind bekannt. Über GRUHLE, GREGOR und VOIGTLÄNDER habe ich Ihnen schon Mitteilung gemacht. In Hamburg untersuchte HILDEGARD VON HEYMANN 150 weibliche Fürsorgezöglinge. Auf CIMBAL gehe ich aus bestimmten Gründen nicht ein.

In der schweizerischen Zeitschrift für „Psychologie und ihre Anwendungen", Beiheft Nr. 5 (Verlag Hans Huber, Bern 1944), ist eine sehr interessante Arbeit abgedruckt: „Psychologie der Verwahrlosung", Versuch einer Aufhellung des Phänomens, vom Vorsteher des Argauischen kantonalen Jugendamtes Dr. phil. E. RUTISHAUSER. Er untersucht die Verwahrlosung als ein soziales Phänomen und behandelt im zweiten Teil die die Verwahrlosung begünstigenden Faktoren. Im Literaturverzeichnis finden sich 150 Autoren der verschiedensten Schulmeinungen angeführt, Autoren, die sich anderswo kaum finden, weil sie schon vergessen sind oder weil sie selbst Richtungen angehören, die der Meinung des Verfassers entgegengesetzt sind; selbst Analytiker und Individualpsychologen fehlen nicht.

Psychoanalyse

Ehe wir uns mit der Psychoanalyse im Dienste des Problems der Verwahrlosung beschäftigen, halte ich es für unerläßlich, Sie zu bitten, einiges von der Psychoanalyse über die normale Entwicklung des Kindes Erforschte zu erinnern.

Von nicht psychoanalytisch Denkenden wird der *„Gesellschaft"* das *„ICH"* gegenübergestellt und die Reaktion der Gesellschaft auf das Tun des „ICH" beurteilt.

Die Psychoanalyse hat uns längst gelehrt, daß der „Gesellschaft" nicht ein „ICH", sondern eine „Gesamtpersönlichkeit" gegenübersteht, innerhalb der das „ICH" nur ein Teil ist.

In der Gesamtpersönlichkeit sind drei psychische *Systeme* mächtig:

ES, ICH und ÜBER-ICH.

Ehe diese drei Mächte nicht zu Vereinbarungen kommen, die wesentliche

Störungen untereinander vermeiden lassen, wird die Gesamtpersönlichkeit so viel Kraftaufwand nach innen zu leisten haben, daß zur Durchsetzung in der Außenwelt zu wenig Energie übrigbleibt.

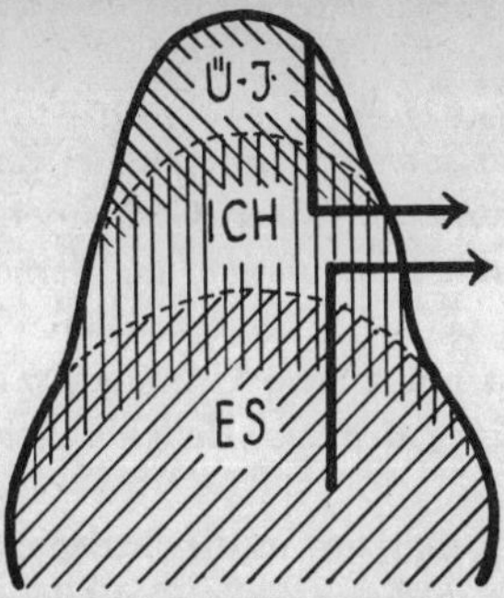

Fassen Sie es nun nicht als Zeitvergeudung auf, wenn ich Ihnen vielleicht schon Bekanntes in anderer Zusammenfassung wiederhole.

Erklären wir uns einverstanden, die drei psychischen Systeme: ICH, ES und ÜBER-ICH als drei Reiche aufzufassen, die gezwungen sind, innerhalb der Gesamtpersönlichkeit einen Bundesstaat zu bilden.

Es ergibt sich sofort die Frage: „Hat dieser Bundesstaat einen gemeinsamen Regenten?"

„Nein!"

Jedes der drei Reiche hat nicht nur seinen eigenen Herrscher, sondern auch seine eigenen Bewohner und seine eigenen Gesetze. Jeder dieser Machthaber ist bestrebt, die Herrschaft über die Gesamtpersönlichkeit an sich zu reißen.

Das Reich des „ICH" ist gegenüber den beiden anderen Reichen im Vorteil; denn nur über das „ICH" gibt es einen Zugang zur Außenwelt. Dieser Vorteil wird ihm aber zum Nachteil. „ES" und „ÜBER-ICH" sind in einer Zwangslage, wenn die Außenwelt von ihrer Existenz erfahren soll. Sie müssen, um sich bemerkbar zu machen, das „ICH" bedrängen, — aber davon später.

Der Herrscher des „ES" ist das *Lustprinzip*, der Herrscher des „ICH" ist das *Realitätsprinzip* und der des „ÜBER-ICH" sind die *Gebote der Religion* — für den religiös Erzogenen —, die der *Ethik und Moral über das sittliche Wollen und Handeln* für den anderen.

Von den mancherlei Bewohnern des „ES" erwähne ich nur den *Trieb* und den ihn begleitenden *Affekt*. Über die Bewohner des „ICH" und „ÜBER-ICH" spreche ich später.

Das Staatsgrundgesetz, das das „Lustprinzip“ für das „ES“ erläßt und an das sich die Bewohner seines Reiches halten, heißt: *Du kannst unter allen Umständen unbedingt unmittelbaren Lustgewinn erreichen und Unlust vermeiden. Dich kümmern weder Logik, Gegensätze, Widersprüche, Zeit, noch was die Umwelt will.*

Das Staatsgrundgesetz, das das „Realitätsprinzip“ für das „ICH“ erläßt, heißt: *Lustgewinn ist nur soweit zulässig, als er gesichert ist, das heißt, soweit ihn die Außenwelt erlaubt.* Daher: Gesamtpersönlichkeit, begnüge dich mit verminderter Lust, mit Lustaufschub und lerne Unlust ertragen, wenn es gefordert wird.

Das „ÜBER-ICH“ ist mit seinem Grundgesetz noch viel strenger: *Nur jener Lustgewinn ist zulässig, den auch Religion bzw. Ethik und Moral nicht verwehren.*

Auch die Außenwelt mengt sich in die Beziehungen der drei Reiche ein, und wir haben uns auch um diesen Faktor zu kümmern.

Erinnern wir, daß nur dem „ICH“ der Zugang zur Außenwelt offensteht: Das „ICH“ hat die Forderungen von „ES“ und „ÜBER-ICH“ der Außenwelt zur Kenntnis zu bringen, gleichzeitig aber deren Forderungen beiden zu übermitteln. Den Außenminister für den Bundesstaat „Gesamtpersönlichkeit“ kann daher nur das „ICH“ stellen.

Seine erste Aufgabe ist, jederzeit zu wissen, was sowohl Außenwelt als auch die Verbündeten verlangen. Die Anlage einer Telephonzentrale, die Verbindungen nach drei Seiten, zum „ES“, „ÜBER-ICH“ und zur Außenwelt herstellt, wird daher zur dringendsten Staatseinrichtung.

Wenn wir dieses Bild in die Sprache der Wissenschaft übersetzen, dann müssen wir sagen: Im „ICH“ sitzt das Wahrnehmungsbewußtsein, das die Forderungen der Außenwelt und auch die aus dem Inneren der Gesamtpersönlichkeit, also vom „ES“ und „ÜBER-ICH“, einlangenden Ansprüche zur Kenntnis zu nehmen hat.

Die Errichtung der Telephonzentrale allein genügt aber nicht. Das von allen Seiten Wahrgenommene und Verlangte ist miteinander in Einklang zu bringen. Das „ICH“ ist also der Tummelplatz, auf dem nicht nur „ES“ und „ÜBER-ICH“ ihre Kämpfe austragen, sondern auch noch Differenzen beglichen werden müssen, die die Außenwelt schafft.

Beachten wir vorläufig die Außenwelt nicht und sehen wir uns vorher den Verkehr der beiden Reiche „ES“ und „ICH“ an.

Ein Trieb — oder ein Affekt — wollen ihr Reich verlassen und sich die Außenwelt ansehen. Sie müssen die Wanderung über das „ICH“ antreten, über ein fremdes Reich mit völlig anderem Gesetz als das, dem sie sich bisher unterworfen haben. Sie kommen an die Grenze. Von der Grenzwache aus gesehen: ungebändigt, ungewaschen, unfrisiert.

Wird ihnen der Einlaß verwehrt und sie kehren um, oder — paßt ihnen selbst die Atmosphäre des anderen Reiches nicht und sie ziehen sich zurück —, dann ist die Angelegenheit erledigt, die Wächter haben ihre Pflicht getan.

Handelt es sich um harmlose Gesellen oder um solche, die bereit sind, sich den Forderungen des „ICH" anzupassen, dann erhalten sie nicht nur einen Passierschein, sondern das „ICH" stellt ihnen die für die Ausreise notwendigen Mittel, den Bewegungsapparat, zur Verfügung.

Wieder in der Sprache der Wissenschaft: das „ICH" beherrscht den Zugang zum Bewegungsapparat und zur Affektivität.

Kritisch wird es, wenn es zum Kampf kommt, weil die Bewohner des „ES" sich den Durchgang in die Außenwelt erzwingen wollen. In diesem Falle ist das „ICH" genötigt, die zum Abwehrkampf erforderlichen Hilfstruppen zu mobilisieren.

Das Bild von den drei Mächten gilt nur für den erwachsenen Menschen.

Das Kind bringt nicht alle drei Reiche mit zur Welt. Herrschend ist von Anfang an das große „ES", neben dem ein ganz kleines „ICH" ein bescheidenes Leben führt. Das „ÜBER-ICH" ist überhaupt noch nicht vorhanden.

Allmählich baut sich das „ICH" aus dem Material des „ES" auf. Ich kann hier darüber nur soviel sagen, als unbedingt zum Verständnis der abwegigen Entwicklungen notwendig ist.

Eines wissen wir schon: daß das „ÜBER-ICH" jene kritische Instanz ist, die in einem bestimmten Zeitpunkt die Führung der Gesamtpersönlichkeit übernimmt. Ich füge noch hinzu, daß der Mensch, ohne geführt zu werden, überhaupt nicht leben kann.

Wann übernimmt das „ÜBER-ICH" diese Führung und wer führt vorher, wenn Führung nicht entbehrt werden kann?

Vom Anfang an ist es die erziehende Außenwelt, die mit ihren Forderungen, Geboten und Verboten richtungweisend Einfluß nimmt. Nach Abschluß der Erziehung ist es das „ÜBER-ICH", das diese Aufgabe hat.

Die erziehende Außenwelt nützt eine Zwangslage des Kindes aus: das Kind ist von ihr abhängig, materiell und affektiv. Es kann ohne Befriedigung seines Zärtlichkeitsbedürfnisses nicht leben.

Vom „ES" her wird das kleine „ICH", das Persönchen, das noch keine Persönlichkeit ist, bedrängt. Die erziehende Außenwelt läßt so und sooft die Befriedigung, mit der das gebieterische Drängen vom „ES" her aufhören würde, nicht zu. Der Spannungszustand bleibt bestehen, weil das „ES" unbefriedigt ist.

Gibt das kleine Geschöpf — trotz Abwehr der erziehenden Außenwelt — dem Drängen des „ES" nach, so bleibt wieder der Spannungszustand; denn jetzt ist die erziehende Außenwelt unzufrieden.

So schwankt das kleine Kind eine Zeitlang zwischen den Forderungen des „ES" und denen der „erziehenden Außenwelt" unentschieden hin und her, immer bestrebt, der unlustvollen Spannung zu entgehen.

Ein wichtiger Fortschritt in der Entwicklung ist gemacht, wenn es dem Kinde gelingt, dem ständigen Spannungszustand dadurch ein Ende zu machen, daß das „ICH" sich der erziehenden Außenwelt zuwendet. Dieser Entschluß wird nicht nur aus der schon genannten Abhängigkeit vom Erwachsenen gefaßt, sondern auch wegen der Hilfe, die das noch schwache „ICH" von diesen gegen das drängende „ES" erhält.

Die erziehende Außenwelt, die Eltern, fallen auf, werden libidinös besetzt, und es beginnt ein uns schon bekannter Vorgang, die Einbeziehung der Eltern in das eigene kindliche „ICH". Mit den Eltern, durch die Identifizierung mit ihnen, rücken auch deren Forderungen, Gebote und Verbote nach *Inhalt und Form* in das eigene „ICH" ein: sie werden zur einheitlichen, inneren Autorität, zum „ÜBER-ICH", zum Führer.

Der später oft recht strenge Führer hat seine Geburtsstunde erlebt. Er muß aber wachsen und kräftig werden, muß seine Stärke ausbilden.

In der ersten Periode, der infantilen Sexualentwicklung, sind die Beziehungen zu den Eltern ausschlaggebend, weil eben in dieser Zeit die Wesensart des späteren Führers, der *Kern des „ÜBER-ICH"*, festgelegt wird. Über diesen Kern schichten sich die Identifizierungen mit den späteren Erziehungspersonen, mit Gestalten aus Religion und Literatur, ein Entwicklungsvorgang, der in der ersten, infantilen Sexualperiode beginnt und mit Abschluß der Pubertät sein Ende findet.

Hat das Kind die sexuellen Forderungen des „ES" in der infantilen Sexualperiode bewältigt, das heißt, verdrängt, so tritt es in die *Latenzzeit* ein; für das vom „ES" nicht mehr bedrängte „ICH" beginnt damit die *Zeit der großen ICH-Veränderungen.* Die vorhandenen Anlagen und Fähigkeiten entwickeln sich. Denken und Sprechen werden geschult, Wissen wird erworben, Fertigkeiten ausgebildet und durch die neue Umgebung in der Schule neue Bindungen geknüpft. Der Horizont des „ICH" erweitert sich ständig.

Die verfügbaren Energien werden dem Aufbau des „ICH" solange ungestört zugewendet, bis wieder — physiologisch bedingt — dem „ES" neue Kraft zuströmt, längst erledigt Geglaubtes sich neu zu regen beginnt und das „ICH" in Gefahr gerät, das bereits erworbene Gleichgewicht wieder zu verlieren. Verdrängtes lebt wieder auf, *quantitativ gesteigerte,* oft bis ins Groteske verzerrte infantile Sexualstrebungen treten in Erscheinung, bis durch eine weitere Entwicklung die Gefahr überwunden ist, genitale Strebungen in den Vordergrund treten und die *qualitative Änderung* der Triebregungen in einer Änderung der Objektvorstellungen, Ziele und Gefühle sich zeigt.

Der Aufbau des „ÜBER-ICH“ erreicht, wie schon erwähnt, mit dem Abschluß der Pubertät sein Ende.

Die erziehende Außenwelt scheidet damit aus, und mit der sozialen Einordnung erfolgt der *Übertritt in die Erwachsenheit.*

Das „ÜBER-ICH“ hat endgültig, allein, die Führung der Gesamtpersönlichkeit übernommen.

Nach dieser skizzenhaften Schilderung der kindlichen Entwicklung kehren wir wieder zu unseren drei Reichen zurück; sie sollen ja zu einem Bundesstaat zusammengschweißt werden.

Der Erziehung fällt dabei eine sehr wichtige Aufgabe zu. — Welchen Einfluß nimmt die erziehende Außenwelt auf das „ES“, „ICH“ und „ÜBER-ICH“?

Das „ES“ hat keine Verbindung mit der Außenwelt, bleibt daher an sich von jeder erzieherischen Einwirkung unberührt.

Beeinflußt wird es durch andere, im Lebenslauf gelegene Mächte, die wir aber hier nicht zu erörtern haben.

Das „ICH“ wird erst durch die Erziehung fähig, seinen Abwehrkampf gegen die Triebe erfolgreich zu bestehen, und verdankt ihr ein Gutteil seines Aufbaues.

Das „ÜBER-ICH“, das nach Abschluß der Pubertät zum Führer der Gesamtpersönlichkeit wird, ist, trotzdem es keinen direkten Zugang zur Außenwelt hat, ein Produkt von ihr.

Zwei Partner dieses Bundesstaates sind von außen beeinflußbar: „ICH“ und „ÜBER-ICH“, der dritte nicht. Die beiden haben ihn von sich aus zu bändigen.

Es bedarf nicht vielen Nachdenkens, um zu erkennen, wie wichtig die Erziehung ist. Drei Mächte sollen zu Vereinbarungen gelangen, die wesentliche Störungen untereinander unmöglich machen. Es ist nicht leicht, für jedes einzelne Individuum die geeignete richtige Erziehung zu finden. Gelingt es der Erziehung nicht, innerhalb der Gesamtpersönlichkeit den richtigen Ausgleich zu schaffen, dann ist zuviel Kraftaufwand nach innen zu leisten, und es bleibt — zur Durchsetzung der Gesamtpersönlichkeit in der Außenwelt — zuwenig Energie übrig. Die Uneinigkeit der drei Reiche führt zu abwegigen Entwicklungen, von denen Sie im nächsten Vortrag hören werden.

LITERATUR

1 HAVELOCK ELLIS: „Verbrecher und Verbrechen". Übersetzt von KURELLA, 1895.

2 C. LOMBROSO: „Der Verbrecher". Übersetzt von FRENKEL, 1894; a: S. 249; b: S. 250; c: S. 293; d: S. 300.

3 C. LOMBROSO: „Ursachen und Bekämpfung des Verbrechens". 1902.

4 KURELLA: „Naturgeschichte des Verbrechens". 1893. S. 179.

5 Handwörterbuch der psychischen Hygiene und der psychiatrischen Fürsorge. O. Bumke, München 1931; Walter de Gruyter & Co., Berlin; a: S. 213; b: S. 214; c: S. 215; a und b: S. 213.

6 Enzyklopädisches Handbuch der Heilpädagogik. Neuauflage 1934. C. Marhold, Halle a. d. Saale; a: Spalte 1478.

7 ROBERT SOMMER: „Kriminalpsychologie und Psychopathologie auf naturwissenschaftlicher Grundlage". Ambrosius, Leipzig 1904.

8 HANS W. GRUHLE: „Die Ursachen der jugendlichen Verwahrlosung und Kriminalität". Julius Springer, Berlin 1912; a: S. 246; b: S. 253; c: S. 256.

9 G. ASCHAFFENBURG: „Das Verbrechen und seine Bekämpfung". Winter, Heidelberg 1923; a: S. 367; b: S. 226; c: S. 353.

10 W. CIMBAL: „Die Neurosen des Kindes- und Jugendalters". Urban & Schwarzenberg, Berlin 1935.

KATEGORIEN DER VERWAHRLOSUNG

Meine Damen und Herren!

Im vorigen Vortrag kündigte ich Ihnen an, daß ich im folgenden über abwegige Entwicklungen sprechen werde.

Zu den abwegigen Entwicklungen zählen: Neurose, Perversion, Psychose, Verwahrlosung.

Über Neurose, Perversion und Psychose werde ich Ihnen nur so viel mitteilen, als Sie wissen müssen, um meine Auffassung verschiedener Verwahrlosungsformen verstehen zu können.

Wir haben bei der skizzenhaften Erörterung der normalen kindlichen Entwicklung gehört, daß die drei Instanzen: ES, ICH und ÜBER-ICH zu einem solchen Ausgleich untereinander kommen müssen, daß genug Energie zur Bewältigung der der Gesamtpersönlichkeit von der Außenwelt gestellten Aufgaben übrigbleibt.

Ist der Verkehr zwischen ES und ICH ein friedlicher, weil das ÜBER-ICH nicht übermäßige Forderungen stellt, so kann ein nicht zur Befriedigung durchgelassener Triebanspruch, ohne Schaden anzurichten, aus dem bewußten ICH weggeschoben, verdrängt und zu einer Kraftquelle werden: der Triebwunsch wird zielabgelenkt, sublimiert. Ist der Verkehr aber ein unfreundlicher, dann geht es nicht immer so klaglos ab.

Dazu ein Beispiel: Auf dem Tisch liegt ein Stück Zucker. Die Mutter verbietet dem Kind, es zu nehmen. Das Kind nimmt den Zucker nicht, *verzichtet*, weil es in der Bemerkung der Mutter, es sei ein braves Kind, Ersatzlust gewinnt. — Bei einem anderen Kinde fehlt diese Bemerkung der Mutter — oder aus irgendeinem anderen Grunde nimmt das Kind zwar das Stück Zucker ebenso nicht wie das erste Kind, verzichtet aber nicht wirklich, sondern *unterdrückt* nur das Bedürfnis, den Zucker zu nehmen.

Können wir aus dem gleichen Verhalten beider Kinder den Schluß ziehen, daß die Erziehungshandlung bei beiden erfolgreich war? Gewiß nicht; denn der Erfolg des triebeinschränkenden Verbotes heißt nicht, das Stück Zucker liegen zu lassen, sondern das triebeinschränkende Verbot zu akzeptieren (innerlich wirklich anzuerkennen).

Wir haben daher auseinanderzuhalten, ob bei einem Verbot ein *Verzicht* auf Triebbefriedigung eintritt oder ob der Triebwunsch *unterdrückt* gehalten wird.

Im ersten Fall erfolgt eine friedliche Auseinandersetzung der drei Instanzen, die eine Verdrängung bewirkt. Der verdrängte Trieb wird zur Kraftquelle für Leistungen.

Im zweiten Fall erfolgt der Ausgleich der drei Mächte innerhalb der Gesamtpersönlichkeit nicht. Das Triebbedürfnis wird unterdrückt, kann bewußt bleiben und bewußt immer auf Befriedigung drängen oder es wird auch verdrängt: der Drang zur primitiven Triebbefriedigung bleibt aber bestehen, und es öffnen sich für Fehlentwicklungen Tür und Tor, weil keine Sublimierung eintritt.

Wir können uns nun leicht ein ÜBER-ICH denken, das durch übermäßige Strenge die Herrschaft über die Gesamtpersönlichkeit an sich gerissen hat und das ICH so knebelt, daß es nicht einmal bestimmten, *real* berechtigten ES-Ansprüchen den Eintritt in das ICH erlaubt — oder, wenn ein Einbruch eines Triebanspruches gelungen, dieser sofort wieder in das ES (Unbewußte) zurückgeworfen, verdrängt wird. Wir haben dann eine Gesamtpersönlichkeit vor uns, die ständig Triebansprüche unterdrückt hält. Die Angelegenheit wäre erledigt, wenn das ES nicht gegen diesen Druck revoltierte.

Brechen wir zunächst ab, um dann wieder hierher zurückzukehren.

Denken wir uns einen Einbrecher, der beim Einbruch durch einen Wachebeamten überrascht wird und davonläuft. Der Wachebeamte ist hinter ihm her. Der Verfolgte läuft in ein Haus. Der Wachebeamte bleibt beim Tor

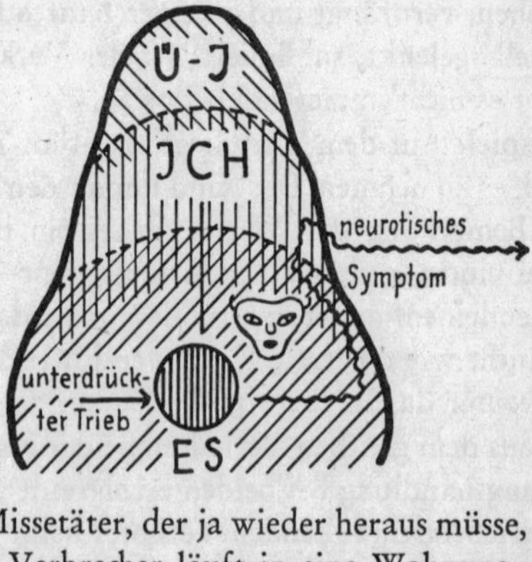

stehen, überzeugt, den Missetäter, der ja wieder heraus müsse, unbedingt verhaften zu können. Der Verbrecher läuft in eine Wohnung, bittet dort um Hilfe, und man maskiert ihn als alte Frau. So verkleidet, passiert er unerkannt den Wachebeamten. Es ist zwar unangenehm, daß er nun, um nicht erwischt zu werden, ständig verkleidet leben muß, aber es ist immer noch angenehmer, als im Gefängnis zu sitzen.

Und nun kommen wir wieder zu unserem unterdrückt gehaltenen Triebwunsch zurück. Er macht genau dasselbe wie dieser Verbrecher; er maskiert sich im Unbewußten und passiert, vom wachsenden ÜBER-ICH nicht erkannt, das ICH und kommt als *neurotisches Symptom* in die Außenwelt.

Mehr sage ich Ihnen nicht über die Neurose. Ich weiß, daß ich Ihnen damit recht, recht wenig über die Neurose mitgeteilt habe, für meine Zwecke genügt es aber.

Perversion

Auch über die Perversionen werden Sie von mir nur gerade das für unsere Zwecke Allernotwendigste zu hören bekommen.

Sie wissen, das FREUD den Sexualtrieb nach Objekt und Ziel untersucht. Für den Erwachsenen ist bei normaler Sexualität das andere Geschlecht Objekt und Vereinigung der Genitalien das Ziel.

Die Abweichung vom Objekt nennt FREUD die Inversion — dazu gehören Homosexualität und Sodomie —, die Abweichung vom Ziel Perversion.

In den Perversionen bestätigen sich die Partial- oder Teiltriebe, zu denen Exhibitionismus, Sadismus, Masochismus zählen.

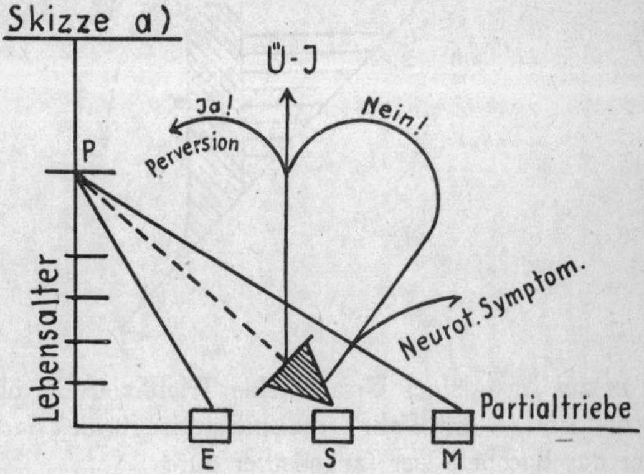

Für die weiteren Ausführungen verwende ich zwei Skizzen: a) und b), die nicht zu mehr dienen sollen, als das gesprochene Wort bildhaft zu unterstützen.

Auf der Horizontalen trage ich als Zeichen für einzelne Partialtriebe kleine Vierecke auf und bezeichne sie mit:

E = Exhibitionismus
S = Sadismus
M = Masochismus;

auf der Vertikalen ist durch horizontale Striche das Lebensalter angedeutet, die Zeit der Pubertät = P.

In der infantilen Sexualperiode kann jeder Partialtrieb für sich zur vollen Befriedigung führen. Im Verlaufe des Heranwachsens eilen die Partialtriebe ihrer Vereinigung zu und stehen von der Pubertät an unter dem Primat der Genitalzone, um nun nicht mehr für sich allein zur Befriedigung zu führen, sondern in ihrer Betätigung die sexuelle Spannung zu erhöhen, die im Geschlechtsverkehr zur Lösung kommt.

[In der Skizze a) sind die Wege der Partialtriebe durch Verbindungslinien von E, S, M zu P angedeutet. Wir fassen sie als Bachbette auf, in denen die sexuellen Spannungen wie Wasser im Bach sich ihren Weg suchen.]

Behalten wir dieses Bild weiter bei: Wird in einem Bachbett ein Wehr eingebaut (Skizze b), so muß sich dahinter das zuströmende Wasser stauen, bis es überfließt.

Skizze b)

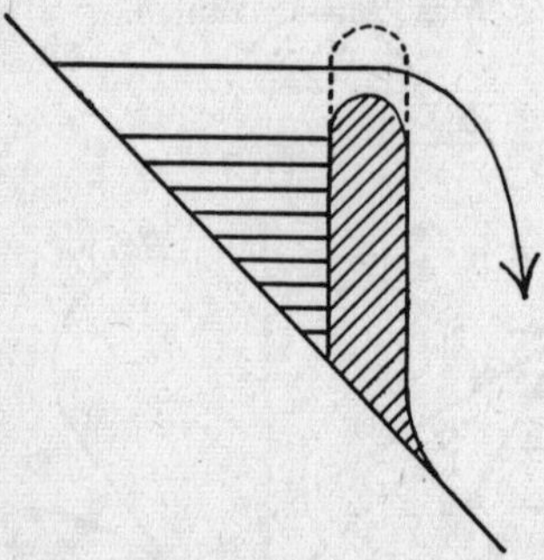

Gibt es aus irgendeiner Ursache eine Triebfixierung, über die Sie schon unterrichtet sind, — ein Wehr — beispielsweise für den Sadismus (Skizze a), so bleibt das Bachbett leer (angedeutet durch .... Verbindungslinie S P). Das Wehr wird zum Hindernis für das Dahineilen zum Ziel der Vereinigung, während die anderen Partialtriebe dieses erreichen.

Hinter der Fixierungsstelle wird der Partialtrieb gestaut, bis er zum Überfließen kommt. Es erfolgt ein Durchbruch, und er versucht für sich allein zur

Befriedigung zu kommen [Skizze a): Beispiel für Sadismus, angedeutet durch den senkrechten Pfeil]. Er trifft auf das ÜBER-ICH. Gibt dieses seine Zustimmung, dann erfolgt die Befriedigung in der *Perversion.*

Verweigert das ÜBER-ICH seine Zustimmung, dann wird der Partialtrieb hinter das Wehr zurückgezwungen — abermalige Triebverdrängung —, und das ICH baut das Wehr höher [Skizze b) durch Strichlierung angedeutet].

Im Unbewußten maskiert sich der Trieb, wie uns schon bekannt, und tritt als *neurotisches Symptom* in die Außenwelt. Wir verstehen nun FREUDS Satz: Die Neurose ist das Spiegelbild der Perversion.

Psychose

Meine Darstellung der Psychose wird noch flüchtiger sein als die der Perversion. Ich vernachlässige für uns heute nicht unbedingt Notwendiges und verweise Sie wieder auf die anderen Vorträge.

Wir können uns leicht denken, daß es Situationen gibt, in denen das ICH im Kampfe, den ES und ÜBER-ICH in ihm austragen, zur Beute des ES wird: das ES überflutet das ICH.

Auf einem rückläufigen Wege wird das ICH vom ES wieder so in Besitz genommen, wie es vor dem Aufbau des ÜBER-ICH war. Damit verschwin-

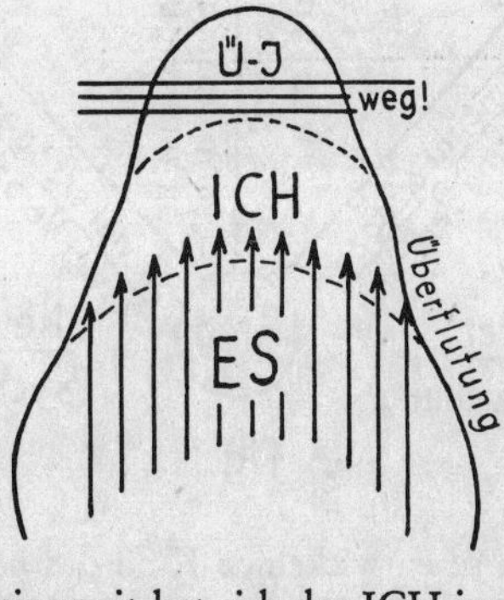

det das ÜBER-ICH. Seinerzeit hat sich das ICH in seiner Entwicklung aus dieser Umklammerung frei gemacht und das ÜBER-ICH aufgebaut. Im Rücklauf wird das ICH wieder in die infantile Phase des primären Narzißmus zurückgeholt: es *regrediert.*

Das ÜBER-ICH schwindet um so mehr, je tiefer die Regression geht. Am Ende der Regression muß das ICH daher die äußere Realität anders erleben, als sie wirklich ist. In der Regression baut das ICH für sich die äußere

Realität um. Zwingt nun das ES das *regredierte ICH* zur Aktivität, so erfolgt das Tun oder Unterlassen für das ICH in einer umgebauten äußeren Realität, und das ist die *Psychose.*

Ich bin mir klar bewußt, daß ich auf manches nicht eingegangen bin — die Abläufe sind viel zu schematisch dargestellt —, Ineinanderfließendes ist in gesonderten Phasen vorgeführt.

Kehren wir nach diesen für uns noch immer vorbereitenden allgemeinen Zusammenfassungen wieder zur Erziehung zurück.

Das Kind ist kein kleiner Erwachsener, wie das Junge vom Tier, es ist anders.

Für das Kind heißt „sich entwickeln" nicht nur größer werden, wachsen, wie Pflanzen und Tier, es bezeichnet viel mehr: von der unwirklichen Säuglingswelt muß es sich in eine soziale Gemeinschaft hineinleben. Wir wissen, daß dazu Umformungsarbeit zu leisten ist, die das Kind selbst zu vollbringen hat. Die Anregung dazu gibt die Erziehung mit ihren triebeinschränkenden Verboten.

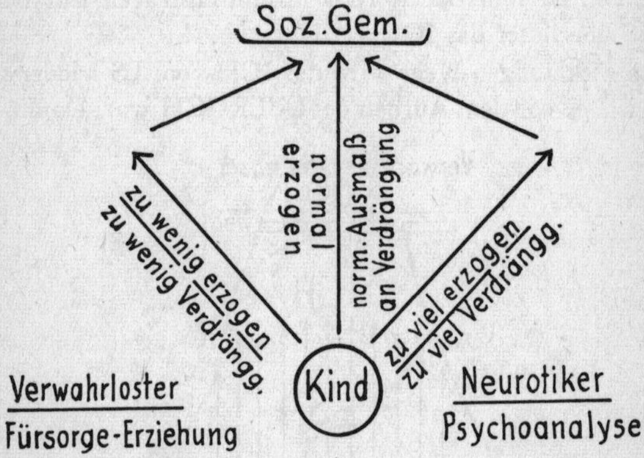

Fig. 1

Wenn wir dieses sich so entwickelnde Kind das *normal* erzogene nennen und dazu annehmen, daß dafür ein *normales* Ausmaß an Triebverdrängung erforderlich ist, so muß diskutierbar sein, daß es auch *„zu viel erzogene"* Kinder gibt, die dadurch *zu viel* verdrängen (Fig. 1, Pfeil nach rechts).

Ebenso ergibt sich die Möglichkeit des *„zu wenig* erzogenen" Kindes, mit *zu wenig* Verdrängung (Pfeil nach links).

Wir wissen, daß ein Übermaß an Erziehung in die Neurose und ein Zuwenig an Erziehung in die Verwahrlosung führen kann.

Daß die Ausheilung der Neurose Aufgabe der Psychoanalyse und die Behebung der Verwahrlosung eine Angelegenheit der Fürsorgeerziehung ist, setze ich als bekannt voraus.

Beide, Psychoanalyse und Fürsorgeerziehung, haben dieselbe Aufgabe: außerhalb der sozialen Gemeinschaft stehende Menschen in diese zu führen.

Sie haben daher das gleiche Ziel, greifen aber nicht am gleichen Objekt an und verwenden nicht die gleiche Methode. Die eine hat das Zuviel an Erziehung abzutragen, die andere das Zuwenig an Erziehung nachzuholen. Daher ist die Psychoanalyse nicht durch die Fürsorgeerziehung und die Fürsorgeerziehung nicht durch die Psychoanalyse ersetzbar.

So einfach, wie ich Ihnen das in der Skizze dargestellt habe, liegen die Verhältnisse aber nicht. Die Verwahrlosung darf nicht nur der Neurose gegenübergestellt werden, wie Sie heute noch hören sollen. Ich benütze diese Gegenüberstellung nur, um mit *einer* der Verwahrlosungsformen, der neurotischen Verwahrlosung, beginnen zu können.

Nehmen wir als ersten Fall neurotischer Verwahrlosung den Verwahrlosten an, der in der einen Hälfte seines ICH verwahrlost, in der anderen neurotisch ist (Fig. 2); das hieße nach unseren bisherigen Überlegungen, er sei in der einen Hälfte zu viel, in der anderen Hälfte zu wenig erzogen.

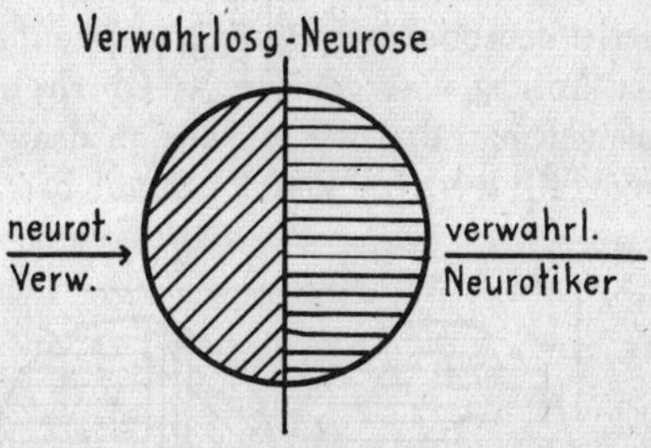

Fig. 2

Wird er vom Psychoanalytiker aus betrachtet, dann stehen für diesen die neurotischen Symptome im Vordergrund, und das Individuum ist der *verwahrloste Neurotiker.*

Sieht ihn der analytisch vorgebildete Fürsorgeerzieher, so stehen ihm die Verwahrlosungserscheinungen näher, und er sieht einen *neurotisch Verwahrlosten.*

In Wirklichkeit ist es ein und dieselbe Person, nur von verschiedenem Standpunkt aus betrachtet.

Die Verwahrlosung tut uns nicht den Gefallen, nur die Verwahrlosung mit dem Mischungsverhältnis 50% : 50% zu liefern.

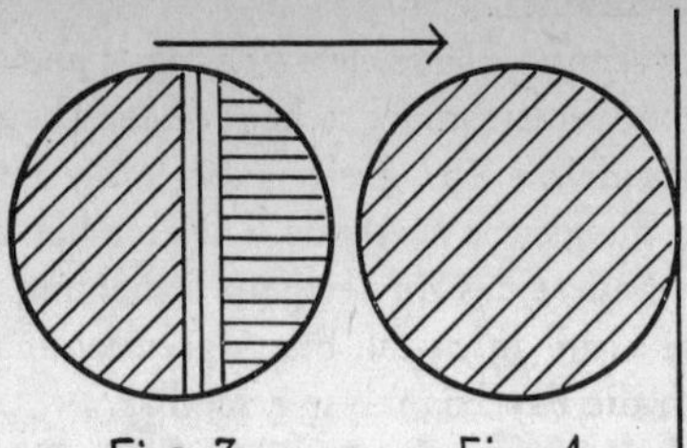

Fig. 3 Fig. 4

In Fig. 3 ist das Weiterrücken der Mittellinie nach rechts angedeutet, das heißt, daß das Mischungsverhältnis Verwahrlosung und Neurose zugunsten der Verwahrlosung wächst.

Stellt man Verwahrloste dieser Art in eine Reihe nebeneinander, so läßt das Erscheinungsbild bald erkennen, daß der neurotische Anteil innerhalb der Verwahrlosung, im Verhältnis zur Verwahrlosung, immer mehr in den Hintergrund tritt. Lassen wir die Trennungslinie so weit nach rechts wandern, daß sie zur Tangente wird (Fig. 4), so ist damit das Individuum aufgezeigt, das keinerlei neurotische Symptome mehr aufweist. Damit sind wir aber wieder beim Anfang unserer heutigen Überlegungen, bei Fig. 1, angelangt und erkennen nun, daß wir am Beginn den in Wirklichkeit kaum vorhandenen Grenzfall: die *reine Verwahrlosung* betrachtet haben.

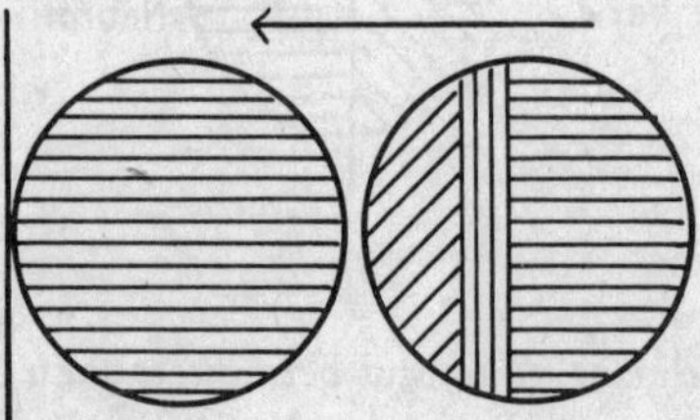

Fig. 5 Fig. 6

Wir können nun diese Überlegungen, die in Fig. 3 und 4 bildhaft schematisch dargestellt sind, für das Wachsen der Neurose im Zustandsbild der Verwahrlosung anstellen. Dazu verwenden wir die Fig. 5 und 6. Wieder werden wir für jede Stellung des Teilstriches einen Verwahrlosten finden, einmal aber, mit zunehmendem neurotischen Anteil, ist in Fig. 6 wieder ein Grenzfall dargestellt, diesmal aber der der *reinen Neurose.*

Aus diesen gewiß wieder nur allgemeinen Überlegungen mögen Sie entnehmen, wie vielgestaltig die Formen *neurotischer Verwahrlosung* sind.

Dies zu wissen ist für uns deswegen so wichtig, weil wir bei Besprechungen der Therapie der Verwahrlosung, der verschiedenen Mischformen neurotischer Verwahrlosung auch einer bestimmten beweglichen Methode der Behandlung bedürfen.

Ich kann mir vorstellen, daß Sie nun die Frage beantwortet haben wollen, wie die verschiedenen Mischformen zustande kommen.

Darauf bleibe ich Ihnen die Antwort nicht völlig schuldig, möchte aber betonen: Ich stelle in meinem Vortrag nach *meinem* Plan nur ein Gerüst auf, mit dessen Hilfe der Bau erst ausgeführt werden muß von jenen, die nach mir kommen.

Was ich Ihnen über die Verwahrlosten überhaupt, daher auch über die neurotisch Verwahrlosten, zu sagen habe, ist nicht das Ende, sondern der allererste Anfang, aber doch schon mehr als eine bloße Vermutung. Aber die endgültige Beweisführung fehlt mir noch.

Wie entsteht die neurotische Verwahrlosung? — Aus einem Angstquantum im Kinde, das im neurotischen Symptom nicht mehr untergebracht werden kann. Dieses restliche Angstquantum wird in die Außenwelt projiziert, aber nicht immer nur auf den Vater, sondern recht häufig auch auf die Mutter, namentlich dann, wenn diese von hysterisch überströmender Zärtlichkeit unvermittelt in Strenge umschlägt, die vom Kinde wegen der Plötzlichkeit und des Kontrastes als Strenge empfunden wird.

Vom Vater oder der Mutter, oder von beiden, wird die Projektion mißverstanden, als wirklicher Angriff des Kindes gegen sie betrachtet und als solcher gewertet. Diese Abwehr der Eltern erlebt das Kind von sich aus auch als realen Angriff (die Projektion braucht daher nicht zur Kenntnis genommen zu werden) und antwortet mit erhöhter Aggression. In der gegenseitigen Steigerung der Aggression erreicht die Aggression des Kindes einen Höhepunkt. Jetzt wird sie von der erziehenden Außenwelt durch Gewaltmaßnahmen gänzlich oder zum größten Teil niedergehalten, so daß dem Kinde kein anderer Ausweg mehr bleibt, als die Aggression zu verdrängen. Welche Funktion dabei das ÜBER-ICH des Kindes übernimmt, wie die verdrängte Aggression das werdende neurotische Symptom auflockert, bedarf noch sehr der Aufhellung, ebenso, wie die Tendenz zur Verwahrlosung sich mit dem werdenden neurotischen Symptom verbindet und dieses modifiziert. Sicher ist, daß ein irgendwie defektes ÜBER-ICH dabei eine Rolle spielt und daß in einer Reihe dieser Art Verwahrlosten sich ein Mechanismus entwickelt, der ähnlich dem einer Paranoia ist, ohne je eine wirkliche Paranoia zu sein oder zu werden.

Vielleicht darf ich der Hoffnung Ausdruck geben, daß der Zeitpunkt kommen wird, in dem die *neurotische Verwahrlosung* von den übrigen Verwahrlosungen abgesondert und als neue Neurosenform in das Neurosenproblem eingereiht werden kann. Vielleicht erinnert man sich dann noch des ersten Aufhellungsversuches und nennt sie „Aggressionsneurose", statt neurotische Verwahrlosung.

In den meisten Fällen ist die Erziehung sehr kontrastreich, wechselt zwischen Liebesprämie und arger Strenge: die erziehende Außenwelt ist zu affektiv.

Das Verhalten des neurotisch Verwahrlosten erweckt den Eindruck, daß er schon einmal den Anschluß an die Gesellschaft gefunden, diesen aber wieder verloren hat und ihn immer wieder, aber mit untauglichen Mitteln, sucht. Die angewendeten Mittel bedingen sich aus dem Wirken zweier einander entgegengesetzter Tendenzen (Anschluß — Abwehr). Die anschlußsuchende Tendenz ist stärker, wird aber durch die abwehrende entstellt.

Ich nenne die neurotisch Verwahrlosten die *Dissozialen;* die Verwahrlosung, der eine Perversion zugrunde liegt: *Perversive Verwahrlosung.*

Von der Perversion wissen wir schon, daß sie eine zielabgelenkte Partialtrieb-Befriedigung ist, bei der der *sexuelle* Anteil deutlich zu erkennen ist. Ehe ich hier weiter fortfahre, mache ich eine Mitteilung von einer Verwahrlosung und kehre dann wieder zurück.

In einem Institut, das einer Sonderausbildung junger Mädchen diente, ergaben sich wiederholt Diebstähle, und der Verdacht konzentrierte sich auf drei im Gelegenheitsverhältnis stehende Mädchen. Die Leiterin ersuchte mich, mit diesen dreien zu sprechen. Zwei von ihnen konnten sehr rasch als nicht in Frage kommend ausgeschaltet werden.

Ich unterhalte mich mit der dritten und komme nach relativ kurzem Beisammensein mit ihr zur Frage: „Warum machen Sie das?" (ich meine die Diebstähle) und füge die Bemerkung hinzu: „Sie leben doch in materiell guten Verhältnissen, so daß Sie sich die genommenen Dinge ohne Schwierigkeiten kaufen können." (Das Mädchen hat ausreichendes Taschengeld.) Als Antwort bekomme ich: „Wenn ich die Sachen genommen, sie so gut versteckt habe, daß man sie nicht finden kann, und ich dann mit den Mädchen suchen gehe, habe ich ein *so angenehmes* Gefühl." Dabei schüttelt sie den Körper, daß unmißverständlich zu erkennen ist, beim Suchen erlebt sie eine sexuelle Erregung (Perversion).

Dieser Fall liegt mehr als zwanzig Jahre zurück und war für mich der erste Anlaß zu überlegen, ob nicht manchen Diebstählen eine Perversion zugrunde liegen könne. Der geschilderte Diebstahl ist doch der Ausgangspunkt (der Täterin nicht bewußt) für ein späteres sexuelles Erleben. (Das angenehme Gefühl beim Suchen!)

Als nächstes fielen mir Kinder auf, die stehlen und die gestohlenen Dinge später verschenken. Bis zu dem Falle mit dem Mädchen im Institut war ich geneigt, das Verschenken als eine unter dem Druck eines unbewußten Schuldgefühles stehende Handlung zu sehen, eine besondere Art des Geständniszwanges. (Durch das Verschenken mußte doch die Umgebung des Kindes auf das Stehlen aufmerksam werden.)

Aus dieser Gruppe konnte ich dann jene absondern, bei denen diese Mechanismen nicht in Frage kommen. Dann blieb ich stecken; denn bei den Abgesonderten, für die mir die Einsicht des Falles vom Institutsmädchen zugute kommen sollte, war während des ganzen Ablaufes des Stehlens und Verschenkens *keinerlei sexuelle* Erregung nachweisbar. Als ich dann den Mut aufbrachte, Perversionen anzunehmen, bei denen die Zielablenkung so weit geht, daß *bewußte* sexuelle Befriedigung nicht mehr merkbar ist, war für mich die Frage gelöst. Ich konnte eine Gruppe *perversiv Verwahrloster* aufstellen. Damit ist zu den in der Psychoanalyse bekannten Formen von Perversionen das Mädchen aus dem Institut als *Übergangsform* hinzuzufügen — neben Verwahrlosungsäußerungen war noch sexuelle Erregung zu sehen — und die Gruppe von verwahrlosten Kindern, deren Verwahrlosung auf eine Perversion zurückgeht. Später konnte ich zu diesen Verwahrlosungsformen noch „Spieler“ besonderer Art hinzufügen.

Das Verhalten des perversiv Verwahrlosten läßt auf wechselnd strenge und nachgiebige Erziehung bei frühzeitig geweckter Sexualität schließen. Die weitgehende Zielablenkung dürfte sich durch ein ÜBER-ICH ergeben, das noch infantiler ist als bei den bisher bekannten Perversionen, also: je infantiler und dabei schwächer das ÜBER-ICH ist, desto eher ist die perversive Verwahrlosung möglich.

Das Benehmen dieser Art Verwahrloster zeigt genau so wie bei den Typen neurotischer Verwahrlosung die Tendenz des Anschlußsuchens an die Gemeinschaft, wieder mit untauglichen Mitteln.

Der *psychotisch* Verwahrloste ist für uns in der Fürsorgeerziehung Arbeitende am undurchsichtigsten, weil wir ihn verhältnismäßig selten zu sehen bekommen. Er durchläuft die Phase der Verwahrlosung sehr rasch, wird kriminell und schließlich zum Gewohnheitsverbrecher.

Was ich im allgemeinen von ihm sagen kann: Er kommt aus erblich belasteter Familie; häufig verfallen ein oder mehrere Geschwister oder nahe Verwandte einer Geisteskrankheit oder zeigen sehr auffällige psychische Absonderlichkeiten.

Mein Eindruck ist der, daß die Überflutung vom ES her hier nicht eine so tiefe Regression hervorruft wie bei der Psychose. Es kommt zu keinem völligen, nur zu einem teilweisen Umbau der Realität. Ist ein gewisses Ausmaß erreicht, dann hört der weitere Umbau auf, und die vom ES her bedingte Aktivität vollzieht sich noch relativ realitätsangepaßt. Das Verhalten des psychotisch Verwahrlosten läßt aber deutlich erkennen, daß es sich bei ihm nicht um eine Auflockerung der Realität im Bereich eines neurotischen Konfliktes handelt. Völlig ungeklärt ist noch die Struktur seines ÜBER-ICH und dessen Anteil am Zustandekommen des Verwahrlosungssymptoms.

Hier ist Ihrer Forschungsarbeit noch ein weites Feld offen. Vielleicht gelingt die Aufhellung der psychotischen Mechanismen früher im Gefängnis als auf der psychiatrischen Klinik, denn der Verbrecher hat noch viel mehr wirkliche Realitätsbeziehungen, bei denen er zu fassen ist, als der Geisteskranke.

Und nun zu jenen Verwahrlosungsformen, die wir mit Hilfe der psychoanalytischen Psychologie durchschauen können, ohne auf abwegige Entwicklungen greifen zu müssen, wie sie Neurose, Perversion und Psychose zeigen.

Gehen wir zu den Überlegungen zurück, die wir anstellten, als wir von der Bildung des ÜBER-ICH sprachen.

Damit ein ÜBER-ICH entstehen kann, ist vor allem ein Identifizierungsobjekt notwendig. Fehlt dieses, so kann auch bei einem Kinde mit normaler Anlage ein ÜBER-ICH sich nicht bilden.

Dieser Fall kommt für die praktische Jugendfürsorge sicher nicht in Frage, ich führe ihn nur an, weil er in der Literatur zu finden ist: Comenius berichtet in seiner Unterrichtslehre von einem Kinde, das von Wölfen geraubt wurde und dann mit diesen umherzog, — heulte wie sie. Tarzan im Film und Mogli bei Kipling sind ähnliche Figuren. Natürlich sind diese Geschöpfe gemeinschaftsunfähig. Sind sie erziehbar? — Bei normaler Anlage gewiß; sie sind in einer Phase verblieben, die jedes Kind durchmacht, ehe die Erziehung einsetzt.

Obwohl jedes Kind, ehe die Erziehung einsetzt, ein Tarzan ist, fällt niemandem ein, zur Behebung des unsozialen Verhaltens die Erziehungsfürsorge aufzusuchen; denn jeder weiß, daß die Eltern diesen für das Kind *normalen* Zustand beheben.

Ich greife einer späteren Einteilung vor und nenne die normalen erziehbaren Kinder in der Phase, in der die Erziehung noch nicht richtig eingesetzt hat, *präsozial*.

Kümmern sich die Eltern wenig um das Kind, wird es vernachlässigt, kommt es nicht zu den richtigen libidinösen Bindungen seitens des Kindes an die Eltern, so werden nicht nur die triebeinschränkenden Verbote für das Kind weniger verpflichtend, sondern auch der Kern des ÜBER-ICH, der für dessen Aufbau so wichtig ist, kann sich kaum bilden. In Erscheinung tritt ein zu wenig erzogenes Kind mit schwachem ÜBER-ICH. Den ES-Anforderungen steht nicht immer das erforderliche Hindernis gegenüber, Verhalten und soziale Einordnung sind labil (Zusammenfassung 1 a).

Dasselbe Schicksal erfahren die sogenannten Kostkinder, die von der Säuglingszeit an innerhalb der ersten Lebensjahre häufig die Pflegestelle wechseln. Objektbesetzungen und Identifizierungen sind Funktionen der Zeit. Wenn nun das Kind immer wieder die Pflegestelle wechselt und nicht Zeit zur libidinösen Objektbesetzung und Identifizierung bleibt, so erfolgt dasselbe wie bei Kindern, um die man sich innerhalb der eigenen Familie wenig kümmert. Auch diesen Kindern wird der Kern des ÜBER-ICH fehlen, sie bleiben *sozial labil* (Zusammenfassung 1 b).

Ein ähnliches Verhalten, aber durch die Färbung von dem Verhalten der eben geschilderten beiden Kindergruppen leicht zu unterscheiden, zeigen zwei andere Kindergruppen:

Kinder mit normalen Triebansprüchen, denen eine zu schwache Erziehungsaußenwelt gegenübersteht (Zusammenfassung 2 a);

sehr triebhafte Kinder, deren Triebansprüchen nicht durch entsprechende triebeinschränkende Verbote entgegengetreten wird (Zusammenfassung 2 b).

Obwohl es in diesen Fällen zur Kernbildung kommen kann, zeigen diese Kinder ebenfalls labiles Verhalten und labile soziale Einordnung, weil das ÜBER-ICH zu schwach ist. Mit der Identifizierung werden zu wenig kategorisch wirkende Züge von den Eltern übernommen.

Wenn wir die Gruppen 1 a und 1 b als *mangelhaft* erzogen auffassen, so lassen sich die Gruppen 2 a und 2 b als *zu wenig* erzogen erkennen; alle vier sind aber umweltgeschädigt. (Natürlich können auch noch Erbschädigungen in der Sphäre des Intellektuellen oder des Affektiven dazu treten. Dann ergeben sich Mischformen.)

Wie wird ein Kind sich entwickeln, wenn in seiner Familie ein Elternteil verwahrlost ist? — In das ÜBER-ICH werden auch vom verwahrlosten Elternteil Züge übernommen werden, das ÜBER-ICH selbst wird dadurch in einem Teil defekt. Der Grad ist von der Schwere der Verwahrlosung des Elternteiles, dem Umfange von dessen Einflußnahme auf die Erziehung des Kindes und der libidinösen Besetzung durch das Kind abhängig. (Reaktionsbildungen und noch manch anderes sind möglich.)

In Erscheinung tritt ein zum Teil in falscher Richtung erzogenes Kind. Verhalten und soziale Einordnung werden ebenso labil sein wie bei den bisher besprochenen Gruppen (Zusammenfassung 3 a).

Ein völlig anderes Verhalten zeigen Kinder, deren Eltern sie völlig bewußt und absichtlich, zwar im Sinne des geltenden Gemeinschaftsideales erziehen, aber in *einer* Richtung davon abweichen: z. B. in der religiös orientierten Gemeinschaft antireligiös, wo nationale Erziehung gefordert wird nicht in der Richtung der herrschenden politischen Meinung oder anti-national; wo realistische Lebensführung herrscht zur idealistischen.

Auch diese Kinder werden zum Teil falsch erzogen. Verhalten und soziale Einordnung werden auch labil sein. Von der Gemeinschaft aus gesehen sind sie zwar auch verwahrlost; sie sind es aber in anderem Sinne, sie werden Revolutionäre, wenn die Erziehung gelingt (Zusammenfassung 3 b).

In den Gruppen der sozial Labilen ergeben sich wieder bei hinzutretenden Erbschädigungen die verschiedensten Variationen, je nach Art und Quantum.

Wächst ein Kind in der Verbrecherfamilie auf, so kann es sich bei Fehlen von Erbschädigungen psychisch völlig normal entwickeln, ein völlig normales ÜBER-ICH aufbauen und doch schwer verwahrlost sein, ein gegen die Gemeinschaft gerichtetes Verhalten zeigen; denn die ÜBER-ICH-Forderungen sind aus der Identifizierung mit den verbrecherischen Eltern gegen die Gemeinschaft gerichtet. Das Verhalten ist *anti-sozial* (Zusammenfassung 4).

Das ÜBER-ICH des psychotisch Verwahrlosten enthält ebenso wie das ÜBER-ICH des in der Verbrecherfamilie Aufgewachsenen *anti-soziale* Züge (Zusammenfassung 5).

Bei den neurotisch Verwahrlosten geht das ÜBER-ICH einen Kompromiß mit dem ES ein (Zusammenfassung 6).

Bei den perversiv Verwahrlosten ist das ÜBER-ICH mit Partialtriebdurchbruch einverstanden (Zusammenfassung 7).

Fassen wir nun zusammen:

1. a) In der Familie vernachlässigte Kinder mit *defektem ÜBER-ICH-Kern;*
   b) Kostkinder, die in fremden Familien aufwachsen und häufig die Pflegestelle wechseln: *defekter ÜBER-ICH-Kern.*
2. a) Zu schwach erziehende Außenwelt; *ÜBER-ICH-Kern zwar normal vorhanden, Forderungen aber zu schwach;*
   b) sehr triebhaftes Kind; die sonst normal erziehende Außenwelt ist aber in Beziehung zu diesem Kinde zu schwach: *ÜBER-ICH-Kern zwar normal vorhanden, Forderungen aber zu schwach.*

3. a) Ein Elternteil ist verwahrlost. Aus der Identifizierung mit ihm enthält das *ÜBER-ICH unsoziale Züge;*

   b) Kinder, die im allgemeinen nach dem geltenden Gemeinschaftsideal erzogen werden, nur in einer Richtung abweichend: *ÜBER-ICH enthält unsoziale Züge.*

4. Das Kind wächst in der Verbrecherfamilie heran: *ÜBER-ICH enthält anti-soziale Züge.*

5. Der psychotisch Verwahrloste: *ÜBER-ICH enthält anti-soziale Züge.*

6. Der neurotisch Verwahrloste: *ÜBER-ICH schließt irgendwie einen Kompromiß mit ES.*

7. Der perversiv Verwahrloste: *ÜBER-ICH mit Partialtriebdurchbruch einverstanden.*

Die Gruppen 1, 2, 3 zeigen innerhalb der Gemeinschaft labiles Verhalten: ich nenne sie die *sozial Labilen.*

Die Gruppen 4, 5 sind die *Anti-Sozialen.*

Die Gruppen 6, 7 sind die Dissozialen.

Damit sind die verschiedensten Verwahrlosungsformen nach ihrem Verhalten in der Gemeinschaft in Gruppen, in *Kategorien,* zusammengefaßt. Daraus ist auch zu ersehen, daß ich den Begriff „Kategorie“ nicht im Sinne KANTS verwende, sondern nur als Bezeichnung von Gruppen.

Wir dürfen bei der Aufstellung dieser Kategorien nicht übersehen, daß ungezählte Variationen sich in jeder dieser Kategorie ergeben, wenn eine Erbschädigung vorliegt, die wieder quantitativ verschieden sein kann und sich sowohl in der intellektuellen Sphäre wie in der affektiven Sphäre auswirkt.

Zur Vervollständigung des Schemas erinnere ich Sie an das von den *Präsozialen* Gesagte, mit denen die Fürsorge natürlich nichts zu tun hat, und an die sich *normal* entwickelnde Jugend, die *Sozialen.*

Eine Bemerkung noch zum Worte *asozial:* In den nun vorübergegangenen Zeiten wurde dieses Wort so allgemein gebraucht, daß man es für jeden Verwahrlosten verwendete, ihn damit als gemeinschaftsunfähig bezeichnete, ihn diffamierte.

Darf ich nun einen Vorschlag machen: bleiben wir dabei, im Asozialen den Gemeinschaftsunfähigen zu sehen, dann drücken wir damit, wenn auch nicht direkt ausgesprochen, seine *Unerziehbarkeit* aus.

Nun gibt es tatsächlich so viele Erbgeschädigte und diesen Gleichzustellende in der intellektuellen und affektiven Sphäre — Psychopathie —, die tatsächlich unerziehbar sind und daher gemeinschaftsunfähig werden.

Die Behandlung der Verwahrlosten ist die Aufgabe einer — jeder Kategorie angepaßten — Erziehung. So gesehen, scheidet daher der Asoziale aus den Gruppen Verwahrloster aus. Es gibt keine asozialen Verwahrlosten, es gibt nur sozial labile, anti-soziale und dissoziale Verwahrloste. Der Asoziale ist kein Objekt des Erziehers, sondern des Arztes.

Über den Verfasser

August Aichhorn: geboren 1878 in Wien. Nach Ausbildung an der k. k. Lehrerbildungsanstalt in Wien 1898 Eintritt in den Schuldienst als Lehrer an einer allgemeinen Volksschule der Gemeinde Wien. 1901 Realschulabitur in Laibach. Anschließend neben dem Schuldienst Studium an der Maschinenbauschule der TH in Wien. 1904 dort erste Staatsprüfung. Ab 1905 wissenschaftliche Ausbildung an der heilpädagogischen Abteilung der Universitäts-Kinderklinik, Wien. Seit 1908 vom Schuldienst beurlaubt, um sich ganz der Jugendsozialarbeit widmen zu können. 1908 Zentraldirektor des neugegründeten ‹Verein Wiener städtischer Knabenhorte›. 1914 Verleihung des Titels eines kaiserlichen Rates für seine besonderen Verdienste auf dem Gebiet der Jugendfürsorge. 1918 im Auftrag der Gemeinde Wien Einrichtung einer Fürsorgeerziehungsanstalt in Oberhollabrunn, die ihre Arbeit 1919 aufnimmt. In dieser Zeit Begegnung mit Sigmund Freud, dessen Psychoanalyse zur theoretischen Grundlage von Aichhorns bislang im wesentlichen intuitiv betriebener praktischer Jugendsozialarbeit wird. 1922 nach Abschluß seiner Ausbildung zum Psychoanalytiker zum ordentlichen Mitglied der Psychoanalytischen Vereinigung gewählt. Aichhorn zählt bald zu den engen Mitarbeitern Sigmund Freuds auf dem Gebiet der analytischen Pädagogik und Erziehungsberatung. Ab 1924 regelmäßige Kurse in der Wiener Psychoanalytischen Vereinigung, in der er auch als Lehranalytiker mitarbeitet, seit 1932, nach Lösung seines Arbeitsverhältnisses mit der Gemeinde Wien, vollamtlich. Intensive Vortragstätigkeit. 1938, nach dem ‹Anschluß›, Schließung des psychoanalytischen Instituts. Aichhorn bleibt als einziger aktiver Psychoanalytiker in Wien. 1946 durch ihn Wiedereröffnung der ‹Wiener Psychoanalytischen Vereinigung›. 1947 Ehrenmitglied der American Psychoanalytic Association. Verleihung des Professorentitels für seine Verdienste um ‹Seelenheilkunde und Jugendfürsorge› durch den österreichischen Bundespräsidenten. 1949 stirbt August Aichhorn in Wien.

Wichtigste Veröffentlichungen:

Verwahrloste Jugend (mit einem Vorwort von Sigmund Freud), 1925, 1936 engl. Übers. New York und London, nach dem Krieg auch ital., span. und niederl. Ausgabe / Erziehungsberatung und Erziehungshilfe, 1959. Außerdem zahlreiche Veröffentlichungen in Fachzeitschriften.

PERSONEN- UND SACHREGISTER

Personenregister

Sachregister

INHALTSVERZEICHNIS

rororo studium

rororo studium Herausgegeben von Ernesto Grassi

Rechtswissenschaften:
Prof. Dr. jur. Erhard Denninger, Universität Frankfurt
Prof. Dr. jur. Karl Kroeschell, Universität Göttingen

Niklas Luhmann (Univ. Bielefeld)
Rechtssoziologie 1 [1]

Niklas Luhmann (Univ. Bielefeld)
Rechtssoziologie 2 [2]

Karl Kroeschell (Univ. Göttingen)
Deutsche Rechtsgeschichte I (bis 1250) [8]

Karl Kroeschell (Univ. Göttingen)
Deutsche Rechtsgeschichte II (1250–1650) [9 – Okt. 72]

Eberhard Schmidhäuser (Univ. Hamburg)
Einführung in das Strafrecht
[12 – Okt. 72]

Betriebswirtschaftslehre:
Prof. Dr. phil. Dres. h. c. Erich Kosiol, Freie Universität Berlin
Prof. Dr. rer. pol. Erwin Grochla, Universität Köln

Erwin Grochla (Univ. Köln)
Unternehmungsorganisation [3]

Erwin Grochla (Hrsg.) (Univ. Köln)
Unternehmungsorganisation Reader + Abstracts [4]

Johannes Bidlingmaier (Univ. Graz)
Marketing [7 – Sept. 72]

Erich Kosiol (Univ. Berlin)
Die Unternehmung als wirtschaftliches Aktionszentrum
Einführung in die Betriebswirtschaftslehre [11 – Sept. 72]

Psychoanalyse:
Hermann Argelander (Sigmund-Freud-Institut, Frankfurt/M.)
Gruppenprozesse
Wege zur Anwendung der Psychoanalyse in Behandlung, Lehre und Forschung [5]

Melanie Klein
Das Seelenleben des Kleinkindes
und andere Beiträge zur Psychoanalyse [6]

Igor A. Caruso (Univ. Salzburg)
Soziale Aspekte der Psychoanalyse [10]

August Aichhorn
Erziehungsberatung und Erziehungshilfe [13]

Hans Strotzka (Univ. Wien)
Einführung in die Sozialpsychiatrie [14 – Sept. 72]

Sozialwissenschaft:
Prof. Dr. phil. Joachim Matthes, Universität Bielefeld
Prof. Dr. rer. pol. Franz-Xaver Kaufmann, Universität Bielefeld

Joachim Matthes (Univ. Bielefeld)
Einführung in das Studium der Soziologie [15 – Okt. 72]

Dietrich Storbeck (Univ. Bielefeld)
Raumplanung in der Industriegesellschaft
Entwicklung und Probleme der Raumplanung in Deutschland [16 – Okt. 72]

Titelvorschau:

Linguistik:
Prof. Dr. phil. Dieter Wunderlich, Freie Universität Berlin
Prof. Dr. phil. Helmut Schnelle, Technische Universität Berlin

Dieter Wunderlich (Univ. Berlin)
Grundlagen der Linguistik
[17 – Okt. 73]

Adam Schaff (Polnische Akademie der Wissenschaften, Warschau)
Sprache und Erkenntnis
[18 – Okt. 73]

754/3